抗日战争时期中国人口伤亡和财产损失调研丛书

主　编　李忠杰

副主编　李　蓉　姚金果
　　　　霍海丹　蒋建农

日军侵华期间中国劳工伤亡调查

（1933.9—1945.8）

居之芬　编著

中共党史出版社

图书在版编目(CIP)数据

　　日军侵华期间中国劳工伤亡调查:1933.9～1945.8/居之芬编著.—北京:中共党史出版社,2016.1

　　(抗日战争时期中国人口伤亡和财产损失调研丛书/李忠杰主编)

　　ISBN 978-7-5098-3231-8

　　Ⅰ.①日… Ⅱ.①居… Ⅲ.①华工－抗日战争－损失－史料－1933～1945 Ⅳ.①K265.606

　　中国版本图书馆 CIP 数据核字(2015)第 197548 号

出版发行 **中共党史出版社**

责任编辑:李亚平　宋静雯

复　　审:姚建萍

终　　审:汪晓军

责任校对:龚秀华

责任印制:谷智宇

责任监制:贺冬英

社　　址:北京市海淀区芙蓉里南街6号院1号楼

邮　　编:100080

网　　址:www.dscbs.com

经　　销:新华书店

印　　刷:北京君升印刷有限公司

开　　本:170mm×240mm　1/16

字　　数:290 千字

印　　张:16.25

印　　数:1—2550 册

版　　次:2016 年 1 月第 1 版

印　　次:2016 年 1 月第 1 次印刷

　　ISBN 978-7-5098-3231-8

定　　价:38.00 元

此书如有印制质量问题,请与中共党史出版社出版业务部联系
电话:010－82517197

《抗日战争时期中国人口伤亡和财产损失调研丛书》

本课题在中共中央党史研究室室委会领导下进行。先后三位时任主任孙英、李景田、欧阳淞对本课题给予了重要指导。

主　编　李忠杰

副主编　李　蓉　姚金果　霍海丹　蒋建农

参加审稿的领导和专家:

一、中共中央党史研究室领导和专家

　　曲青山　孙　英　龙新民　陈　威　石仲泉

　　谷安林　张树军　黄小同　黄如军　李向前

　　陈　夕　任贵祥　郑　谦　王　淇　黄修荣

　　刘益涛　韩泰华

二、有关部门和单位的专家

　　李景田（第十二届全国人大常委、民族委员会主任
　　　　　　委员；中共中央党史研究室原主任；中共
　　　　　　中央党校原常务副校长）

　　何　理（中国人民解放军国防大学少将、教授、中
　　　　　　国抗日战争史学会会长）

　　支绍曾（中国人民解放军军事科学院少将、原军事
　　　　　　历史研究部副部长、研究员）

罗焕章 （中国人民解放军军事科学院研究员）

刘庭华 （中国人民解放军军事科学院原军事历史研究部研究室主任、研究员、博士生导师、首席军史专家）

阮家新 （中国人民革命军事博物馆原副馆长、研究员）

步　平 （中国社会科学院近代史研究所原所长、研究员）

汤重南 （中国社会科学院世界历史研究所研究员、中国日本史学会名誉会长）

姜　涛 （中国社会科学院近代史研究所研究员）

荣维木 （《抗日战争研究》原主编）

郭德宏 （中共中央党校党史教研部原主任、教授、博士生导师）

肖一平 （中共中央党校党史教研部教授）

杨圣清 （中共中央党校党史教研部教授）

李东朗 （中共中央党校党史教研部教授、博士生导师）

徐　勇 （北京大学历史系教授、博士生导师）

李良志 （中国人民大学中共党史系教授）

王桧林 （北京师范大学教授、博士生导师）

谢忠厚 （河北省社会科学院原现代史研究所所长、历史研究所顾问、研究员）

中共中央党史研究室课题组成员

李忠杰　霍海丹　李　蓉　姚金果　李　颖
王志刚　王树林　杨　凯

《抗日战争时期中国人口伤亡和
财产损失调研丛书》

总　序

中共中央党史研究室副主任　李忠杰

　　发生在 20 世纪三四十年代的中国人民抗日战争，是中华民族抵抗日本帝国主义侵略的一场规模巨大的战争，是世界反法西斯战争的重要组成部分和东方主战场，是近代以来中国反对外敌入侵第一次取得完全胜利的民族解放战争。中国人民抗日战争的胜利，成为中华民族由衰败走向振兴的重大转折点，也对世界各国人民取得反法西斯战争的胜利、争取世界和平的伟大事业产生了巨大影响。

　　这场战争，作为世界反法西斯战争的一部分，从根本上来说，是反法西斯正义力量与法西斯侵略势力之间的一场大决战，是文明与野蛮的一场大搏斗。日本侵略者，站在法西斯阵营一边，不仅与中国人民为敌，而且与世界人民为敌，肆意践踏人类的公理和正义，企图以残暴杀戮的手段，将中华民族置于自己的铁蹄之下。日本侵略者先后占领了中国、东南亚、南亚、大洋洲许多国家的领土，杀害居民，掠夺物资，强征劳工，施放毒气，蹂躏妇女和儿童，毁坏和窃取文物，造成了大量人员和财产的损失，给中国人民和亚洲其他许多国家人民留下了巨大的创伤，给世界文明造成了空前的破坏。

　　中国是受战争摧残最为严重的国家。从 1931 年到 1945 年的 14 年间，日本侵略者先后占领了东北、华北、华中、华南等大片中国最重要的经济政治文化战略地区。在整个战争进程中，日军到处屠杀、焚烧、抢掠、奸淫，使中国人民的生命财产惨遭蹂躏；大量使用生化武器，进行残酷的细菌战和化学战；把大批中国平民和俘虏当作细菌和毒气的试验品；对无辜的中国平民施放毒气，或在河流、湖泊、水井中投毒；掠走大批中国劳工，强迫他们筑路、开矿、拓荒，从事大型军事工程，使其大批冻、饿、病、累而死；强征中国妇女作为"慰安妇"，严重残害妇女的身心健康；对抗日根据地实行"烧光、杀光、抢光"政策，企图摧毁抗战军民起码的生存条件；在许多地方还制造了一系列触目惊心的大惨案。直至今天，日本侵略所造成的后果还难以完全消除，日军遗留的毒气弹还不时地威胁着中国人民的生命安全。

日本侵略者的罪行，违背了起码的人类良知和国际公法，不仅是对人权和人道主义的践踏，而且是对人类文明的挑战。它决不是如某些日本右翼分子所说是解放亚洲和太平洋地区人民的行动，而是亚洲和太平洋地区历史上最黑暗的一幕，是人类文明史上的一场浩劫。第二次世界大战结束后，根据《波茨坦公告》的规定，远东国际军事法庭在东京对日本首要战犯进行了国际审判，确认侵略战争为国际法上的犯罪，策划、准备、发动或进行侵略战争者为甲级战犯。此外，盟军还在马尼拉、新加坡、仰光、西贡、伯力等地，对日本的乙、丙级战犯进行了审判。中国也先后对日本的有关战犯进行了审判。这些审判，与欧洲的纽伦堡审判一起，使发动侵略战争的罪犯受到了应有的惩处，代表了全世界一切爱好和平人民的共同愿望。这是正义的审判，历史的审判！这一审判的结果是不容挑战的！

策划和制造当年这场战争的，是一小撮日本军国主义和法西斯分子。而日本人民，从根本上来说，也是受害者。所以，日本人民也用不同方式对这场战争进行了抵制和反抗。不少参加侵华战争的士兵认识到战争的性质，幡然悔悟，积极参加了国际和日本国内的反战活动。战后，很多人勇敢面对历史事实，以见证人的身份揭露了日本军国主义的罪行。还有很多当年的士兵，真诚忏悔战争的罪行，以实际行动推动世界和平和中日友好，做了很多有益的工作。他们的良知和勇气，应该得到充分的肯定和赞赏。

相反，日本国内一些右翼势力，直到今天仍然否认侵略战争的性质和罪行，竭力推卸侵略战争的责任。对早已由当年远东国际军事法庭作出严正判决的南京大屠杀一案，始终企图翻案。历史不容改变，事实岂能抹杀！企图歪曲历史，掩盖罪行，这是中国人民绝对不能同意的！

中国人民在当年那场战争中的胜利，是正义战胜邪恶、光明战胜黑暗、进步战胜反动的伟大胜利！是正义的胜利、人民的胜利、和平的胜利！既是中华民族永远值得纪念的胜利，也是世界人民永远值得纪念的胜利！但是，在纪念胜利的同时，我们不要忘记，这一胜利是用极为惨重的代价换来的。在这一伟大胜利的背后，是中华民族遭受的巨大人员伤亡和财产损失！中华民族，既为这场战争的胜利作出了巨大的贡献，也在这场战争中付出了巨大的民族牺牲。

1995 年，江泽民同志在首都各界纪念抗日战争暨世界反法西斯战争胜利 50 周年大会上，对当年日本侵略中国造成巨大人口伤亡和财产损失的基本数据作出了重要表述。2005 年，胡锦涛同志在纪念中国人民抗日战争暨世界反法西斯战争胜利 60 周年大会的讲话中，再次郑重宣布，据不完全统计，在抗日战争期间，中国军民死伤 3500 多万人；按 1937 年的比值折算，中国直接经济损失 1000 多亿美元，间接经济损失 5000 多亿美元。中国领导人公开宣布的基本数据，从整体上揭示了中国人口伤亡和财产损失的规模，有力地揭露了日本军国主义侵略的罪行。

数据，是历史的抽象。数据的背后，是大量的事实、确凿的证据，是无数人们的惨痛记忆和血泪控诉。为了更直接、更具体、更全面、更系统、更立体地还原当年的历史，展示中国人民遭受的灾难和损失，揭露日本军国主义的罪行，驳斥日本右翼势力否认侵略罪行的种种言论，我们必须通过更多档案资料的展示、历史文书的挖掘、具体事实的考查、当事人的证词证言、各种各样的物证书证，等等，将侵略者的罪行昭告天下。因此，作为炎黄子孙，作为郑重的历史工作者，有必要、有责任、有义务、也有权利对战争期间中国的人口伤亡和财产损失进行更加系统、详尽、具体的调查研究，将当年中国人民的巨大牺牲和惨重损失永远地记载下来。

这项调查研究工作，本来在抗日战争结束之后，或者在新中国成立时，就应该进行。但由于种种历史原因，未能系统、全面地进行。由于年代久远，资料散失，在世的证人越来越少，现在进行这方面的调查和研究已经有很大困难。但是，无论早晚，这项工作总得有人来做。现在才做，已经晚了几十年。但如果现在再不做，将来就更晚，也更困难了。所以，无论再困难，做，都是必要的。做好这项调研，是对历史负责、对人民负责、对当年的牺牲殉难者负责、对我们的子孙后代负责。根本上，是对整个中华民族负责，也是对国际社会和人类文明负责。

因此，2004 年，中央党史研究室决定开展《抗日战争时期中国人口伤亡和财产损失》的课题调研。从 2005 年开始，组织全国党史部门围绕这一重大课题，开展了系统深入的调研工作。其基本任务，是按照实事求是的原则，调查更加详实、有力、具体、准确的档案、材料、事实，更加清楚准确地掌握日本军国主义的侵略罪行，更加清楚准确地掌握日本侵略在各个不同领域、地区和方面对中国造成的破坏和损失。其中包括：各个省、自治区、直辖市在抗战中的人口伤亡和财产损失情况；历次重大战役战斗中中国军队伤亡的情况；日本从中国掠走各种资源的情况；日本从中国掠走和破坏文物的情况；日军在中国制造的一系列重大惨案；中国劳工的损失情况；中国妇女遭受日军性侵犯的情况，包括"慰安妇"的情况；日军在中国使用细菌武器、化学武器及其造成伤害的情况；日本侵略在其他方面给中国造成破坏的情况；等等。

课题调研的整体布局，实行块块和条条的结合。每个省、自治区、直辖市党史研究室，主要负责把本区域内的情况调查清楚。也可根据实际情况，选择一些重点，进行专题性的调研，形成专题性的研究成果。一些重要专题，单靠某个省（自治区、直辖市）做不了，就采取条条的办法，组织专题性的调研。还有一些，则是条条与块块相结合。如毒气，日军在不同区域使用过，有关的省（自治区、直辖市）都调查。但作为一个专题，由相关的区域进行协调，配合开展调研工作，并形成专项的调研成果。如劳工、性侵犯等，就大致属于这种类型。

课题调研的方式方法，主要是查阅和搜集档案文献资料，包括不同历史时期的统计报表。同时查阅当时有关的报刊资料，查阅多年来涉及有关地方、有关课题的研究成果。对一些特殊的重大事件，特别是重大惨案等，也同时进行社会调查，对当事人、知情人、有关研究人员等进行走访，记录证词证言。对于特别重要的事件，有条件的，还进行必要的司法公证，如南京大屠杀、潘家峪惨案等，使这些调查都成为在法律上可以采信的证据。根据需要与可能，也到国外境外包括台湾地区查阅搜集档案资料。

中央党史研究室进行了大量组织和指导工作。在课题确定前，首先进行了必要的论证，得到了许多专家的支持。随后，制定了详细的工作方案，向各省、自治区、直辖市党史研究室发出正式通知和实施意见，明确了工作的指导思想、组织领导、调研项目、工作步骤、基本要求、注意事项等等。为了提高认识，振奋精神，交流经验，落实措施，专门召开了工作培训会议，就课题的总体规划、调研方法、需要把握的问题等，作了全面部署，特别是提出了把调研工作做成"基础工程、精品工程、警世工程、传世工程"的要求。多年来，一直分阶段、有步骤地把这项课题调研推向前进。有关领导和专家分别到各地参加会议，指导培训，提出要求，统一规格，解答疑难问题。在调研过程中，随时就有关问题进行具体指导。工作班子及时编发简报和简讯，交流情况和经验。

各级党委和政府高度重视。多数地方成立了由党史研究室领导负责的课题组。各地先后召开工作会议、电话会议等，培训人员，落实任务。许多地方形成了由党史研究室牵头，档案、民政、财政、司法、地方志、社科院以及高校等部门单位联合攻关的局面，保证了调研工作扎扎实实、有计划有步骤地向前推进。

《抗日战争时期中国人口伤亡和财产损失》课题调研先后经历了六个阶段。第一，酝酿启动。第二，全面调研。这是最重要的阶段。各地组织专门人员，查询档案，实地走访，搜集了大量资料。第三，起草报告。凡参加调研的县以上单位，都要在搜集整理、考证研究档案文献资料和进行实地调查的基础上，写出调研报告，全面、准确地反映调研成果。同时，将调研中搜集的档案文献资料进行分类整理，制作统计表、大事记和人员伤亡名录等。第四，分级验收。为保证调研成果的科学性、准确性、严肃性，各省、自治区、直辖市调研报告都要经过四级验收。首先由课题领导小组审查通过，然后聘请所在省份资深专家审读验收，合格后报送中央党史研究室课题组。中央党史研究室课题组审读各省、自治区、直辖市的调研报告及相关调研成果，认为合格后，再聘请有全国影响的专家审读，写出书面意见并亲笔署名。根据审读意见，各地都要反复认真进行修改，只有达到规定要求才能通过验收。第五，上报成果。完成调研工作的省、自治区、直辖市，都按统一要求，将调研中收集的档案文献资料等所有文件，精心整理，分类成册，向中央党史研究室提交调研成果。各市县也要逐级向省级报送。第六，反复审核。中央党史研究室召开审稿会，组织各省、自治区、直辖市按照标准自审，相互间互审，将各种材料进行比对，将有关数据核实，解决带有共性的问题，进一步统一标准、统一规范、统一格式。

这项课题调研，作为一项浩大的工程，到目前为止，进行了将近10年之久。前后共有60多万党史工作者、史学工作者和其他各类有关人员参加。将近10年来，各个地方都周密组织，采取有力措施推动工作开展，保证调研质量。如山东省，先在30个县（市、区）进行试点，然后在全省普遍推开，形成了纵向省市县乡村五级联动、步调一致，横向十几个部门优势互补、携手攻关的工作格局。课题调研期间，山东省参加工作的同志共查阅档案238742卷，复印档案资料406912页，查阅抗战期间及战后出版的书刊61301册（期），复制文献资料220177页。走访调查8万余个行政村、609万名70岁以上（即1937年全国性抗战爆发以前出生）老人中的507万余人，收集证言证词79万余份。拍摄照片资料7376幅、录像资料49678分钟，制作光盘2037张。全省1931个乡镇，每个乡镇都建立了包括证人证言证词、伤亡人员名录、财产损失清单、人员伤亡和财产损失数字统计、人员伤亡和财产损失大事记、重大惨案证据材料以及证人和知情人口述录音、录像、照片等内容的抗战时期人口伤亡和财产损失材料卷宗，共12892个。

这项课题调研，也得到了社会各界特别是档案图书部门、专家学者的普遍支持。许多档案馆、图书馆为这次调研提供各种方便。不少专家学者在教学科研任务繁重、经费困难的情况下，承担专题研究任务。有的外请专家利用学校假期全力以赴做课题，缺少交通工具，就以自行车代步或徒步，到档案馆和图书馆查阅文献资料。

为了扩大搜寻面，中央党史研究室还组织查档小组，分赴美国、俄罗斯、日本，搜集了许多抗战史料。很多地方的课题组都到台湾查档。在台北"国史馆"、中国国民党党史馆、"中央研究院"近代史研究所档案馆等，找到了数量巨大、整理比较细致的抗战档案。台北"国史馆"馆藏的国民党在大陆统治时期行政院赔偿委员会档案，涉及抗战时期中国人口伤亡和财产损失的有8924卷，内容十分翔实具体。既有中央机关、军队系统人口伤亡和财产损失情况，也有地方省、市，县、区和个人填报的资料，包括台湾地区和华侨的档案资料。新疆防空委员会也报送有财产损失材料，如修筑防空工事、疏散费等财产损失。重庆市报送有日机空袭慰恤重伤难胞姓名卡，上面有卡号、伤员姓名、性别、年龄、籍贯、受伤时间、受伤地点、犒金额、发犒金时期、所住医院名称、医院地址、入院时间等，受伤部位还配有图片加以说明。所有这些，为查明当时各方面的人口伤亡和财产损失，提供了重要证据。

　　这项重大课题调研的成果，均编成《抗日战争时期中国人口伤亡和财产损失调研丛书》公开出版，为国内外学者提供并为子孙后代留下一份关于抗战时期中国人口伤亡和财产损失的系统资料。经过验收、审核合格的调研报告和主要档案文献资料，都按统一体例，编辑成为丛书的A、B两个系列。A系列为各省、自治区、直辖市各一本调研成果，以及若干重要专题的调研成果，由中央党史研究室负责审核。B系列为各省、自治区、直辖市的其他大量调研成果，由各省、自治区、直辖市党史研究室负责审核。全部成果统一设计、统一规格、统一版式、统一编号，由中共党史出版社统一出版。全部出齐之后，将有300本左右。

　　为了集中反映日本侵略者在中国制造的各种重大惨案，我们专门编纂了一套《抗日战争时期全国重大惨案》，收录抗战时期死伤平民（或以平民为主）800人以上的重大惨案100多个，配以档案、文献、口述及照片等作为历史证据。日本一些右翼分子，常常攻击中国为什么不拿出伤亡人员名单。我们专门安排了一个省，即山东省，公布该省具体的伤亡人员名录（第一批先公布该省100个县＜市、区＞的死难人员名录），包括姓名、籍贯、年龄、性别、伤亡时间等多项要素。以此说明，中国的伤亡人员都是有根有据、铁证如山的。

历史的生命在于真实、客观、准确。《抗日战争时期中国人口伤亡和财产损失》这一课题调研的生命也在于真实、客观、准确。所以，在开展这一课题调研的过程中，我们始终把保证调研质量，保证所有材料、事实、成果的真实性、客观性和准确性放在第一位，并在五个重要环节上严格要求、严格把关。第一，严格要求。一开始就明确规定，课题调研工作坚持实事求是的原则和科学严谨的态度。整个调研工作必须尊重历史事实。档案怎么记录的，就怎么记载，不能随意改变。当事人、知情人怎么说的，就怎么记录，不能随意加工。所有的材料、事实都要经得起法律上和学术上的质证。在需要与可能的情况下，对当事人、知情人的证词证言要进行司法公证。各种数据，都要确有根据，不能随便编排、采信。不许追求任何高数字、高指标。第二，统一规范。对课题调研的项目、内容，都做了认真细致的研究，提出了统一要求和严格规范。对全部调研项目设计了统一的表格，对调研报告的内容和格式做了统一规定。每个数字的内涵外延，包括如何计算、如何换算等等，都有明确的规定。事前对调研人员进行了培训。调研过程中，对没有理解的问题、疑难的问题等，都由专家给予统一的解释、说明。第三，责任到人。对所有参与课题调研的人员，都实行责任制。查档的、笔录的、整理的、起草调研报告的、审读的……，每个环节的人员都要签名，以对这一环节自己的工作负责，对子孙后代负责。明确规定，今后凡遇到质疑，有关环节的调研人员都要能够站出来进行证明、解释和辩论。第四，客观撰写。在汇总情况、起草调研报告阶段，要求所有的数据统计都必须客观、真实、准确。一律用事实说话，材料要具体、实在。不允许像写文艺作品那样来写调研报告；不允许作任何想象、编造和煽情性的描写；不允许刻意追求语言的生动华美；不允许使用任何带有夸张性、主观推断性的文字；不允许用"不计其数"、"无恶不作"这类抽象的形容词来概括相关内容；经过调研，凡是能够说清的事实、数字都予采用，但仍然说不清的情况、数据，就客观地说明未查核清楚，在汇总和整理数据时充分考虑这些因素，绝对不得编造数字。第五，逐级验收。除了在调研过程中由特聘的专家随时给予指导外，对各地提交的调研报告和相关材料，都实行逐级验收制度。其中，对省级调研成果实行由地方到中央的四级验收，其他调研成果由有关省、自治区、直辖市党史研究室组织验收。每一验收环节都要有专家审读、签字。凡存在问题和不符合要求之处，都要退回重新核查和修改。

经过艰苦努力，到 2010 年底，我们在深入调研的基础上，初步编出了几十本成果，先行印制了少量样本作为内部工作用书，组织力量作进一步的研究、审读、复查、校核。从 2014 年初开始，我们又组织展开了新一轮较大规模的审核工作。第一，召开有关省、自治区、直辖市党史部门参加的审稿会，进一步提高认识，明确规范，听取相互评审以及从社会各方面听到的意见，对审核工作提出要求，进行部署。第二，开展自审、复核、修改，确保准确无误。同时在各省、自治区、直辖市党史部门之间交叉审读，相互间进行比较、核对、衔接。自审互审完成后，都要确认是否具备正式出版的质量水准，签署是否同意交付出版的意见。第三，由中央党史研究室组织专家，对所有拟第一批出版的成果（书稿）进行六个环节的审读、检查、修改、校对，不仅检查是否还有表述不够准确或不够清楚的地方，而且对各本书稿之间、每本书稿各个部分之间的内容、叙述、时间、数字等进行统筹检查，排除表述不一致的内容。第四，如实客观地说明我们工作尽最大努力后达到的程度。始终强调，凡是已经清楚的，就清楚表述。还没有搞清楚的，就如实说明还没有搞清楚。某些数据、结论与其他书籍资料不完全一致的，则说明我们是依据什么材料、从什么角度得出和叙述的，不强求一致。第五，组织各地党史部门继续参与审核。凡有疑问的，都与有关地方党史部门联系、查核。多数省、自治区、直辖市都派专人来京参与审核、修改、校对。审核完毕后，又组织各地党史部门对自己书稿的清样再次进行审核。然后再按出版流程交付印制。今年以来对这些成果再次进行如此繁密、细致的复核工作，都是为了进一步保证成果的质量，保证历史事实的真实性和准确性。

特别需要强调的是，开展这项调研，不是为了简单汇总、计算这样那样的数据，而是为了寻找、展示更多的档案、更多的材料、更多的人证物证、更多的历史事实，用具体的事实来反映当年中华民族遭受的巨大灾难，揭露日本侵略者反人类的罪行。时隔几十年，很多数据难以查清，很多数据可能不很吻合，而且数据的分类、统计、核算都极为复杂，远远不是简单做一做加法就能算出来的。所以，我们在数据上采取了十分谨慎的态度。能统计出来的就统计出来，难以统计的也不强求。统计的口径、结果相互有差别的，也注意说明。今后，我们将会对数据问题作进一步研究。因此，目前的研究还只是阶段性的，不能说已经包罗万象，更不是最终的结论。总体上，还是在为今后更加综合性的研究提供一个详尽、扎实的基础。

由于自始至终都高度重视和强调调研的质量，所以，对于这一项目的真实性、客观性、准确性，我们有充分的信心。当然，无论如何，历史已经过去了六七十年，很多当事人已经去世，很多档案资料已经散失。现在再对发生在六七十年前的灾难进行大规模的调查，其困难是可想而知的。所以，即使做了最大的努力，我们仍然充分预计在调研成果及有关材料中，还是会有不足和差错之处，出版之后，肯定会有不同意见。所以，我们真诚地欢迎所有看到这些调研成果的人们，对其中的内容、材料、数据等进行审查、讨论。如此，必将有更多的人们关心和参与对当年那场灾难的调查，必将会提供和发现更多的档案、更多的资料、更多的见证，必将对我们调研成果中的很多内容进行不断的推敲琢磨，从而使我们能够更加准确、系统地展示当年中国的人口伤亡和财产损失，使我们为子孙后代留下的资料更为完整、更为丰富。我们也欢迎日本和其他国家的人们对这些调研成果进行阅读、审查、讨论、质疑。如此，将会有更多的国家和人们关注中国当年所遭受的灾难，也将会有更多的存留于国外境外的档案资料出现在公众面前，也将会使对当年这段历史和灾难的记录、研究更加准确和科学。

《抗日战争时期中国人口伤亡和财产损失》课题调研，是一项学术性的工作。开展这项课题调研，是为了更加准确和详尽地记录这场战争和灾难的历史，更加充分和有力地揭露日本军国主义的侵略罪行、反击日本右翼势力否认侵略战争的言行，更加充分和有效地进行爱国主义教育，毋忘国耻、振兴中华，更加积极地促进两岸交流、推进祖国和平统一进程，同时，也是为了给全世界所有关注当年这场战争和灾难的国家、政府和人们一个更加负责任的交代，为子孙后代继续研究当年中国人民抗日战争和日本军国主义的侵略罪行留下一笔丰富翔实的历史遗产。因此，虽然是学术性调研，但具有重大的历史意义、现实意义、国际意义、政治意义。作为历史工作者，我们有责任、有义务，实事求是地把中华民族在那场战争中蒙受的巨大灾难和损失尽可能完整地记载下来。推动和开展这项课题调研，是良心所在，是责任所在！每每读到那些令人震颤的历史事实，每每想到那数千万死难者的冤魂亡灵，每每掂量我们今人特别是历史工作者的责任，我们都禁不住潸然泪下。将近10年来，所有调研人员本着对历史和民族负责的精神，殚精竭虑，无私奉献，千方百计寻找各种线索，逐字逐页翻阅档案资料。为了做好对当事人、知情人的调查取证工作，顶酷暑，冒严寒，深入村镇，一家一户进行走访。也许，随着时间的流逝，这样的调研工作，以后再也不可能如此全面深入大规模地进行了。所以，对于能够基本完成这一课题的调研，我们极为欣慰，对能够取得今天这样的成果，我们极为珍惜。将近10年来，调研工作遇到过重重困难，调研人员付出了巨大心血，但只要能够对国家、对民族、对人民有一个负责任的交代，我们所有的努力、辛劳甚至痛苦都是值得的！

现在，《抗日战争时期中国人口伤亡和财产损失调研丛书》A系列第一批成果就要正式出版了，随后我们还将根据工作进程陆续出版第二批、第三批……B系列丛书的编纂和出版工作也将同时推进。而且，这项课题调研工作远没有结束。截至目前课题调研取得的成果，都还是阶段性的、部分的、不完全的成果。很多专题性调研还要继续进行，对大量档案资料还要进行分析研究。所有这些，都还需要我们继续不懈地努力。我们将以对历史负责的精神，一如既往地将这项课题调研工作做好。

历史，是现实的基础，更是未来的起点。打开尘封的记忆，重温昔日的往事，我们可以得到很多的启示和教诲，增长很多的聪明和智慧。所以，研究历史，形式上是向后看，但根本目的是向前看。作为一种科学的研究，我们调查历史的真相，记录历史的灾难，不是为了延续旧时的仇恨，不是为了扩大中日之间的裂痕，不是为了煽动狭隘民族主义的情绪，而是为了以史为鉴，不让历史的悲剧重演；面向未来，书写更加友好合作的美好篇章。经历了太多的苦难和挫折之后，我们更加坚定地热爱和平，更加执着地追求正义，更加珍惜国家的主权与独立，也更加关注世界的文明发展和进步。我们真诚地希望，世界各国能够携手努力，平等协商，求同存异，友好相处，共同推进世界的发展，共享人类文明的成果；我们真诚地希望，中日两国人民能够更多地加强交流、理解和合作，共同开辟中日关系的新局面，使中日关系更加健康稳定地向前发展，使中日两国人民真正世世代代地友好下去；我们真诚地希望，中华民族能够始终以坚韧不拔的努力，坚定不移地走和平发展之路，在中国特色社会主义旗帜下全面建设小康社会，努力实现社会主义现代化，为推动建设一个和平发展、文明进步的世界作出自己的贡献！

2014 年 4 月 30 日

《抗日战争时期中国人口伤亡和财产损失》课题①调研工作规范和要求

2004 年，中共中央党史研究室决定开展《抗日战争时期中国人口伤亡和财产损失》课题调研。2005 年向全国各省、自治区、直辖市党史研究室发出开展此项工作的正式通知，进行相应部署，着重说明工作的指导思想、调查项目、实施步骤及规范和要求。以后又随着课题调研的深入开展，对规范和要求进行了补充和完善。

一、课题调研的基本任务

抗战损失课题调研的目的和任务是深化对抗日战争时期中国人口伤亡和财产损失的研究。1995 年，在首都各界纪念抗日战争暨世界反法西斯战争胜利 50 周年之际，江泽民同志曾经对 20 世纪三四十年代日本侵略中国造成巨大人口伤亡和财产损失的基本数据做出了重要表述。2005 年，在纪念中国人民抗日战争暨世界反法西斯战争胜利 60 周年大会的讲话中，胡锦涛同志再次郑重宣布，据不完全统计，在抗日战争期间，中国军民伤亡 3500 多万人；按 1937 年的比值折算，中国直接经济损失 1000 多亿美元、间接经济损失 5000 多亿美元。中共中央党史研究室组织开展的课题调研，旨在全面详尽调查有关抗日战争时期中国人口伤亡和财产损失的具体事实，为这组基本数据提供强有力的史实支撑，并不是简单地做数据统计。

---

① 本课题亦简称为抗战损失课题或抗损课题。因为抗日战争时期及抗战胜利后国民政府统计人口伤亡和财产损失多采用"抗战损失"等概括性提法，其中将人口伤亡也称作抗战损失之一种，与财产损失并提，故沿用这一表述。

课题调研的基本任务是：按照实事求是的原则，经过广泛、全面、深入细致的调查研究，包括查阅搜集档案资料、对统计数据进行分析等，获得更多的证据，以更加全面和准确地揭露日本帝国主义侵略中国的罪行及其对中国人民造成的伤害。

课题调研的主要内容包括：（1）各个省、自治区、直辖市在抗战中的人口伤亡和财产损失情况；（2）历次重大战役战斗中中国军队伤亡的情况；（3）日本从中国掠走各种资源的情况；（4）日本从中国掠走和破坏文物的情况；（5）日军在中国制造的一系列重大惨案；（6）中国劳工的损失情况；（7）中国妇女遭受日军性侵犯的情况，包括"慰安妇"的情况；（8）日军在中国使用细菌武器、化学武器及其造成伤害的情况；（9）日本侵略在其他方面给中国造成破坏的情况；等等。

二、课题调研的方式和方法

主要是组织有关人员查阅和搜集档案馆、图书馆和其他文博单位以及民间保存的有关中国抗战人口伤亡和财产损失的档案资料、报刊杂志、历年出版的专题资料集和发表的研究成果。对一些特殊、重大的事件如重大惨案，则走访当事人、知情人和有关研究人员，进行录音录像，整理和保存证人证言，有条件的还进行司法公证，努力使这些调查材料成为在法律上可以采信的证据。有些省份的课题组还到境外的有关机构查阅相关档案资料，作为对大陆保存的档案资料的丰富和补充。这次课题调研的整体布局，实行块块和条条相结合。每个省、自治区、直辖市党史研究室在负责开展地区性的广泛调研的同时，也从实际出发开展一些专题性调研。一些重要的、涉及多个地方的带有全局性的专题，则另组织专家进行调研。

三、对搜集档案资料的要求

1. 明确搜集档案资料的范围。搜集档案资料是本课题调研工作的基础，调研成果的质量也主要决定于档案资料是否翔实，是否尽可能完整和全面。所以，凡相关内容的档案资料，不论是直接反映人口伤亡和财产损失的，还是间接反映的（如关于人口状况、财产状况、生产能力、各类资源情况等资料），都尽量搜集，作为撰写调研报告的客观的历史依据。搜集的要件有：档案、报刊、史志、时人日记、专著专论、实地调查报告、图片、影像资料以及出版、发表的研究成果等。

2. 认真整理原始档案和资料。对于搜集到的档案资料，不论是来自原始的档案，还是来自报刊、史志、日记、图书、专题论文等，都认真整理，每份每件都注明保存的地点、单位、文件卷号、出版或发表处等，然后分类汇总，妥善保存。档案资料使用时一律保持原貌，必要时作注释说明，不允许对原件内容增改、涂抹。对搜集到的档案资料要在分门别类整理的基础上进行必要的考证、鉴别和研究。整理后的档案资料，不仅是有关课题承担者撰写课题调研报告的重要依据，其主要内容也作为附件收入有关的调研成果之中。

四、有关数据统计中的几个问题

1. 根据搜集、掌握资料的情况，抗日战争时期中国的人口伤亡分为直接伤亡和间接伤亡两大类。直接伤亡，一般是指日本侵略中国的战争直接导致的中国方面人员的死、伤、失踪等；间接伤亡，一般是指在日本侵略中国的战争包括特定战争环境中造成的中国方面被俘捕人员、灾民、难民、劳工等的伤亡。抗战期间，被俘捕人员、灾民、难民、劳工等伤亡很大，但由于其流动性大等复杂原因，很难形成具体数据资料，统计起来十分困难。因此，本课题调研中，将已确定属于死、伤或失踪的被俘捕人员、灾民、难民、劳工的数据归入有关地方间接伤亡统计数据；无法确定是否伤亡失踪的，可视情况单列相关数据并加以说明。需要补充说明的是，在战争中失踪者，按通常惯例归为死亡。

2. 抗日战争时期中国的财产损失分为直接损失和间接损失两大类。直接损失，一般是指在日军攻击、轰炸或掠夺中直接造成的社会财产损失。居民财产损失列为直接损失。间接损失，一般包括：(1)政府机关等因抗战需要而增加的费用，如迁移费、防空设备费、疏散费、救济费、抚恤费等；(2)各种营业活动可获利润额的减少及由于成本上升等增加的费用；(3)有关伤亡人员的医药、埋葬等费用；(4)为抗战捐献的物资和钱财；(5)有关人力资源的损失。总之，一切因战争造成的间接财产损失均包括在内。

3. 在财产损失中所列的人力资源类损失，包括了被俘捕人员、劳工等在财产方面的损失。中国各级政府所组织的劳役，例如为战争修筑公路、机场、军事工事等抽调民工，都算作人力资源损失。但中国方面征用民工和日本侵略军强征劳工有所区别。日军强征劳工的伤亡率很高，和中国方面征用民工民夫的情况区别很大，因此要分别统计和说明，不能混淆。

4. 中国军队在重大战役战斗中的人员伤亡，分别情况加以统计处理。此次课题调研以统计平民伤亡为主。有关省（自治区、直辖市）如发现有本地发生过军队人员伤亡的重要资料，可以搜集整理并在调研报告中说明，但不计入本地人口伤亡总数。若是本地籍军人的伤亡，则计入本地人口伤亡总数。

5. 海外华侨拥有中国国籍，因此在计算抗日战争时期中国人口伤亡和财产损失时，华侨人口伤亡和财产损失均计算在内。各有关地方在计算本地人口伤亡和财产损失时，视情况可以将本地籍华侨的伤亡、损失计入统计数据总数，亦可单列数据并加以说明。

6. 工厂、学校、机关团体等由于战争原因搬迁造成的损失，算作间接损失，原则上由工厂、学校、机关团体等原所在地方统计。如果原所在地方缺少相关资料，新迁移处具备资料条件，也可由后者统计。为避免交叉和重复，遇到这类情况须特别加以说明。

7. 政党、政府机构的财产损失，归入公用事业的社会团体类财产损失一并计算。

8. 被日军、日本占领当局无偿征用、占用的中国耕地，按农作物的产量及其价值计算财产损失。

9. 伪军、伪政府的人员伤亡和财产损失，一般计入中国人口伤亡和财产损失。

10. 由战争原因导致的如黄河花园口决堤一类重大事件所造成的人口伤亡和财产损失，计算在间接人口伤亡和财产损失中。

11. 重大的财产损失，均以相应数额的货币反映价值。反映财产损失的货币一般要注明币种。

12. 通常用于抗日战争时期财产损失统计的货币（主要是法币），币值问题非常复杂。本课题调研中，涉及财产损失统计的货币数据，有条件进行折算的，一般按1937年即全国抗战爆发当年通用货币法币的币值进行折算，并说明折算的方式方法。因条件不具备，保留原始数据未作折算的，则注明有关数据中用以反映财产损失的货币系何种货币、何年币值。

五、关于撰写课题调研报告的要求

本次课题调研，有关课题组和承担专门课题的专家均按要求撰写出调研报告。

1. 各省、自治区、直辖市课题组撰写调研报告，内容大致分为概述、主体、结论三部分。

概述部分主要包括：介绍课题调研工作的基本情况，如：投入多少力量，到过什么地方查阅搜集档案资料，搜集了多少档案资料等。反映本地的自然地理概况，抗战爆发前的经济社会发展和人口状况，以及在抗战时期是重灾区还是大后方，是沦陷区还是根据地等。叙述日本侵略者在本地的主要罪行。还可简略回顾以往相关课题的资料和研究情况。

主体部分主要包括：分析说明本地人口伤亡和财产损失情

况。根据现掌握资料，将本地抗战时期人口伤亡分为直接伤亡和间接伤亡，将本地财产损失分为直接损失和间接损失，并分别说明主要的史料依据和分析结果。

结论部分，汇总本地人口伤亡数据、财产损失数据。据实说明迄今所掌握资料的局限性、本地遭受人口伤亡和财产损失的特点、影响等。

撰写调研报告依据的主要资料以及调研中同步完成的专题研究报告等，作为调研报告的附件，纳入课题调研成果中。

2. 由一批专家承担的全局性专门课题，如抗日战争时期重大惨案、劳工问题、"慰安妇"问题、细菌战、化学战、文化损失、海外华侨人口伤亡和财产损失、中国军队伤亡、重要战役战斗伤亡等，其调研报告的撰写和附件的收录，参照以上要求进行。

六、对调研成果的验收

在各省、自治区、直辖市课题调研工作结束后，完成的包括课题调研报告在内的省级调研成果和市、县等调研成果，要装订成册，通过审阅和验收，逐级上报，送交各省、自治区、直辖市党史研究室和中共中央党史研究室分别保存。

为确保质量，在调研过程中形成的各省、自治区、直辖市 A、B 两个系列书稿（省级调研成果为 A 系列书稿，市、县等调研成果为 B 系列书稿），要分别通过验收。其中，省级调研成果要通过由地方到中央的四级验收，市、县等调研成果则在有关省、自治区、直辖市内验收。

省级调研成果上报验收前，课题组先认真进行自审，以保证内容的完整准确，特别是调研报告和有关专题研究报告、资料、大事记的内容和数据要互相补充、印证，不能互相矛盾。课题组完成自审后，省级调研成果首先报送省级抗战损失课题领导小组验收。省级课题领导小组审查通过后，送省级专家验收组验收。省级专家验收组参加验收的专家一般为 3—5 人，人选来自党史系统、社会科学院和社科联系统、档案史志部门、高等院校等方面，为较有影响力、权威性的专家。省级专家验收组在本省（自治区、直辖市）课题领导小组的指导下，按照学术规范的严格要求和有关规定审读、验收本省（自治区、直辖市）拟提交中共中央党史研究室的省级调研成果。验收的主要标准和目的是确保调研成果的准确性、可靠性。对于验收中指出的问题、提出的意见和建议，各省（自治区、直辖市）课题组须采取有效措施解决和落实。对一次验收不合格的，修改、完善之后进行第二次以至多次验收，直到合格为止。省级专家验收组验收合格后，填写《A系列书稿验收报告表》。填写的报告表和书稿同时报送中共中央党史研究室课题组。

中共中央党史研究室课题组收到经省级专家验收组验收合格的省级调研成果后，先进行验收。认为合格后，再聘请国内知名专家进行验收，并填写《A系列书稿验收报告表》。验收中所提修改意见，由有关省、自治区、直辖市课题组予以逐条落实，对调研成果做出相应修改或者说明相关情况。

由一批专家承担的全局性专题研究成果，最后形成的书稿也纳入A系列，其验收也参照上述程序和要求，由中共中央党史研究室课题组组织有关专家进行。对于验收中提出的意见，承担课题的专家要逐条落实，对调研成果进行修改完善直至合格为止。

最后，中共中央党史研究室课题组对经过反复修改形成的省级调研成果和全局性专门课题调研成果进行复核。完成各项程序并符合要求的调研成果，包括通过四级验收的A系列书稿和由有关省、自治区、直辖市党史研究室组织验收并合格的B系列书稿，分批次送交中共党史出版社付印出版。

中共中央党史研究室课题组

目　　录

总序

《抗日战争时期中国人口伤亡和财产损失》课题
　　调研工作规范和要求

一、日军侵华期间中国劳工伤亡损失调研报告
　　（1933.9—1945.8）……………………………… 1

　　（一）调研工作概述 …………………………………… 1
　　（二）日军侵华期间中国劳工伤亡损失分区调研报告 ……… 2
　　（三）日军侵华期间中国强制劳工伤亡损失总人数 ……… 56

二、档案资料 …………………………………………… 58

　　1.华北开发公司庶务部劳务室关于1935年至1941年日本对入满
　　　华北劳工募集计划与实施情况报告（节录）（注①）……… 58

　　2.大东公司关于1936年入满华工发证数与实际入满人数状况
　　　的报告（注②）…………………………………………… 59

　　3.《抚顺煤矿统计年报》关于1939年—1941年华工公伤及疾病状况
　　　的统计（注③）…………………………………………… 61

　　4.《抚顺煤矿统计年报》关于1939—1941年度华人劳工疾病及负伤
　　　状况统计（注③）………………………………………… 61

　　5.《抚顺煤矿统计年报》关于满华人劳工流动状况统计（注④）… 63

　　6.满洲煤矿株式会社劳务课关于F煤矿劳工患病状况的调查报告
　　　（节译）（注⑤）………………………………………… 65

　　7.满洲炭矿会社劳务课关于1939年度吉林省S煤矿劳工流动比例
　　　及实数的调查统计报告（节录）（注⑥）………………… 67

　　8.满洲重工业公司研究室关于入满华北劳工1941年前死亡率高

的调查报告（节录）（注⑦）……………………………………………………69

9.满铁调查局等日本调查机关有关在关东军军事土建工程
中华工待遇及死亡状况的报导（注⑧、⑨）……………………………69

10.丰满水电站史志办刘桂琴"关于日伪统治下的丰满劳工
调查报告"（节录）（注⑩）………………………………………………70

11.华北开发公司庶务部劳务室关于1941年前入满华工离满、滞留、
死亡率的报告（节录）（注⑪）…………………………………………71

12.华北劳工协会关于华北地区剩余劳力行将枯竭的调查报告
（节录）（注⑫）…………………………………………………………71

13.伪满国务院总务厅企画局制满洲第二次产业开发计划
期间（1942—1946年）劳力需给对照表（注⑬）……………………72

14.伪满总务厅次长、企划局长古海忠之关于1942—1945年满洲
劳工动员计划完成情况的供词（注⑭）…………………………………74

15.华北劳工协会关于1942年至1944年华北向满洲、蒙疆、华中
实际供出劳工及伴随家属统计表（注⑮）………………………………74

16.伪满中央银行参事金田弘记制1943、1944年伪满劳工动员
统计表（注⑯）……………………………………………………………76

17.日本"满洲国史编纂刊行会"关于1944—1945年伪满劳工动员
状况统计表（注⑰）………………………………………………………76

18.《抚顺炭矿统计年报》关于1942、1943年常佣工移动、死亡状况
统计表（节录）（注⑱）…………………………………………………77

19.阜新煤矿矿志办关于该矿"万人坑"死亡劳工的调查（节录）（注⑲）……79

20.阜新煤矿档案关于1940—1943年该矿劳工统计表（注⑳）……………80

21.北票煤矿矿志办战丽珠、张涉任、张九英等关于该矿日伪时期
死亡劳工的调查报告（节录）（注㉑）…………………………………82

22.伪滨江省长于镜涛、吉林省长阎传绂关于两省供出劳工死亡率
的供词（节录）（注㉒）…………………………………………………83

23.伪满总务厅次长、企划局长古海忠之关于1942年后劳工
重大伤亡事故的供辞（注㉓）……………………………………………84

24.伪满鹤岗矫正辅导院主任张羽丰关于1944—1945年该院劳工
死亡状况的证明书（注㉔）………………………………………………85

25.劳工幸存者武心田关于为日军修工事的战俘劳工死
亡状况的证词（注㉕）……………………………………………………87

26.伪满总务厅次长古海忠之在给日本首相岸信介的公开信中揭露

日军在修工事后秘密杀害筑城劳工（节录）（注㉖）············88

27.劳工幸存者揭露1945年8月日军杀害东宁要塞庙沟筑城劳工
　　的罪行（节录）（注㉗）·············89

28.伪蒙古联合自治政府的行政辖区（注㉘）··········89

29.兴亚院华北联络部关于日本在蒙疆实施第一次产业开发计划期间
　　所需劳力全部依赖从华北调集的报告（节录）（注㉙）····90

30.伪蒙疆联合委员会与华北新民会签署
　　《关于蒙疆华北劳力分配协定》（注㉚）·········91

31.蒙疆劳工协会1942、1943年主要理事长、理事、支部长等
　　领导成员名单（注㉛）·············92

32.兴亚院华北联络部等关于1939—1941年日本向蒙疆输入
　　华北劳工计划及实施情况报告（节录）（注㉜）······93

33.大同煤矿的劳务政策与实施（节录）（注㉝）········95

34.华北劳工协会关于1942—1945年1月华北劳工向满洲、蒙疆、
　　华中输出发证统计表（注㉞）···········96

35.兴亚院华北联络部、华北开发公司计划局等关于1938—1945年
　　大同煤矿产量统计（注㉟）···········97

36.大同矿务局矿史征编办公室等关于1938—1945年大同煤矿
　　产量与使用劳工情况的调查统计（节录）（注㊱）·····99

37.满铁华北经济调查所关于1941—1942年大同煤矿劳工伤亡率
　　的调查报告（节录）（注㊲）··········102

38.《晋察冀日报》关于1942年秋冬五个月间大同煤矿劳工
　　因瘟疫流行被残害死亡者2400人的报导（注㊳）·····103

39.大同煤矿矿史征编办关于大同煤矿"万人坑"及死亡劳工数
　　的调查报告（节录）（注㊴）··········103

40.兴亚院华北联络部、龙烟铁矿股份公司等关于
　　1939—1945年该矿产量及使用劳工状况的报告（节录）（注㊵、㊶）·····104

41.《宣钢志》编辑部关于龙烟铁矿1939—1945年使用劳工总数
　　的调查报告（节录）（注㊷）··········106

42.《宣钢志》编辑部关于龙烟铁矿1939—1945年死亡劳工的调查
　　统计（节录）（注㊸）·············106

43.中共张家口市党史征集办及宣化钢厂宣传科关于龙烟铁矿八年中
　　死亡劳工的调查报告（节录）（注㊹）········107

44.中共张北县委党史研究室关于日军狼窝沟军事工程残害中国劳工

的调查报告（节录）（注㊺）⋯⋯⋯⋯⋯⋯⋯⋯⋯⋯⋯⋯⋯⋯⋯107

45.1941 年初日本开始对华北境内劳力实施强制统制和计划供给（注㊻）⋯109

46.兴亚院华北联络部关于 1941 年度华北地区主要行业劳工需求
  与供给计划表（注㊼）⋯⋯⋯⋯⋯⋯⋯⋯⋯⋯⋯⋯⋯⋯⋯⋯⋯⋯113

47.华北劳工协会关于 1942—1946 年华北劳工动员分配
  计划表（注㊽、㊾）⋯⋯⋯⋯⋯⋯⋯⋯⋯⋯⋯⋯⋯⋯⋯⋯⋯⋯114

48.1943 年度华北重要产业预计新增劳力统计表（注㊿）⋯⋯⋯⋯⋯⋯115

49.华北劳工协会等关于 1942 至 1945 年 8 月日本在华北
  强征输出劳工去向、人数统计表（注○51）⋯⋯⋯⋯⋯⋯⋯⋯⋯⋯116

50.华北、满、蒙、华中及东亚劳务联络会议决定 1944 年、1945 年
  华北战备产业分配劳工计划（注○52）⋯⋯⋯⋯⋯⋯⋯⋯⋯⋯⋯116

51.大东亚省北京使馆及华北劳工协会关于 1944 年华北地区所需
  劳力计划及实施情况统计（节录）（注○53）⋯⋯⋯⋯⋯⋯⋯⋯⋯118

52."华北开发生计组合"关于 1945 年上半年华北重要产业使用劳工
  统计（节录）（注○54）⋯⋯⋯⋯⋯⋯⋯⋯⋯⋯⋯⋯⋯⋯⋯⋯119

53.华北产业开发计划设定委员会第六分科会关于 1940 年 6 月
  华北主要产业实用劳工统计（注○55、○56）⋯⋯⋯⋯⋯⋯⋯⋯⋯⋯120

54.华北方面军 110 师团关于 1942 年 2 月末日军已在冀中修筑工事
  规模及用工量的报告（节录）（注○57）⋯⋯⋯⋯⋯⋯⋯⋯⋯⋯⋯121

55.满洲铁道总局旅客课关于 1941 年度华北方面军修工事征用
  劳力状况的报告（节录）（注○58）⋯⋯⋯⋯⋯⋯⋯⋯⋯⋯⋯⋯121

56.华北方面军所属各部关于 1942 年在华北修筑工事规模及使用劳工
  状况的报告（节录）（注○59）⋯⋯⋯⋯⋯⋯⋯⋯⋯⋯⋯⋯⋯⋯122

57.中共晋察冀军区关于日军在 1941—1942 年五次"治安强化运动"
  期间修工事征用劳力、破坏农业生产的报告（节录）（注○60）⋯⋯123

58.华北方面军所部及伪昌平县知事关于 1942 年日军修工事耗时、
  用工状况的报告（节录）（注○61）⋯⋯⋯⋯⋯⋯⋯⋯⋯⋯⋯⋯124

59.北京、天津、青岛三市伪政府关于 1944—1945 年华北方面军
  抢修军用机场和秘密工事征用劳工报告（节录）（注○62）⋯⋯⋯125

60.华北劳工协会企划科长吉田美之关于华北煤矿劳工来源的调查
  报告（节录）（注○63）⋯⋯⋯⋯⋯⋯⋯⋯⋯⋯⋯⋯⋯⋯⋯⋯132

61.满铁华北经济调查所及井陉、正丰煤矿股份公司
  关于 1938—1945 年煤炭产量及劳工就业状况表（注○64）⋯⋯⋯133

62.井陉矿务局委员会关于抗战期间井陉矿劳工

死亡状况调查（节录）（注⑥）·····················136

63.井陉煤矿股份公司关于 1939 年—1945 年井陉、
　　正丰两矿使用劳工总人数统计（注⑥）·····················136

64.郭长明、严秀珍关于 1939—1945 年日军在山西富家滩煤矿
　　奴役中国劳工，迫害劳工死亡状况调查（节录）（注⑥）·····················137

65.安兵子、杨狗子关于 1943 年 10 月到 1945 年 8 月日军
　　在河北平山县黄金寨等地筑碉堡群残杀劳工证词（节录）（注⑥）·····················138

66.华北方面军与新民会中央总会及关东军签署协议从 1941 年 6 月起向
　　满洲"国策企业"和军事工程输出经过训练的"特殊劳工"（注⑥）·····················139

67.何天义关于华北方面军和华北劳工协会设置的主要劳工集中营
　　调查（节录）（注⑦）·····················143

68.中国军事科学院及日本防卫厅等关于 1941—1945 年华北方面军
　　主要战役战俘和特殊劳工统计（注⑦）·····················145

69.华北方面军及华北劳工协会的主要"集中营""收容、训练所"
　　收容战俘及劳工统计（注⑦）·····················146

70."石门劳工训练所"副所长、中共地下党员张子元确认石家庄战俘
　　劳工集中营死亡劳工人数（节录）（注⑦）·····················149

71.日军济南驻军司令部档案确认济南新华院集中营战俘与劳工
　　死亡人数（节录）（注⑦）·····················149

72.何天义《济南集中营调查报告》及日军战犯难波博、芳信雅供词
　　确认济南"救国训练所"与"临时战俘收容所"囚禁与死亡战俘
　　劳工人数（节录）（注⑦）·····················149

73.战俘劳工幸存者景云祥揭露日军在洛阳西工集中营残害战俘
　　劳工的证词（节录）（注⑦）·····················151

74.日本在华中的经济"开发"掠夺政策和计划（节录）（注⑦）·····················153

75.淮南煤矿及日本国内档案关于 1938 年—1945 年淮南煤矿产量
　　的统计（注⑦）·····················154

76.淮南煤矿档案关于日军掠夺淮南煤炭主要用途的统计
　　报告（节录）（注⑦）·····················155

77.淮南煤矿档案关于 1941—1945 年该矿劳务状况统计
　　报告（节录）（注⑧）·····················156

78.日铁大冶铁矿资料关于 1940—1945 年该矿生产计划，实际产量
　　及输日量统计（节录）（注⑧）·····················162

79.日铁大冶铁矿资料关于 1943 年 10 月、1945 年 1 月该矿

　　　各单位日、华从业员工人数统计（节录）（注⑧2）‥‥‥‥‥‥163

80.日铁大冶铁矿资料关于该矿劳工出勤率及劳工来源
　　　的报告（节录）（注⑧3）‥‥‥‥‥‥‥‥‥‥‥‥‥‥‥164

81.华中矿业股份公司档案关于属下铁矿所及其生产能力介绍（注⑧4）‥‥165

82.华中矿业股份公司档案关于该矿所属矿山1938—1944年生产计划
　　　及实际产量统计（注⑧5）‥‥‥‥‥‥‥‥‥‥‥‥‥‥166

83.华中矿业股份公司档案关于下属马鞍山和太平山铁矿在籍员工
　　　报告（节录）（注⑧6）‥‥‥‥‥‥‥‥‥‥‥‥‥‥‥169

84.安徽省档案馆档案关于桃冲矿业所1941—1945年正式采矿
　　　工人数统计（注⑧7）‥‥‥‥‥‥‥‥‥‥‥‥‥‥‥170

85.华中矿业股份公司档案关于下属马鞍山制铁所及金家庄江岸码头
　　　劳工人数及来源的报告（节录）（注⑧8）‥‥‥‥‥‥‥‥171

86.华中矿业股份公司桃冲矿业所1941—1945年采矿工数额表（注⑧9）‥171

87.华中矿业股份公司各矿年均使用劳工总计（注⑨0）‥‥‥‥‥‥171

88.《铜陵市志》关于抗战期间华中矿业公司铜官山矿业所使用
　　　劳工人数调查（节录）（注⑨1）‥‥‥‥‥‥‥‥‥‥‥172

89.上海档案馆档案揭示抗战期间日军在上海等地强征民夫修工事
　　　并输往满洲、海南、日本、东南亚服苦役的罪行（注⑨2）‥‥172

90.日本政府战时曾拟将淮南煤矿的煤炭产量扩大一倍以上
　　　达200万吨（节录）（注⑨3）‥‥‥‥‥‥‥‥‥‥‥189

91.淮南煤矿工人揭露日人残害淮南矿劳工的罪行证词（节录）（注⑨4）‥189

92.淮南煤矿老工人关于大通矿"万人坑"的形成及埋葬
　　　死亡劳工人数的证词（节录）（注⑨5）‥‥‥‥‥‥‥‥191

93.淮南大通煤矿"万人坑"教育馆关于日伪时期大通煤矿
　　　劳工死亡与伤残人数的统计证明（注⑨6）‥‥‥‥‥‥‥192

94.《马钢史志》关于1942—1943年马鞍山铁矿各矿山劳工
　　　死亡状况的调查报告（节录）（注⑨7）‥‥‥‥‥‥‥‥192

95.《马钢史志》关于抗战期间繁昌桃冲矿业所和金家庄江岸码头
　　　劳工死亡状况调查报告（节录）（注⑨8）‥‥‥‥‥‥‥193

96.日本海军在海南岛的军政统治机构的设立（注⑨9）‥‥‥‥‥195

97.日本大藏省档案记载1940—1944年海南田独铁矿实际产量
　　　与输日量统计（注⑩⑩）‥‥‥‥‥‥‥‥‥‥‥‥‥‥196

98.《民国时期广东社会经济史》关于日军占领时期在崖县田独铁矿
　　　奴役和残害劳工的调查论述（节录）（注⑩①）‥‥‥‥‥196

99.三亚市政协关于抗战期间日军在田独铁矿强掳奴役和残害劳工
　　状况调查表（注⑩）‥‥‥‥‥‥‥‥‥‥‥‥‥‥‥‥‥‥‥‥197

100.《海南岛石碌铁山开发志》记述 1942—1943 年日本从香港、
　　广东强掳 20000 余名劳工来石碌矿服苦役（注⑩）‥‥‥‥‥‥199

101.海南岛应急劳务对策纲要（注⑩）‥‥‥‥‥‥‥‥‥‥‥‥‥‥200

102.驻海南岛日军特务部北黎支部劳务系主任冈崎四郎手记记载
　　1942 年末石碌矿劳工总数及分布状况（注⑩）‥‥‥‥‥‥‥‥202

103.冈崎四郎手记记录 1943 年 10 月石碌矿使用劳工来源
　　及分布情况（注⑩）‥‥‥‥‥‥‥‥‥‥‥‥‥‥‥‥‥‥‥‥203

104.海南昌江县政协关于日人在石碌铁矿奴役、残害
　　劳工调查（节录）（注⑩）‥‥‥‥‥‥‥‥‥‥‥‥‥‥‥‥‥204

105.水野明关于 1941—1943 年石碌铁矿劳工死亡状况的调查
　　统计（节录）（注⑩）‥‥‥‥‥‥‥‥‥‥‥‥‥‥‥‥‥‥‥205

106.《海南铁矿志》关于石碌铁矿抗战期间劳工总数及战后幸存者的
　　调查统计（节录）（注⑩）‥‥‥‥‥‥‥‥‥‥‥‥‥‥‥‥‥205

107.海南昌江县《八所海港史》关于日本在修石碌铁矿八所港时奴役
　　劳工总数及幸存劳工的调查（节录）（注⑩）‥‥‥‥‥‥‥‥‥206

108.中共广东省委党史研究室关于阳江县南鹏岛钨矿劳工被日本
　　三菱公司奴役、摧残状况调查（节录）（注⑪）‥‥‥‥‥‥‥‥206

109.日本大藏省档案记录 1942—1945 年海南羊角岭水晶矿产量与
　　输日量统计（注⑫）‥‥‥‥‥‥‥‥‥‥‥‥‥‥‥‥‥‥‥‥207

110.幸存者符名风揭示日军在海南羊角岭水晶矿奴役、残害劳工
　　证词（节录）（注⑬）‥‥‥‥‥‥‥‥‥‥‥‥‥‥‥‥‥‥‥207

111.幸存者胡京鹏揭示日军修海南陵水县大坡机场时对劳工的奴役、
　　残害证词（节录）（注⑭）‥‥‥‥‥‥‥‥‥‥‥‥‥‥‥‥‥208

112.东亚盐业株式会社档案揭示 1942—1945 年日本抢修海南崖县
　　莺歌盐场强征奴役劳工 12 万人（节录）（注⑮）‥‥‥‥‥‥‥209

113.日本"中国人殉难者名簿共同作成委员会"关于掳日华工契约数
　　与实际到日华工数的调查统计（节录）（注⑯）‥‥‥‥‥‥‥‥209

114.劳工幸存者佟久等关于 1944—1945 年日本强掳华工输往
　　库页岛日本工厂服役的证词（节录）（注⑰）‥‥‥‥‥‥‥‥‥210

115.幸存劳工刘洪武关于日军强掳华工输往琉球岛"东亚寮"服苦役
　　的证词（节录）（注⑱）‥‥‥‥‥‥‥‥‥‥‥‥‥‥‥‥‥‥211

116. "中国人殉难者名簿共同作成实行委员会"及日本
《外务省报告书》关于掳日华工死亡数的调查报告（节录）（注⑲） ····212

117.幸存劳工徐月明关于1945年10月11日遣返华工的日轮"老松号"
在门司港触水雷炸沉200余名华工遇难的证词（节录）（注⑳） ·······213

118. "中国人殉难者名簿共同作成实行委员会"关于掳日华工在
登船赴日前在运输、收容期间减员状况调查（节录）（注㉑） ····214

119.日伪档案，调查报告与当事人证词揭示掳日华工在登船赴日前
在塘沽劳工收容所、青岛劳工"训练所"
逃亡、死亡状况（注㉒、㉓） ····214

120.日本《外务省报告书》关于掳日华工死亡与伤残状况
的调查统计（注㉔） ····223

121.满铁抚顺煤矿年报记录1941年该矿劳工伤病
率达80%以上（注㉕） ····224

122.满洲炭矿株式会社劳务课关于F煤矿1940年度劳工伤病率
调查报告（节录）（注㉖） ····224

123.满铁华北经济调查所关于1941年度大同煤矿劳工伤残率的
调查统计（节录）（注㉗） ····224

124.日本《外务省调查报告书》关于掳日华工伤残人数与伤残率的
调查统计（节录）（注㉘） ····224

总后记 ····225

一、日军侵华期间中国劳工伤亡损失调研报告
（1933.9—1945.8）

（一）调研工作概述

本课题承担者，常年从事华北抗战史暨抗战时期华北地区经济史（包括抗日根据地及沦陷区）的研究；1999 年起又承担了中国社会科学院中日历史研究中心的重点项目"华北劳工档案的开发与研究"。多年来，足迹踏遍了国内存有抗战时期华北劳工档案的主要档案馆、图书馆和满铁资料馆；先后从中央档案馆，中国第二历史档案馆，北京、天津、青岛、上海四市档案馆，吉林省社科院满铁资料馆，辽宁省和山东省档案馆，抚顺煤矿档案馆，以及国家图书馆，中国社科院近代史所图书馆等单位查阅、复制了 3000 余页、300 万字左右的日伪劳工原始档案文献及战时日本经济情报机关遗留的大宗有关中国劳工的绝密调查报告；并于 2003 年联合中国第二历史档案馆，北京、天津、青岛市档案馆等五家单位相关人员整理、翻译、编辑出版了 90 万字的《日本掠夺华北强制劳工档案史料集》（上下册），由社会科学文献出版社出版；还在完成了 10 多项专题研究与考证的基础上，于 2007 年 8 月撰写出版了 30 余万字的专著——《1933.9—1945.8日本对华北劳工统制掠夺史》（中共党史出版社 2007 年出版），基本搞清了日军侵华期间（1933 年 9 月至 1945 年 8 月）日本帝国主义在东北、华北、蒙疆沦陷区对中国劳工的强制劳动罪行。

2007 年 5 月正式承担了中共中央党史研究室交办的"抗战期间中国劳工伤亡损失调查报告"的专题调研任务后，又在中共中央党史研究室有关同志的大力协助下，于当年先后赴海南，湖北武汉、黄石，安徽合肥、马鞍山、芜湖，山西大同，河北张家口等地的有关档案文献部门，以及湖北的大冶铁矿，安徽的马鞍山当涂、繁昌铁矿，山西的大同煤矿等矿区进行实地调查与座谈，又获取了上百万字的有关战时日本在华中、华南和蒙疆等地实施强制劳动与残害中国劳工的珍贵文献资料，为最终完成这一专题调研报告奠定了较丰厚坚实的档案文献及口述证据基础。

（二）日军侵华期间中国劳工伤亡损失分区调研报告

据我们调查，日军侵华期间日本帝国主义者在中国沦陷区——东北、华北、蒙疆、华中与华南，均实施了普遍的"强制劳动"政策及残害中国劳工的暴行；在调查报告中，我们将先分区加以阐述，然后进行综合归纳，最终得出"日军侵华期间中国劳工伤亡损失"的总数据。在对每一沦陷区的阐述中，我们也将遵循先论述日本帝国主义战时在该区使用中国强制劳工的类型及总人数，再考证该区中国劳工伤亡损失率，最终算出该区中国劳工伤亡损失概数的顺序来进行阐示，以使读者能深入了解我们最终数据的来源。

1.中国劳工在东北沦陷区——"满洲国"的伤亡损失

东北沦陷区包括当时黑龙江、吉林、辽宁、热河四省。日本在中国东北沦陷区即伪满洲国使用中国强制劳工时间最早、延续时间最长，使用人数也最多。这是因为东北沦陷时间最早（自 1931 年九一八事变始），沦陷时间最长（从 1931 年 9 月 18 日至 1945 年 8 月 15 日，长达 14 年），日本帝国主义将东北沦陷区视为自己在大陆相对稳定和巩固的后方，作为其"以战养战"进一步侵占中国关内各地，灭亡中国、称霸亚洲的一块重要的大陆"基地和跳板"，因此在东北沦陷区从事的战时军备生产和永久性军事工程建筑都格外地多，所需廉价的中国强制劳工自然也较其他地区为多。

日本帝国主义在东北沦陷区实施罪恶的"强制劳动"政策是从 1933 年 9 月日本在华建立第一个"劳动统制委员会"——"关东军劳动统制委员会"开始的。因为这个"劳动统制委员会"的主要使命，就是对日本当时在东北沦陷区即伪满洲国使用的占劳工总数 95% 以上的中国关内来满洲打工谋生的华北劳工实施"强制管制性"劳动，使他们由以往中国境内"闯关东"的自由流动"移民"（工人或农民），变为日军强制管制下的为日本在满军备生产和军事工程服役的"强制劳工"。从那时起到 1945 年 8 月战争结束的 10 余年间，日本在东北沦陷区使用中国强制劳工，又分为 1941 年前的骗招役使入满华工及 1942 年后的公开强征抓捕中国劳工两个不同的阶段，下面分别加以阐述：

（1）1941 年前中国劳工在东北沦陷区（伪满洲国）的伤亡损失

1）1941 年前日本在伪满洲国役使中国强制劳工人数考

1933 年 9 月"关东军劳动统制委员会"成立后，1934 年起，日本在伪满洲国陆续出台实施了对入满华北劳工的严格管制政策：①设立了受关东军劳动统制委员会直接掌控、由关东军和华北军现役及退役、预备役军官组成的"大东公司"，负责在华北劳工入满的出发地，对入满华工进行计划诱招（以高工资作诱饵）、身份甄别（不使反满抗日分子和不胜任强度劳动的人入满）、发放入满"签证"（即"身份证明书"）、就劳行业分配和押运输送等，使华工从被诱招时起就失去了人身自由。②在华工入满的各口岸大连、营口、安东及山海关、古北口、冷口等地设卡，由关东军指挥的关东州警署和伪满民政部警署在各口岸对入满华工的"签证"进行检印和准入，并立即进行指纹登录，使华北劳工从一入境就被日满警署严密监控起来。③入满华工凭"检印"过的"签证"（即"身份证"）到就劳企业驻地的警署办理准许在满指定就业的"劳动票"，按"劳动票"指定的行业就劳。④日人规定入满华工就劳行业为日本在满洲最急需的军事土建行业、煤铁矿山开发行业、码头、搬运业及农林业等最艰苦笨重的劳动行业。⑤入满华工到满洲企业就劳后，"身份证"、"劳动票"即被日本业主扣押，无企业主准许，华工不得擅自逃亡流动。日人还规定，无"身份证"、"劳动票"，或伪满境内任何警署、行政长官"认为外国劳工（指入满华工）有扰乱社会安宁"、"有伤风化"等均可以"非法入境"或"反满抗日嫌疑"予以逮捕和拘禁。⑥日人还对入满华北劳工的工资及向家乡汇款或归乡携款额进行了严厉的限制和统制，以利对入满华工的"超强经济榨取"。总之，从此入满华北劳工就失去了以往"闯关东"华北农民的自由流动工人和农民的移民身份和资格，变为受日本在满军政当局和企业主政治管制和镇压、经济超强榨取的战争奴工和"强制劳动"者。

但1934年因"关东军劳动统制委员会"制定的对入满华工的限制统制法规尚不严密和健全，未充分协调与调动好关东州与驻华北日军、使领馆的积极支持和全力参与，诱招输入华工计划也制定得不切实际，未充分调动在满日本业主的积极支持与配合，因此当年对入满华北劳工的限制统制政策和计划并未得到很好实施，计划诱招输入华北劳工11万人，实际输入达63万人，头年限制统制计划归于失败。

为此，"关东军劳动统制委员会"特于1934年末和1935年初多次纠集关东军特务部、参谋部、满铁经济调查会及关东州军政当局进行反复酝酿磋商，决定仿效1904年台湾总督府令第68号"关于中国劳工管理规则"，对关东州1918年都督府令第15号《外国人入境管理规则》进行修定，新插入《外国劳工入境管理规则》；伪满洲国民政部则仿效该规则制定新的《外国劳工管理规则》，报请日本内阁有关部门批准于1935年3月先后颁布实施，还内定所谓"外国劳工"就是专指"中华民国劳工"。与此同时，经过多方调查、征求日本在满国策企业的意见，对1935年度的诱招输入华北劳工计划进行修订使之较为切合实际；并仿效日本在台湾的华工诱招管制公司"南国公司"的建置，对"大东公司"的组织形式、业务内容及基层组织设置进行了改组、扩大和加强，从而充分协调与调动了日本内阁有关各部、关东州及日本在满企业主的积极参与、支持和配合，使日本1935年度诱招役使和管制入满华北劳工的计划得以顺利实施。所以日本在东北沦陷区役使中国强制劳工虽起始于1933年9月，但正式计算人数应从1935年始。

从那时起到1941年，尽管日本在伪满洲国的军事、政治、经济形势有很大变化，由1937年7月前的"准战时状态"，进入了"战时状态"，使用中国劳工政策，也由有限制地管制使用，到1938年后的大规模扩大诱招役使入满华工；但因1937年七七事变后至1940年前，华北战祸水患连年，使工农业生产，特别是农业生产遭受极大破坏，有大批破产失业的饥民、流民存在，从而使日本在华北大规模诱招劳工入满服役的计划得以较顺利地实施。到1941年底前，日本在东北沦陷区使用的中国强制劳工2/3以上都是来自关内的入满华北劳工。此时日本对中国强制劳工的统制、虐待与榨取，也主要是针对入满华北劳工。对中国劳工实施劳务统制和镇压的决策、统制主体，尽管由"关东军劳动统制委员会"演变为日本在满行政机关——伪满国务院总务厅为首的"劳务委员会"，其台前执行机关也由"大东公司"演变为"满洲劳工协会"，但关东军参谋部（其前身为特务部）始终是日本在满劳务统制政策和计划的幕后决策与指挥者，关东军指挥下的日满军警、特务机关，也是日本在伪满洲国对中国劳工实施强制管制的武力保障。从"大东公司"到"满洲劳工协会"都是由日本人任职、日本人指挥的名副其实的日本在满劳务统制掠夺执行机关。据"大东公司"和"满洲劳工协会"统计，从1935年到1941年，日本在东北沦陷区诱招奴役入满华北劳工达487.67万人，详见下表。

1935—1941年日本诱招入满华北劳工人数表

年份 项目	1935年	1936年	1937年	1938年	1939年	1940年	1941年	合计
许可数	440000	360000	380000	440000	910000	1400000	1100000	5030000
实际入满数	442667	364149	323689	492376	985669	1318907	949200	4876657
完成%	100.6%	101.2%	85.2%	112%	108.3%	94.2%	86.3%	97%

（1935—1940年由满洲劳工协会制，1941年由华北劳工协会制）[①]

这里需要说明的是，以上1941年前7年日本在伪满输入奴役华北强制劳工

① 据华北开发公司庶务部劳务室：《北支那劳动力的对外流动状况》，1942年11月，中国第二历史档案馆馆藏，档案号：2024—2—401，第3—4、6—7页，表二、表三绘制。

的总人数，另有统计计算为 486.35 万人的数据，两数相差 1.32 万人。该数据是依据伪中国联合准备银行调查室所编《中外经济统计月报》1941 年 9 月及 1942 年 9 月第 3、4 期上刊登的大东公司和满洲劳工协会的各年统计汇总。这两个统计所差的 1.32 万人，主要是差在后者 1935—1937 年 3 年的数据是依据大东公司的统计，该 3 年大东公司输入华北劳工的数据有两个：一是颁发入满华工"签证"（即"身份证"或"劳工证"）数；二是上述华工领了"签证"后，实际入满的人数。由于华工在领了"入满签证"后，有少数改变主意未入满，有的因种种原因在入境接受"检印"时被扣押不准进入，有的当年领证第二年初才入满等，所以该 3 年实际入满华工数比领发"劳工证"数少 1.32 万人（详见下表）。

1935—1937 年大东公司发证数与实际入满华工人数比较表[②]　　　单位：万

年份 项目	1935 年	1936 年	1937 年	合计
发证数	44.2667	36.4149	32.3689	113.0505
实际入满数	44.05	35.8	31.9	111.75

1938 年后四年数据则均依据满洲劳工协会和华北劳工协会统计，二者没有出入。

2）1941 年前中国强制劳工在东北沦陷区的伤亡损失考

在日本驻满军政当局和企业主的联合政治统制、镇压，经济超强榨取下，1941 年前被骗入满为日本军备产业和军事工程服役的华北劳工伤亡率就很高。据日本在满条件最好最大的煤炭企业——《抚顺煤矿 1941 年度统计年报》披露，1939 年度抚顺煤矿中国劳工负公伤人数为 9482 人，占当年该矿中国劳工总数 61527 人的 15.4%；因该矿井下照明过暗，空气温度、湿度和粉尘严重超标，劳工生活条件恶劣而造成的中国劳工患病总人数达 37256 人，超过劳工总数 60%以上。其中患皮肤病者 12933 人，占 22.99%；肺结核气管炎等症者 4052 人，占 6.99%；患肠炎痢疾者 3140 余人，占 5.4%；伤风感冒者 7305 人，占总数 12%；患疟疾等瘟疫者达 9876 人，占总人数 17.8%[③]。

而抚顺煤矿 1941 年前中国劳工的最高死亡率是在 1941 年，当年该矿井下中

---

② 该表据前引华北开发公司庶务部劳务室：《北支那劳动力的对外流动状况》，1942 年 11 月，及中国联合准备银行调查室：《中外经济统计月报》，1941 年 9 月第 3 期，《大东公司 1936 年度业务概况报告》，1937 年 1 月，吉林社科院满铁资料馆馆藏档案，档案号 22077 号汇制。

③《抚顺煤矿统计年报》，1941 年上卷，1942 年 12 月，吉林省社科院满铁资料馆馆藏档案，档案号：04742，第 339、341、485 页。抚顺煤矿庶务课调查系：《坑内采煤业中关于满人劳工的调查》，1941 年 5 月，第二号，第二编劳动条件，吉林省社科院满族资料馆，档案号 03310，第 65—71 页。

国劳工常佣工伤病死亡2642人，为当年该矿井下常佣夫实际平均在籍劳工37357人的7%[④]。

而1935年后日本在满新建和扩大的一些煤铁矿山，特别是由制造皇姑屯事件、炸死张作霖的刽子手、军阀河本大作一手操控的"满洲炭矿株式会社"管下的各矿山，因缺资金、缺设备，又要在短期内（在日本在满第一次产业开发计划期间，即1937—1941年）赶上和超过抚顺煤矿的产煤量（上千万吨），该公司雇用了相当一批日本退役军人充当矿山监工，对矿山井下作业的中国劳工进行了更残酷的役使和残害，使该公司各矿能在短短数年内，煤产量赶上并超过了抚顺煤矿，而中国劳工的伤病死亡率也大大超过了抚顺煤矿。据满洲炭矿会社劳务课在1941—1942年委托专业人员作的《炭矿劳工的劳动卫生学的考察》及《炭矿劳动者的疾病调查报告》披露："满洲炭矿会社"下属F煤矿（据其叙述特点，应为阜新煤矿），年均拥有在籍中国劳工总数3万余人，1940年全矿劳工伤病就诊总数为94222人次，人均3次，劳工伤病率几乎为100%。其中因工伤就治者达45120人次，工伤率占伤病总人数的47.8%；而患病者49102人次，占伤病总人次的52.11%。其中患肺及呼吸系统疾病者12885人次，占总数13.68%；患肠胃系统疾病者11000人次，占总数11.68%；而患斑疹伤寒和疟疾等恶性瘟疫者11823人次，占总数12.55%；另据调查人员对被称为"健康者"的井下作业劳工实地检测，疟原虫携带者实际达28.5%[⑤]。

在劳工死亡率方面，据满洲炭矿株式会社劳务课关于《炭矿劳工的劳动卫生学的考察》报告披露，该会社下属吉林省S煤矿（据其叙述的地点推测为西安煤矿）1939年全年华工因伤病死亡者月均达999.4人，为全年月均在籍劳工总数1.5万的6.7%，全年劳工死亡总数为11993人。以该矿劳工逃亡死亡流动率为100%计，该矿全年使用劳工总数为平均在籍劳工1.5万人的两倍，即3万余人，以此为基数来计算，则该矿1939年劳工死亡率也超过了实际使用劳工总数的30%以上[⑥]。因此1941年7月接管"满洲炭矿株式会社"的"满洲重工业公司"研究室，在1941年8月发行的《劳务对策研究》报告中承认："劳工中体质

---

④ 《抚顺煤矿统计年报》，1941年上卷，1942年12月，吉林省社科院满铁资料馆藏档案，档案号：04742，第363页。

⑤ 满洲炭矿会社劳务课：《炭矿劳动者的疾病调查报告》，1942年9月，吉林省社科院满铁资料馆藏档案，档案号：03317，第2、17页。

⑥ 满洲炭矿会社劳务课：《炭矿劳工卫生学的考察》，1941年2月，吉林省社科院满铁资料馆藏档案，档案号：03316，第7—8页。

衰弱者越来越多，使患病率死亡率显著扩大，这种倾向在华北招募的劳工中特别突出，有的企业一年中死亡率与在籍人员的比例有达约30%之多的情形"，这是有确实依据的[⑦]。

那些被骗到伪满边境地区和荒山野岭中为关东军修公路、铁路、军事工程和大型水电工程的华工，因是在几乎没有人烟、没有道路的地区施工，粮食运输成了很大难题，"[日本承包商]的职员用粮食通过空运勉强可以补充，但苦力的粮食经常因不足而诉苦"，因此，即使在1939年前粮食不紧张时，在边远山区修工事的中国劳工也常因粮食运不到而大量饿死。再加上"前述之北边振兴计划（关东军大型军事工程计划，从1939年7月至1942年7月）地区，……因军用紧急，强行在一般不施工的冬季进行作业，而且工程时限紧迫，一般一年的工程量要求在几个月内甚至更短的时间内完成。……这使本来就繁重的劳动更加繁重，劳累致死者不断发生"。据满铁调查局三浦运一1944年的报告披露，"数年前（1941年及以前）曾发生过以下事实，北满的××线在施工时，在数千工人中，有20%以上因营养不良而死去"[⑧]。另据满铁发行的《前山报告》记载："在北安省（今黑龙江省）铁丽县的军事土木工程中，[劳工]因营养不良在半年内死亡10%，给工程造成了影响"[⑨]。另据吉林丰满电站统计，日人从1937年9月至1942年9月，在吉林荒山野岭中修丰满电站大坝，五年中共骗招役使入满华工近8万人，年均使用华工1.5万余人，五年中华工因冻、饿及被日人残害致死被埋在丰满大坝东6公里的东山上（日人称之为"中国人墓地"）的华工也达1.5万余人，该工程在1941年前的死亡率也平均达20%[⑩]。

综合上述情形，1941年前在日本军政当局和企业主的联合残酷统制、镇压与超强榨取下，被骗入满华工死亡率较高，少则百分之几，或10%，多则达20%—30%以上，因此中国劳工1941年前在伪满洲国的死亡率平均在10%以上比较确实。另据日本华北开发公司庶务部劳务室关于《华北劳力对外流动状况》的调查报告称：截至1941年末的7年中，入满华北劳工离满率年均达58.2%，滞留率年均达41.8%，滞留者中有多少成为定居者准确数尚不得而知，但"扣除其中30%连当地居民也不可能确切知悉实际数字的死亡者等，尚有320万左右

---

⑦ 满洲重工业公司：《劳务对策研究》（上），1941年8月，吉林省社科院满铁资料馆馆藏档案，档案号：03221，第3—4页。

⑧ 三浦运一：《满洲的民食的营养》，满铁调查局1944年发行，第43页。

⑨ 前山报告，载解学诗、[日]松村高夫主编：《满铁与中国劳工》，社会科学文献出版社2003年版，第429—430页。

⑩ 何天义主编：《日军枪刺下的中国劳工》（之二），新华出版社1995年版，第259、268页。

未归还者存在"①，这里日本人自己承认 1941 年前入满华北劳工死亡率为滞留率 41.8%的 30%，即约达入满华工总数的 12.5%。

因此，1941 年前日本在东北沦陷区——伪满洲国骗招役使中国强制劳工总数若为 486.35 万人，而平均死亡率约达 12.5%，则 1935—1941 年 7 年中，中国劳工在伪满洲国的死亡人数应为：486.35 万人×12.5%＝60.79 万人，即 60 余万人。

(2) 1942 年至 1945 年 8 月中国劳工在东北沦陷区的伤亡损失

1) 1942 年后日本在东北沦陷区役使中国强制劳工总数考

1941 年后，由于日本帝国主义在华北沦陷区也大规模实施战略资源"开发"掠夺计划，大规模修筑"封锁"、"围剿"八路军抗日根据地和国民党军的军事工程，在华北所需廉价强制劳工成倍扩大；同时，1941 年日本在华各占领区，为了准备发动太平洋战争，均在抓紧完成日本在华各占领区的第一次产业"开发"掠夺计划（一般从 1937 年，或 1938 年、1939 年开始至 1941 年末结束），并筹备实施从 1942 年开始的第二个产业"开发"掠夺计划（一般从 1942 年始至 1946 年结束），日本在伪满洲国、蒙疆、华中等占领区对廉价华北劳工的需求均持续增加；日本还决定在太平洋战争爆发后，日本国内青壮年劳力大量征往前线时，国内战备产业与军事工程所缺壮劳力由华北劳工来补充。因此，到 1941 年下半年，作为日本帝国主义在"东亚之劳力供给源泉地"的华北，劳力资源顿形紧张。据 1941 年 7 月新成立的华北劳工协会调查预测，如果不加节制地大量输出华北劳工，那么两三年后，华北剩余劳力即将枯竭②。有鉴于此，加上到 1940 年末，关东军已残酷镇压了东北抗日联军的大规模斗争，将其大部分挤压到苏联境内，只有小部分人在苏满边境地区坚持斗争，也为日本在伪满境内普遍实施强征东北本地劳工创造了条件。因此，在太平洋战争爆发前夕，从 1941 年 11 月初起，日本在东北沦陷区正式颁布实施《确立劳务新体制纲要》，决定减少对华北劳工的依赖，"确立国内劳力自给体制"，实施"国民皆劳"的全民义务劳役制，对满洲本地劳工实施普遍的强制动员与强征（即普遍的"强制劳动制"），使日本在伪满洲国所需劳工中，本地劳工占 2/3，华北劳工占 1/3。

1941 年 11 月后，特别是太平洋战争爆发后，日本在东北沦陷区——伪满洲国，对中国劳工实施"强制劳动"的主要方式有以下六种：①"地盘育成劳工"，

① 华北开发公司庶务部劳务室：《关于华北劳工的对外流动状况》，1942 年 11 月，中国第二历史档案馆馆藏档案，档案号：2024—2—401，第 6—7、9—10 页。
② 华北劳工协会：《华北劳动时报》，1942 年 11 月，第一辑，第 4—5 页。

由日人控制的伪满民生部划定日本在满重要战备企业矿山周围的农村为该企业、矿山的"爱护村"，由该企业矿山业主经常与当地日本驻军、特务机关和乡村伪政权联络，在他们的支持下，强制这些"爱护村"农民轮流赴企业、矿山服役。②"行政供出劳工"，由日人绝对控制的伪满国务院"劳务委员会"，将日本在满战备产业及关东军军事工程所缺劳工的人数按伪满行政系统分配到各省、市、县、旗和乡村，由日人操控的伪满各级行政长官——省、市、县、旗、乡村长负责实施强制摊派和强征。③"预备役青年勤劳奉公队劳工"。规定"帝国（指伪满洲国）……男子未服兵役者，……自21岁至23岁之期间内（后又延至30岁）须服合计12个月以内之勤劳奉公劳役（即人均年服役4个月，分3年服完，1944年后又改为人均年服役6个月，分6年服完）"。这些青年均按"省、市、县、旗"实行军事化编制和训练，并以此编队进行强制服役。④抓"浮浪"迫"囚徒"充劳工。到战争后期因劳力急缺，日本在东北沦陷区又挖空心思地实施"抓浮浪"迫"囚徒"充劳工的"明火执仗"的抓劳工政策。他们认为："全满共有30万浮浪者，……扰乱了社会秩序"，要将他们抓捕拘禁在"矫正辅导院"里进行为期两年的强制劳动改造，既补劳力之不足又利社会治安。为此，特在1943年将伪满司法部刑司改为"司法矫正总局"，又先后在11个大城市和矿区设立"矫正辅导院"，并实施《保安矫正法》《思想矫正法》，规定，已在监狱的"囚犯"，和已刑满释放者、假释者、犯罪嫌疑无证定罪者甚至免于起诉者，以及城市流民、"嫌弃劳动者"，或思想上犯有"反皇室罪，内乱罪、背叛罪、危害国交罪、对建国神庙不敬罪、危害治安维持等罪者"均列为要抓捕、拘押、矫正的对象；并从1943年起在各大城市繁华及人口稠密区大肆抓捕平民数万人，经押往各"矫正辅导院"刑讯折磨后，驱往各大煤铁矿山充当强制劳工。⑤1942年后每年仍从华北强征抓捕数十万至上百万华北强制劳工入满服苦役。⑥从1941年起，日本在伪满通过关东军与华北方面军直接斡旋，开始大量使用日本华北方面军在战争中抓捕俘获的国民党军和八路军战俘及抗日根据地平民充当"战俘劳工"（又称"特殊劳工"），在日本战备企业矿山和军事工程服苦役。这些"强制劳动"方式在太平洋战争爆发前后，首先在东北沦陷区实施，1942年后又迅速推广到日本驻华各占领区。

1942年后日本在东北沦陷区共强征役使了多少中国强制劳工呢？据日本人绝对控制的伪满国务院总务厅企划处制定的1942年至1945年度满洲劳务动员计划披露，1942年后日本在伪满强制动员役使中国劳工计划如下：

1942—1945 年日本在满洲劳力动员计划表[13] 单位：万人

年份供给地区	1942 年		1943 年		1944 年		1945 年		合计（计划供给）
	所需数	计划供给	所需数	计划供给	所需数	计划供给	所需数	计划供给	
分年计	167.9	96.8	167.9	113.3	193.2	133.2	185.8	121.95	465.3
国内供给	138	66.8	138	83.3	163.2	103.2	155.8	91.8	345
国外供给	30（55）	30	30（50）	30（50）	30（45）	30	30（40）	30	120

注：括号内为自由募集散劳工。

那么，这个劳力强制动员计划完成情况如何？日本 1942—1945 年实际在东北沦陷区强制动员役使了多少中国强制劳工呢？据上述计划的制定者、伪满国务院总务厅次长兼企划局局长古海忠之战后供辞中确认：1942 年后"每年劳工动员的概数"是"1942 年 100 万人（其中供出劳工 35 万人——指"行政供出劳工"，下同），1943 年 120 万人（其中供出劳工 50 万人……），1944 年 130 万人（其中供出劳工 60 万人……），1945 年 160 万人（其中供出劳工 60 万人……）"[14]，截至 8 月 15 日实际完成应为 80 万人。除 1945 年外其余 3 年的概数与上述供给计划数基本相同，表明该劳务动员计划的决策制定者战后对该计划及其完成情况是确认的。因此，可以说，上述日本在满洲的劳力强制动员计划是基本完成了。按古海忠之确认，1942 年至 1945 年 8 月日本在伪满强制动员役使中国劳工的概数总和为 430 万人，完成计划的 92.4%。上述动员供给计划中，每年必须从华北输入供给的强制劳工概数为 30 万人，1945 年 1 月至 8 月折半计算，则 3 年半时间内日本必须从华北输入强制劳工 105 万人，即上述实际动员的概数 430 万中国强制劳工中应至少有 105 万左右的华北劳工，约占总数的 1/3，其余 325 万人是日本强征的满洲本地劳工，约占总数 2/3。

但实际上据日本华北劳工协会的调查统计，由于 1942 年后日本在东北沦陷区的劳工缺口很大，日本在满洲各重点企业及工程承包商 1942 年后在华北劳工协会的协助下纷纷直到华北来强征劳工。1942—1943 年两年在日本华北方面军数十万重兵对华北抗日根据地连续进行多次"治安强化运动"和治安讨伐作战的淫威下，华北劳工协会每年向伪满洲国强征输出的华北劳工都大大超过上述计

⑬ 据满铁劳动对策委员会：《满洲的劳动问题和满铁的劳动事情》，1942 年 5 月，抚顺煤矿档案馆馆藏档案，档案号：劳/1942/392，第三表简化制成，转引自苏崇民、李作权、姜壁洁主编：《劳工的血与泪》，中国大百科全书出版社 1995 年版，第 229—301 页。

⑭ 中共中央档案馆、中国第二历史档案馆、吉林省社会科学院合编：《日本帝国主义侵华档案选编东北经济掠夺》，中华书局 1991 年版，第 860—861 页。

划。据华北劳工协会的遗留档案文献记载，1942 年—1945 年 8 月，劳工协会每年向伪满洲国输出华北强制劳工人数，有据可查者如下表所示：

1942—1945 年华北劳工输出满洲状况表[15]　　　　　单位：万人

年份\项目	团体募集输出劳工	散劳工输出	合计
1942 年	33.15	70.7	103.85
1943 年	24.38	66.11	90.49
1944 年	8.37	27.86	36.23
1945 年 1—7 月			4.91
四年合计			235.47

这就是说，1942 年后日本在东北沦陷区役使的华北强制劳工不是计划中的 100 余万人，而是 235.48 万人，加上 1942 年后古海忠之确认的强制动员满洲本地劳工 325 万余人，1942 年后日本在东北沦陷区强征使用的中国强制劳工应至少在 560 余万人。

实际上，据中国学者解学诗、苏崇民考证，1943 年后，日本在东北强制动员役使的本地强制劳工也大大超过了原定动员计划。据解学诗在《满铁与中国劳工》一书中引用原伪满中央银行日本人参事金田弘记 1946 年 8 月制的伪满洲国 1943 年、1944 年劳力动员统计表称：该两年日本仅强制动员伪满本地劳工即达 439 万人，其中紧急行政供出劳工 118 万人，勤劳奉公队劳工 31 万人，国内一般募集劳工 290 万人[16]。而苏崇民则引用日本满洲国史编纂刊行会出版《满洲国史》（各论）第十三编的内容，其中称：实施劳务新体制后，被动员的劳动者人数逐年累增，"据说 1944 年总动员数总计 250—260 万人（单指动员本地劳工——著者）……1945 年，在总动员数为 2214000 人中，靠强制征集即所谓行政动员的为 1982000 人，即将近 200 万人"[17]。

这两种统计表明 1943 年至 1945 年，日本在满洲强制动员役使本地劳工数远远大于伪满总务厅企划局制定的劳务动员计划数。但因这两种统计和数据均非出自日本在满劳动统制权威部门，故仅能作为参考，但至少能证明日本在满洲实际

⑮ 《华北劳工协会 1945 年 1—2 月业务概况报告》第 4 号，1945 年 5 月，天津市档案馆馆藏档案，档案号 1—3—9042；[日]东峰常二：《华北交通公司第一运输局旅客运输移交报告》，1945 年 10 月 19 日，天津市档案馆馆藏档案，档案号：第 19 号全宗。

⑯ 该表由伪满中央银行经理部用度课参事金田弘记于 1946 年 8 月 20 日制，吉林省档案馆馆藏档案，档案号：282—41。载解学诗、[日]松村高夫主编：《满铁与中国劳工》，第 83 页。

⑰ [日]满洲国史编纂刊行会编：《满洲国史》（各论），第十三编第一章第三节，第 1170 页，载苏崇民、李作权、姜壁洁主编：《劳工的血与泪》，中国大百科全书出版社 1995 年版，第 299、302 页。

动员役使的中国强制劳工数均超过了原定计划，我们上述考证的 1942 年后日本在东北沦陷区强征使用中国强制劳工人数至少在 560 万人以上，是确实可信的。

2）1942 年后中国强制劳工在东北的伤亡损失考

1942 年后，由于日本在东北沦陷区强掳役使的中国强制劳工持续增加，为防止强征抓捕来的关内华北劳工、特别是满洲本地劳工大量逃亡反抗，日伪军警宪特加大了对中国劳工的强制管制与镇压。同时，由于太平洋战争爆发后日本在各占领区的资金、器材、粮食普遍紧张和匮乏，1942 年后中国强制劳工在伪满洲国的待遇普遍比 1941 年前还差，一些大的工程事故和大的瘟疫爆发几乎都发生在 1942 年以后，上述情况导致中国强制劳工 1942 年后在东北沦陷区的伤亡损失比 1941 年前还严重。

如日本在满洲最大、设备条件最好的满铁抚顺煤矿（年产煤近千万吨），1941 年前（含 1941 年）死亡率最高为 1941 年，采煤常佣工死亡率达 7%。但 1942 年后就大大超过了这个数字。据《抚顺煤矿 1942、1943 年度统计年报》披露，1942 年该矿劳工中因伤寒、回归热瘟疫流行，承担采煤与杂工的常佣工（及第二种佣员）死亡 5267 人，占常佣工年均在籍劳工数 44569 人的 11.8%；1943 年常佣工死亡 5968 人，为年均在籍常佣工总数 47742 人的 12.5%[18]。较 1941 年前几乎上升了一倍。

1941 年前设备条件差、劳工死亡率高的满洲炭矿株式会社下属主要煤矿，1942 年后劳工死亡率仍持续很高。如其中最大的阜新煤矿，由于死亡劳工日渐增多，日本人从 1939 年 8 月起至 1941 年先后在新邱兴隆沟、孙家湾南山及城南设了四处总面积达 50.4120 万平方米的被称作"满炭墓地"的劳工"万人坑"。据解放后该矿矿务局矿志办召开老工人座谈会确认，这四块"万人坑"中，除城南"万人坑"建得晚、墓地小、埋劳工数不及万人以外，其余三处埋劳工均超过万人，孙家湾南山"万人坑"埋劳工最多，普遍认为有三四万人之多[19]。就是说，阜新煤矿从 1939 年 8 月至 1945 年 8 月的 6 年间，只在这四处"万人坑"的劳工墓地，就埋葬死亡劳工至少达 5 万余人。而据阜新煤矿档案记载，1939 年至 1945 年的 7 年中阜新煤矿年均使用常佣工 3 万余人，7 年中使用劳工总数超过 21 万人[20]，则该矿 7 年中劳工平均死亡率约达 24%。

---

⑱ 《抚顺炭矿统计年报》（1942 年度），1943 年 5 月，吉林省社科院满铁资料馆藏档案，档案号：04745，第 216—217 页；《抚顺炭矿统计年报》（1943 年度），1944 年 5 月，档案号：04748，第 78—79 页。

⑲ 阜新煤矿矿务局矿志办：《阜新煤矿万人坑》，载中央档案馆、中国第二历史档案馆、吉林省社会科学院合编：《日本帝国主义侵华档案资料选编东北经济掠夺》，中华书局 1991 年版，第 975—976 页。

⑳ 阜新煤矿株式会社：《劳务资料》，1943 年 4 月 4 日，第 16 页；《阜新炭矿株式会社劳务统计月报》，1943 年 8 月，阜新矿务局档案馆藏档案。伪满中央银行业务部资金统制课：《满洲国矿工业主要生产品原价调查（一）矿业》，1945 年 7 月。

满炭株式会社另一有名的煤矿"北票煤矿",据矿务局矿志办的战丽珠、张涉任、张九英等统计,从1933年至1945年8月,日本在该矿共骗招强掳役使中国劳工56530人,被折磨致死的劳工即达32100人[21]。死亡率超过了50%!

1942年后在关东军军事土建工程服役的中国劳工死亡率也较1941年前普遍增加。据伪满滨江省长、1945年后任伪满勤劳奉公局局长的于镜涛供称:"1941年秋,我到北安、孙吴、逊河、瑗珲、山神庙等地视察劳工服役情形。北安、孙吴是修军用道路,……[劳工]住旷野搭的草棚,天气已经非常寒冷,穿的破烂不堪,甚至用洋灰纸袋绑在身上御寒,多数光着脚,没有鞋。……到五常、肇源县供出的劳工棚子视察,一个棚子住了100多人,病倒的有50人左右,工棚外面放着10多具劳工尸体。……因为饥寒、劳累过度、缺乏卫生医疗设施,劳工死亡率达到20%左右。"

伪吉林省长阎传绂也供认:"1942年规定伪满全国要供出60万劳工。这一年吉林省分摊劳工约五六万人,由各市、县分别摊派,逐家强迫供出。供出的数量不足时,则由警察抓捕。吉林省供出的劳工,一部分到国境地带,一部分到厂矿或给关东军修道路等。……由于劳动条件不好,使劳工死亡很多。吉林省派出的劳工没有回来的约占20%……"[22]

1942年后日本在伪满劳务统制掠夺政策和计划的主要决策者之一、伪满国务院总务厅次长兼企划局局长古海忠之也承认,大的工程事故和高的死亡率几乎都发生在1942年以后。如:"1943年在本溪湖煤矿,发生了瓦斯大爆炸,夺去了1800多名劳工的生命。1944年关东军直辖工程,即兴安岭筑城工程中,发生了死亡6000名劳工的事件(地点是王爷庙,约有劳工总数为1.5万人到2万人——原注),死亡率约达30%。同年,伪满交通部直辖工程,即改修穆兴水路工程中,发生了死亡1700人的事件(这项工程使用的劳工,约有7000人左右——原注)"[23],死亡率也达24%以上。

而在日本人1943年后设的"矫正辅导院"里及在北满关东军筑城工程里服苦役的"浮浪劳工"和"战俘劳工"死亡率则更高。据鹤岗矫正辅导院辅导主任张羽丰供称:"我到辅导院的时候,被囚禁的人有500多名左右,以后增加到1100

---

[21] 战丽珠、张涉任、张九英:《日伪统治时期的北票煤矿》,载孙邦、于海鹰等主编:《经济掠夺》,吉林人民出版社1993年版,第362—363页。赵福瑞:《日本侵略者推行"人肉开采"政策大采炭》,载何天义主编:《日军枪刺下的中国劳工》(之二),新华出版社1995年版,第225页。

[22] 中央档案馆、第二历史档案馆、吉林省社会科学院合编:《东北经济掠夺》,中华书局1991年版,第874—875、881—882页。

[23] 中央档案馆、第二历史档案馆、吉林省社会科学院合编:《东北经济掠夺》,中华书局1991年版,第862—864页。

多名。……辅导院自 1944 年 5 月成立到光复……死亡人数二百六、七十名"。死亡率达 24%。本溪湖辅导院劳工幸存者郑连陛作证："1944 年 7 月，……我被[抓]送到本溪湖矫正辅导院，……看见里边还有 1000 多人，……在病号室 4 个多月，看见死了 400 多人。"㉔死亡率高达 40%。据战俘劳工幸存者武心田作证：1943 年 6 月，由华北方面军石家庄集中营押送到北满黑龙江省黑河地区为关东军修苏满边境"国防公路"的 1300 名华北战俘劳工"由于吃不饱，劳动量大，饥饿寒冷，有病不给治，……从 6 月下旬到 9 月下旬我们离开黑河，3 个月的时间内，我们 1300 多人的劳工队，死的只剩下 500 来人。800 多名同伴被日本鬼子杀害、折磨至死"㉕。死亡率高达 60%。最悲惨的是，在关东军绝密工程中就劳的"特殊劳工"，日军为严守"机密"，往往在工程结束时，将筑城的"特殊劳工"全部杀害，如内蒙边境海拉尔等要塞。上述伪满总务厅次长古海忠之在日本《赤旗报》1960 年 1 月第 3132 号上给曾任伪满总务厅次长、产业部部长，时任日本首相岸信介的公开信中确认："为了修筑兴安岭工事，大批抓劳工，工程一完，为了保密，竟将 5000 余劳工杀人灭口……"㉖1945 年 8 月从关东军东宁要塞庙沟工事侥幸逃出的 30 多位华北"特殊劳工"也证明："1945 年 8 月 8 日夜晚，……苏军向日本关东军的前沿阵地发起攻击，……与此同时，日本侵略者对劳工大队也开始了血腥的屠杀。……他们假惺惺地说：为了保证劳工的人身安全，防止被炮弹炸伤，所有劳工都按工区迅速进入地下工程的巷道里去，并要在入口处堆集 3—5 米厚的砂石、泥土，以防毒气进入。……在武装看押下，几千名劳工被迫进入地下工程后又一段一段地用砂石、泥土隔绝开来，从此他们就永远地被埋葬在里边了。"㉗

综上所述，我们可以确认，1942 年后中国强制劳工在东北沦陷区的伤亡损失率远高于 1941 年前；少则百分之十几，多达 50%—60%甚至 100%，但从上述主要矿山和军事土建工程的死亡率来看平均为 20%左右比较确实。即 1942 年至 1945 年 8 月，日本在东北强征奴役中国劳工至少达 560 万人以上，死亡率平均为 20%，则死亡劳工应达 110 余万人。

㉔ 中央档案馆等编：《东北经济掠夺》，中华书局 1991 年版，第 923—924、930—931 页。

㉕ 武心田：《日军对修筑黑河军用公路"特殊工人"的残害》，载张凤鸣、王敬荣主编：《残害劳工》，黑龙江人民出版社 2000 年版，第 152—153 页。

㉖ 陈平：《千里"无人区"》，中共党史出版社 1992 年版，第 90 页。

㉗ 宋宪章：《东宁县庙沟惨案》，载何天义主编：《日军枪刺下的中国劳工》（之二），新华出版社 1995 年版，第 454—455 页。

(3) 1935 年至 1945 年 8 月，中国强制劳工在东北伤亡损失总数

以上论证已确认，中国强制劳工在东北沦陷区 1935 年至 1941 年间总数为 486.35 万人，该 7 年中国劳工在日本驻满军、政当局和企业主的联合镇压与超强榨取下死亡率平均为 12.50%，即 7 年间死亡劳工达 60 余万人。而 1942 年后，日本在东北沦陷区公开实施普遍的"强制劳动制"后，到 1945 年 8 月的 4 年间，共强制动员抓捕和奴役本地劳工与入满华北劳工总数至少为 560 余万人，该 4 年日本对中国劳工的残酷镇压与摧残均超过了 1941 年前，因此中国劳工死亡率也大大超过了 1941 年前，平均死亡率达 20% 左右，即该四年实际死亡劳工在 110 余万人以上。因此从 1935 年至 1945 年 8 月的 10 年间，日本在东北沦陷区共强掳役使中国强制劳工总数应达 1000 余万人，该 10 年中国劳工被折磨摧残致死者至少应达 170 余万人。

中国强制劳工在东北的伤病率是很高的。从上述论证可知，中国劳工在矿山和军事工程中的伤病率一般都在 50% 以上，但真正致残者，以往无论日方还是中方均无统计，本人认为应参考中国劳工在日本的残疾者基本与死亡者相当这一事实，因此中国劳工在东北沦陷区的伤残者也应与死亡者数基本相当为 170 万人左右。

2.中国强制劳工在"蒙疆"沦陷区的伤亡损失

(1) 日本在"蒙疆"地区强掳役使中国劳工总数考

日本帝国主义在"蒙疆"沦陷区正式强掳役使中国强制劳工，始于 1939 年 5 月伪蒙疆联合委员会与伪华北新民会总部签署《关于蒙疆华北劳工分配协定》的重要协议。1937 年七七事变爆发后，关东军沿平绥路西进，于当年 10 月先后占领张家口、大同与归绥（现呼和浩特市）后，以上述三市为中心分别建立伪察南、伪晋北及伪蒙古联盟自治政府三个傀儡政权，并于当年 11 月末将上述三傀儡政权纠集起来成立了联邦性质的伪蒙疆联合委员会。以伪蒙古联盟自治政府总裁德王（德穆楚克栋鲁普）为委员长，并设总务委员会（相当于伪满洲国国务院的总务厅），以关东军驻蒙疆特务机关长金井章次为最高顾问兼总务委员长，决定并负责执行该委员会的最高政务及管理各自治政府的行政事务。1938 年末日军暂停在华战略进攻回师华北后，1939 年关东军将对伪蒙疆政权的扶植、庇护权移交给日本华北方面军驻蒙兵团。当年年初日本内阁建"兴亚院"管理在华占领区的殖民行政事务，在北京设"华北联络部"的同时，也在张家口设"蒙疆联

络部"，协助华北方面军管理伪蒙疆地区的政治、经济、文化事务。"蒙疆联络部长"由原关东军特务部长酒井隆担任。当年9月1日又将"蒙疆联合委员会"及下属三个自治政府统一改为"蒙古联合自治政府"，以便在"防共第一线树立起单一性的统一的强有力的政府"，以张家口为首府，德王任政府主席，另两个伪政权头目夏恭、于品卿为副主席。下辖察南、晋北两个政厅，张家口、大同、厚和（即现呼和浩特市）三市及内蒙古五个盟公署（察哈尔盟、乌兰察布盟、锡林郭勒盟、伊克昭盟和巴彦卓尔盟）[28]。该政权因由关东军一手"缔造"，所以有很强的独立性，其行政机构基本仿照日本在伪满洲国的行政机构设置。1939年由华北方面军作军事支撑后，在军事与经济上又与华北联系密切。

日本在1939年完成对伪蒙疆地区的军事交接和傀儡政权的统一强化的同时，与华北同步，也开始在蒙疆实施第一次产业"开发"掠夺计划——"蒙疆产业开发三年计划（1939—1941年）"，大规模"开发"掠夺蒙疆地区丰富的煤铁资源，并在内蒙边境修筑永久性的应对苏蒙联军的军事工程。计划提出，在3年内，日本在蒙疆地区的煤、铁"开发"产量要比战前扩大二至四倍，因此对廉价劳工的需求也成倍扩大。但蒙疆地区地广人稀，每平方公里人口密度只及华北的1/8；且当地人吸食鸦片者多，不适合矿山井下的重体力劳动。因此，日本在蒙疆地区实施第一次产业"开发"掠夺计划期间，即1939年至1941年，所需劳工"几乎形成了不得不全部期待从华北调集的情势"[29]。

有鉴于此，1939年5月29日，在日本华北方面军的主持下，由当时的伪蒙疆联合委员会与华北新民会总部签署了《关于蒙疆华北劳力分配协定》，决定从1939年下半年起，日本在蒙疆所需廉价劳工，完全委托华北新民会新成立的"劳动协会"在华北进行一元化的募集、身份甄别、颁发签证、进行劳动登录和押运、输送等（1941年7月华北劳工协会成立后，又委托华北劳工协会代为办理）。蒙疆方面则负责为新民会劳动协会推荐他们的劳工募集从事人，负责在与华北交界处对入蒙华北劳工"身份证"（即"签证"）的检印及在蒙疆境内对华北劳工的管制与镇压[30]。当年7月日本在伪蒙疆联合委员会的民政部内，设置了第一个"蒙

[28] "蒙疆"范围包括"察南"万全、怀安、阳原、蔚县、涿鹿等10县，"晋北"的雁北、阳高、岱岳、左云、天镇、朔县、浑源、应县、广灵等13县，张家口、大同、厚和（现呼和浩特市）三市及"内蒙"察哈尔、乌兰察布、锡林郭勒、伊克昭、巴彦卓尔5个盟。

[29] 兴亚院华北联络部：《华北劳动问题概说》，吉林省社科院满铁资料馆馆藏档案，日本国资料，1940年12月，第235—236页。

[30] 兴亚院华北联络部：《华北劳动问题概说》，吉林省社科院满铁资料馆馆藏档案，日本国资料，1940年12月，第235—238页。

疆劳动统制委员会",并在日本驻蒙疆企事业集中地设立了若干个办事处。该劳动统制委员会的委员长、委员及办事处长均由日本人担任,专管对入蒙华北劳工的计划诱招、严厉管制与镇压等。同时颁布实施了第一部《蒙疆劳动统制法》,严禁入蒙华北劳工在蒙疆境内逃亡流动,对入蒙华北劳工的工资及劳动条件实施管制等,使入蒙华北劳工成为失去人身自由、受到超强经济榨取的日本战争奴工。

此后,在1939年9月1日伪蒙疆联合委员会及下属三个傀儡政权统一改为伪蒙古联合自治政府,日本在伪蒙疆的傀儡政权得到统一加强后,日本在1940年5月仿照"满洲劳工协会"的建制,新设立了"蒙疆劳工协会"及在各地的办事处、办事分处,作为日本在蒙疆实施劳务统制掠夺政策的正规执行机关。其理事长、理事及各办事处、办事分处主任均由日本人担任[31]。伪蒙疆劳工协会的直接指挥者虽是日人掌控的民政部劳务司,而其幕后的劳动统制,在上是由日本人绝对控制的伪蒙疆政权总务厅下属"劳务委员会"负责决策和制定劳务政策与计划,在下对各地伪蒙疆劳工协会基层组织的指挥与监督则由华北方面军驻蒙兵团各级特务机关内设的"劳务委员会"及"分会"来执行。但在1941年底前,日本在蒙疆使用的廉价强制劳工主要是入蒙华北劳工这一特点始终未变。

据兴亚院华北联络部劳务室及华北劳工协会调查统计,1939年至1941年3年中,日本在蒙疆计划输入劳工28万人,实际从华北骗招输入劳工达12.7261万人,详见下表:

1939—1941年蒙疆输入华北劳工统计表[32]

单位:人

项目 年份	计划输入劳工数	实际输入劳工数	完成计划%	备注
1939年	60000	45000	75%	据蒙疆政府称募集6万人逃亡1.5万人
1940年	120000	50845	42.4%	
1941年	100000	31416	31.4%	
合计	280000	127261	45.5%	

太平洋战争爆发后,日本在蒙疆与伪满洲国同步,从1942年起实施在蒙疆的

---

[31] 蒙疆新闻社编:《蒙疆年鉴》,蒙疆新闻社1943年1月版,第200页;蒙疆新闻社编:《蒙疆年鉴》,蒙疆新闻社1944年1月版,第251页。

[32] 该表1939年数字,据兴亚院华北联络部劳务室:《华北劳动问题概说》,第238—239页;1940—1941年两年数字,据华北劳工协会统计,载[日]华北开发公司庶务部劳务室:《关于华北劳工的对外流动状况调查报告》,1942年11月,中国第二历史档案馆馆藏档案,档案号:2024—2—401,第33—35、40—42页。

第二个产业"开发"掠夺计划（1942—1946 年），继续扩大对蒙疆地区煤、铁等战略资源的"开发"与掠夺，并扩大构筑应对苏蒙联军的边境军事工程，对廉价劳工的需求更为增加。如前所述，从 1941 年起作为日本在"东亚劳力之供给源泉地"的华北劳力资源已十分紧张，光靠输入华北劳工已远不能满足日本在蒙疆日益扩大的煤、铁矿山"开发"、冶炼对劳工的需求，故日本人仿照在伪满洲国的政策，从 1941 年末起，不仅对输入的华北劳工实施强征抓捕，且对蒙疆本地劳工也实施了强制动员与强征。仿照伪满，对大同煤矿、龙烟铁矿这样重点的大型战备企业和军事工程周边县镇农村的农民实施强制动员，组成每期 1000 人至 3000 人的"农民勤劳报国队"或"青年勤劳报国队"轮流到矿山、铁厂和重大军事工程中服劳役。但据日本经济情报机关调查统计，即使在 1942 年—1945 年 8 月这 4 年中，日本在蒙疆奴役的中国廉价劳工中，入蒙华北劳工仍占 60%，本地劳工占 40%[3]。

据华北劳工协会调查统计，1942 年至 1945 年日本从华北强征输入蒙疆劳工有据可查者达 17.2751 万人，强制动员奴役蒙疆本地劳工达 11.5 万余人，详见下表：

1942—1945 年 1 月日本强掳入蒙华北劳工人数表[4] 　　单位：人

年份 ＼ 项目	计划输入华北劳工数	实际输入华北劳工数	完成%	备考
1942 年	30000	40796	136%	
1943 年	70000	83093	118.7%	
1944 年	100000	47275	47.3%	
1945 年至 1 月	70000	1587		仅有 1 月份数据
合计	270000	172751	64%	

按上述 1942 年后日本在伪蒙疆强掳输入华北劳工与强征动员本地劳工人数比例为 60%：40%，则 1942 年后日本强制动员奴役蒙疆本地劳工应为：

17.2751 万人（强掳入蒙华北劳工数）÷60%×40%=11.5 万人

故从 1939 年至 1945 年日本帝国主义在蒙疆沦陷区共强掳奴役中国劳工总数有据可查者应为：

127261 人+172751 人+115000 人=415012 人

即 41.5 万余人。

---

[3] 《大同煤矿的战时重要性》，载［日］支那问题研究所：《支研经济旬报》，1943 年 10 月 11 日，第 224、225 号。

[4] 据华北劳工协会：《业务概况报告》，1945 年 5 月，第四号，天津市档案馆馆藏档案，档案号：1—3—9042，第 4、8 页。

（2）中国强制劳工在蒙疆地区伤亡损失考

由于蒙疆地区与东北一样的寒冷，冬天气温常常在零下 30℃—40℃，且气候干燥、风沙大，土地贫瘠、粮食缺，吃的比伪满洲国还差；同时，由于日本在蒙疆的主要煤、铁矿山大同煤矿、龙烟铁矿等，建成与扩充的时间均较晚（一般在 1939 年至 1940 年才形成规模），资金和器材都严重不足，劳力大部分来自华北又极缺乏，而产量又要在短时间内扩充四五倍，因此日伪军警、监工和把头对中国劳工的管制和役使都异常残酷，所以中国劳工在蒙疆地区的伤亡损失率也极高。我们就以日本在蒙疆的主要煤、铁矿山——大同煤矿和龙烟铁矿以及日军在蒙疆边境地区修筑的主要军事工程中中国劳工的伤亡情况来判断中国劳工在蒙疆地区的伤亡损失。

大同煤矿是日本在蒙疆地区"开发"掠夺煤炭资源的主要煤矿，日军虽在 1937 年 10 月占领大同煤矿，但对其进行大规模扩建是在 1940 年。当年初，日本人纠集伪蒙疆政权、日本的"国策"控股公司"华北开发公司"、满铁，出资共 4000 万元（伪蒙疆政府出资 2000 万元，华北开发公司和满铁各出资 1000 万元）新设了"大同煤矿股份公司"，根据其丰富的煤炭贮量，原计划将该矿的煤炭产量由战前的 50 万吨，扩大 20 余倍，年产量达 1300 余万吨以上，建成"第二个抚顺煤矿"。但因 1941 年 12 月太平洋战争爆发前后，资金、器材和劳力都远远供应不足，所以其在 1941 年建成后的年产量基本维持在 200 余万吨[⑤]。大同煤矿使用中国劳工人数，1938 年至 1939 年两年是生产恢复时期，年使用劳工在 5000—7000 人左右，1940 年正式扩大生产，到 1941 年，煤产量由之前的 80 万—90 万吨猛增到 200 余万吨，该两年大同煤矿年均正式在籍劳工虽只有 6000—7000 人，但每年劳工的流动损失率却达 200%左右，所以这两年大同煤矿年均使用劳工应为平均在籍劳工数的 3 倍，即 2 万人左右。1942 年是日本人在大同煤矿第一期扩建工程完成后，充分发挥五大矿井既有设备产能的一年。日本人将当年产煤计划上调 25 万吨，达 245 万吨，因此也大大扩大了对劳工的需求。按计划当年月均需在籍劳工 13250 人，为此日人除加大了专职募集人对地区外华北劳工和地区内本地劳工的骗募劫掠外，还仿照在伪满的做法，在大同矿区周围各县强制推行"勤劳报国队"制度，强迫 18—50 岁的农村男劳力组建每期 1000 人左右、3 个月一期的"勤劳报国队"，赴煤矿轮流服役。据大同煤矿 1942 年 4 月—1943 年 3 月《业务统计月报》统计，1942 年全年日人在大同煤矿月均使用劳工达 15000 人，其中常佣方与常佣夫为

---

⑤ 大同矿务局矿史党史征编办公室编：《大同煤矿史》，人民出版社 1989 年版，第 129、131、154 页。华北开发公司计划局：《华北开发会社煤炭关系会社事业目标与实绩累年比较表》，1945 年 3 月 20 日，载中央档案馆等编：《华北经济掠夺》，中华书局 2004 年版，第 643 页。

14125 人，勤劳报国队劳工 875 人，达到和超过了计划所需劳工数。因此大同煤矿当年得以超额完成 245 万吨的增产计划。全年总产煤量 251.7 万吨，完成计划的 103%。但因当年煤厂恶疫流行，劳工伤亡逃亡流动率很高，据上述《业务统计月报》显示，全年劳工因伤亡逃亡而解雇的总人数达 30781 人。因此，1942 年日本人在大同煤矿实际强掳使用的劳工总人数应为 45000 余人。1943 年日本将大同煤矿资本扩大为 12000 万元（伪蒙疆政府出资 6000 万元，华北开发公司追加至 5000 万元，满铁仍为 1000 万元），企图使大同煤矿再次扩大生产。为此从当年 3 月起，日本人扩大了对"勤劳报国队"的强征，由以往一期千人左右，扩大为 3000 人，服役时间由 3 个月延长为 6 个月，强征地区也由大同周围各县扩展到蒙疆其他区域。据《昭和十八年度大同煤矿经营概况》统计，1943 年 4 月—1944 年 3 月，大同煤矿月均需劳工至少有 12619 人，实际月均只有常佣工 9734 人，若加上 6 个月一期轮换的 3000 名"勤劳报国队"员，使大同煤矿各矿可勉强维持生产，然而劳工解雇退散人数超过 35000 人，所以，1943 年日本人在大同煤矿实际使用劳工总数应达 47000 余人。1944 年据大东亚省《北支蒙疆产业视察团报告》记载，当年大同煤矿月均需正式矿工 14807 人，而年初仅有正式矿工 9000 余人，预计当年分三批派遣当地农村青年组织的"勤劳报国队"（又称"挺身队"）9000 余人，每批 3000—4000 人来矿轮流服役（到 4 月末已接受第一批"挺身队"员 4000 人），以救急需。其余劳工缺口，及伤亡逃亡损失劳工，均由华北与本地强征劳工补充。到年底，大同煤矿产煤 226 万吨，与 1943 年基本持平仅略少 1.2 万吨。故当年日本人在大同煤矿强掳使用劳工应与 1943 年基本相同或略少，也应有 4 万余人。1945 年大同煤矿使用劳工数应与 1944 年基本相同，但因只有半年，煤炭产量也只有 160 余万吨，因此，使用劳工数应折半计算不超过 25000 人。详见下表：

1938—1945 年大同煤矿产量与使用劳工统计表[36]

项目 年份	计划产量 （千吨）	实际产量 （千吨）	实际使用劳工数 （人）	备注
1938 年		870[①]	5500[①]	
1939 年		935	7000 左右[②]	
1940 年		1335	在籍 6309 人[③]，实际 20000 余人	逃亡流动率 200%
1941 年	2200	2214	在籍 6934 人[④]，实际 20000 余人	（同上）

---

[36] 该表中大同煤矿 1938 年至 1945 年的煤产量，除表中注明者外，均引自华北开发公司计划局：《华北开发会社煤炭关系会社事业目标与实际累年比较表》，1945 年 3 月 20 日，载中央档案馆、中国第二历史档案馆、吉林省社会科学院合编：《华北经济掠夺》，中华书局 2004 年版，第 643 页。

项目 年份	计划产量 （千吨）	实际产量 （千吨）	实际使用劳工数 （人）	备注
1942 年	2450	2517	月均在籍劳工 14125 人，勤劳报国队员 875 人，总数达 45000 余人[7]	当年劳工伤亡逃亡解雇总数 30781 人
1943 年	2700	2270	在籍 12000 余人[5]，实际 47000 余人	逃亡流动人数 35000 余人
1944 年	2868	2260	在籍 12000 余人[6]，实际至少 40000 余人	
1945 年	2500	1690[1]	在籍同上，实际不超过 25000 人	只有半年应不超过 25000 人
合计		13133	212000 余人	

① 前引《大同煤矿史》，第 129、131、154 页。

② 前引《华北劳动问题概说》，1940 年 12 月，第 238—239 页。

③ 前引《华北劳动问题概说》，1940 年 12 月，第 252 页。

④ 满铁北支经济调查所：《大同煤矿劳动概要调查报告》，1941 年 9 月 15 日，第 81—82 页。

⑤ 《昭和十八年度大同煤矿经营概况》，1944 年 3 月，中国第二历史档案馆藏档案，档案号：2024，2，165 号。

⑥ [日]中村隆英：《战时日本对华北的经济统制》，山川出版社 1983 年版，第 316、317 页；《华北劳工协会业务概况报告》，1945 年 5 月，第 4 页。

⑦ 《大同炭矿株式会社业务统计月报》，1942 年 4 月—1943 年 3 月，辽宁省图书馆藏。

就是说，1938 年至 1945 年的 8 年中，日本在大同煤矿使用过的中国强制劳工总数达 21.2 万余人。

那么大同煤矿劳工的伤亡损失情况如何？据日本满铁北支经济调查所 1941 年秋关于《大同煤矿劳动概要调查报告》披露，由于劳力缺乏，大同煤矿将三班制改为两班制，大大延长劳工的作业时间，加上资金、器材缺乏，使"大同煤矿作业环境恶化，为节省必要的坑木等，……根本谈不上采煤粗放化以至安全等考虑"。致当年劳工死伤率很高，"1941 年，在籍人员为 6934 名，死亡 869 名，死亡率为 12.5%。负伤者 2983 名，负伤率达 43%。而到 1942 年死亡人员增加到 1700 多名"[37]。据该调查报告预测，按 1941 年秋该矿负伤率 43% 计，到 1942 年因伤病而死亡者将达 1700 余人，为在籍劳工 7000 人左右的 20% 以上。实际上，据《晋察冀日报》，由 1943 年初从该矿逃出的劳工披露，1942 年夏以来的数月

㊲ [日]满铁华北经济调查所：《大同煤矿劳动概要调查报告》，1941 年 9 月 15 日，吉林省社科院满铁资料馆藏档案，第 71—72、81—82 页，载大同矿务局矿史党史征编办公室编：《大同煤矿史》，人民出版社 1989 年版，第 145 页。

间，大同煤矿暴发瘟疫，最严重时每天有成百人死亡。日本人为怕疫病蔓延，对劳工中凡是染上瘟疫的，不论轻重死活，一律抓起活埋或烧死，仅 7 月后 5 个月内即因工伤和瘟疫死亡劳工 2400 余人之多[38]。另有大同煤矿矿史编写办公室，据 20 世纪 60 年代组织老工人座谈调查统计认为，"大同煤矿在日寇的血腥统治下，大批矿工被摧残致死，8 年来死难矿工 6 万多人。……日寇每掠夺千吨煤，平均死亡四名矿工"[39]。对于这个数字，因无详细的"座谈纪要"，我们无法进一步详细考证和确认，但它也证明了日本满铁华北经济调查所的上述报告所承认的，1942 年后，大同煤矿劳工的死亡率超过 20%，伤病率超过 50%，是确实可信的。

龙烟铁矿是日本在蒙疆地区的主要铁矿，日本的"龙烟铁矿股份公司"于 1939 年 7 月正式组建，从该年至 1941 年，日本人主要在该矿的烟筒山矿区开采和掠夺铁矿石，年均在籍劳工 4000 余人。1942 年后新建的庞家堡矿区形成生产力，开始正式投产。两个矿区在籍劳工达到 8000—9000 人。1943 年后龙烟铁矿奉命建龙烟制铁所并形成生产力，该矿在籍劳工达 12000 人左右。1945 年 4 月后，日人放弃了烟筒山采矿区，将劳工和设备集中在高品位的庞家堡矿区开采，在籍劳工也在 10000 人左右[40]。据此，根据该矿劳工的历年逃亡流动率在 100%，7 年中，日本在该矿役使中国劳工总数如下表所示：

1939—1945 年龙烟铁矿年产量及使用劳工统计表[41]

项目 \ 年份	计划矿石产量（千吨）	实际矿石产量（吨）	实际使用劳工人数（人）	备注
1939 年	600	192166	在籍 4000 余人[1]，实际 8000 余人	逃亡流动率至少 100%仅烟筒山矿区生产
1940 年	700	396047	在籍 4000 余人，实际 8000 余人	同上
1941 年	1000	605164	在籍 4000 余人[2]，实际 8000 余人	同上
1942 年	1200	939000	在籍 8000—9000 人，实际约 20000 人	庞家堡、烟筒山两矿区生产，逃亡流动率 100%
1943 年	1700	830000	在籍 12000 人[3]，实际 20000 余人	两矿区加一制铁厂，逃亡流动率约 100%

[38] 大同煤矿矿史党史征编办公室编：《大同煤矿史》，人民出版社 1989 年版，第 149—150 页，载《晋察冀日报》1943 年 1 月 29 日。

[39] 大同煤矿矿史党史征编办公室编：《大同煤矿史》，人民出版社 1989 年版，第 148 页。

[40] 龙烟铁矿株式会社：《龙烟铁矿概要》及《会社设立经过报告书》，1945 年 8 月 15 日，天津市档案馆馆藏档案，旧字 19 号全宗。

[41] 该表中龙烟铁矿的生产量，据龙烟铁矿株式会社：《龙烟铁矿概要》及《会社设立经过报告书》，1945 年 8 月 15 日，天津市档案馆馆藏档案，旧字 19 号全宗。

项目 \ 年份	计划矿石产量（千吨）	实际矿石产量（吨）	实际使用劳工人数（人）	备注
1944 年		648228	同上	同上
1945 年 8 月		124000	在籍 10000 余人[④]，实际 10000 余人	放弃烟筒山，集中庞家堡矿生产与制铁
合计		3734605	实际：90000 余人	

① 兴亚院华北联络部：《华北劳动问题概说》，第 238—239 页。

② [日]藤本武：《支那矿夫的生活》，大阪尾号书店 1943 年 10 月，第 191 页。作者系日本劳动科学研究所所员。

③ 《日本驻蒙疆大使馆关于龙烟铁矿调查报告》，1944 年 3 月，载《宣钢志》编辑部：《悲歌在耳，浩气长存》，2005 年 7 月，第 6 页。

④ 《龙烟铁矿概要》，1945 年 8 月 15 日，载居之芬主编：《日本对华北经济的掠夺与统制》，北京出版社 1995 年版，第 461、464 页。

就是说，从 1939 年至 1945 年 8 月，日本在龙烟铁矿共役使中国劳工 90000 余人。这与 2005 年 7 月宣化钢厂的《宣钢志》编辑部的调查统计结果大体吻合，即"当时，在两个矿山和制铁所劳工人数都分别达到八、九千人，按劳工大量逃跑和死亡的情况推算，八年间被日本侵略者驱赶到龙烟的劳工人数当在八至十万人之间"[⑫]。

龙烟铁矿劳工因劳动强度大，住宿条件差，极度寒冷；加上长期吃玉米秆、豆渣磨的"混合面"饼子和烂土豆，致患病死亡率很高，特别是 1943 年至 1944 年矿山流行"霍乱"（日本人称"虎列拉"），致使劳工死亡很多。据上述《宣钢志》编辑部调查统计，"按庞家堡等处死亡劳工尸骨的情况推算，八年间庞家堡、烟筒山和宣化片各厂，龙烟劳工死亡人数当在 15000 人以上"[⑬]。

宣化钢厂宣传科及张家口市党史研究室有关龙烟铁矿调查报告则进一步阐述："[龙烟铁矿] '万人坑'乃八千二百具尸骨之所在。是 1943 年以前形成的。日人'劳务课'头目猪野泰雄乃主要刽子手之一"；"1944 年，从顺德府抓来两千多名劳工，过了一个冬天，就只剩下一百来人了；1945 年上半年，仅庞家堡矿就死亡八千余人"[⑭]。两项相加达 18000 人以上，也恰好印证了《宣钢志》编辑部的调查统计。也就是说，日本统治龙烟铁矿的 7 年中，使用劳工总数 90000

---

⑫ 《宣钢志》编辑部：《悲歌在耳，浩气长存》，2005 年 7 月印行，第 2 页。

⑬ 《宣钢志》编辑部：《悲歌在耳，浩气长存》，2005 年 7 月印行，第 6 页。

⑭ 赵辰禄：《嶙嶙白骨遍龙烟》；曹宝生、王文彪等整理：《矿山烟云录》，载何天义主编：《日军枪刺下的中国劳工》（之三），新华出版社 1995 年版，第 206—207、242 页。

余人，死亡劳工总数 15000—18000 余人，劳工死亡率达 20%。

另据中共张北县委党史研究室详细调查，日本华北方面军驻蒙兵团从 1939 年秋开始在蒙疆地区张北县黑风口修筑抵御苏蒙联军的永久性军事工程，一直修到 1945 年战争结束，每年役使从华北抓来的战俘、抗日根据地平民以及当地民工数千人，六年共役使中国劳工 20000 人左右。为确保该要塞的"机密"，日军在每项工程完工后都要"处理"一批劳工，处理方法有两种：一是选年轻力壮者转押至东北抚顺煤矿当劳工或作日军细菌试验牺牲品；二是对反抗者或老弱病残者，或直接扔悬崖下摔死，或每年冬季秘密绑赴张北县最大内陆湖——安固里淖坠石推进冰窖里冻死淹死，逃亡和幸存者极少。据该党史研究室多次找当地百姓、目击证人和劳工幸存者座谈核实，在该项工程中，日军在当地杀害的战俘与劳工至少有 3000 余人，加上押往东北煤矿服苦役和充当细菌试验品而死者，死亡率应超过 20%[⑤]。

以上，我们从日本在蒙疆地区使用中国劳工的主要煤、铁矿山和军事要塞工程中可以看出，由于蒙疆地区气候、环境条件与东北沦陷区一样恶劣，吃的比东北还差，所以日本奴役下的中国劳工在蒙疆地区的死亡率也与东北沦陷区的劳工一样 1941 年前平均为 10%左右，1942 年后平均在 20%左右。也就是说，1939 年至 1941 年，日本在蒙疆地区强掳役奴华北劳工 12.7 万人，死亡率 10%，实际死亡人数约为 1.27 万人；1942 年—1945 年 8 月日本在蒙疆地区强掳奴役中国劳工 28.8 万人死亡率 20%，实际死亡人数约为 5.76 万人；中国劳工在蒙疆死亡人数至少达 7 万余人。

3.中国强制劳工在华北沦陷区的伤亡损失

（1）日本在华北沦陷区使用强制劳工人数考

日军虽于 1937 年末基本占领了黄河以北的华北地区（包括河北、山东、山西、河南省北部与苏北一部），扶植起华北傀儡政权——伪中华民国临时政府，但在 1938 年底前，因日本华北军主力尚在华中进行战略进攻，其在华北留守部队，仅维持了对华北铁路沿线与城市的"点"与"线"的占领；而华北广大农村，则由中共从山西迅速向敌后展开的八路军三大主力——第一一五师、第一二九师和第一二〇师所控制，分别建立起晋察冀、晋冀鲁豫和晋绥、山东抗日根据地，形成了对日伪控制的城市和铁路公路干线的包围。1939 年初，日军主力回师华北后，日本人一方面疲于对八路军抗日根据地的激烈"讨伐"作战，一方面忙于

---

⑤ 中共张北县委党史研究室：《日军在狼窝沟的暴行》，载何天义主编：《日军枪刺下的中国劳工》（之三），新华出版社 1995 年版，第 188—191 页。

应对 1939 年夏秋华北平原百年不遇的大水灾，所以，日本在华北实施的第一个产业"开发"掠夺计划（1939 年初修定为"华北产业开发修正三年计划"，1939 年至1941 年）虽最后定为从 1939 年开始实施，实际上 1939 年只完成了日本人急需的战备基础产业——交通、电力、通讯业和重要战略资料产业——煤、铁和盐业的恢复性生产。日本对华北战略资源的大规模扩大开采和掠夺，是从 1940 年开始的。

1940 年，日本人为便于对八路军的"讨伐"、"分割"、"围剿"，并有利于对华北战略资源扩大开采掠夺，大修公路、铁路、港湾和据点、碉堡、封锁沟墙；同时对华北各主要煤、铁矿山及盐业进行大规模增资和扩大开采，因此对华北廉价强制劳工需求猛增，加上当年还要向伪满洲国和蒙疆输出供给劳工 150 余万人，使华北劳力资源顿形紧张，各地在华北募集劳工中难免发生矛盾和冲突。

为对华北劳力资源进行严密统制与有效调配，根据关东军的建议，日本华北方面军参谋部第四课和日本内阁兴亚院华北联络部从 1939 年 9 月就开始筹设对华北劳力资源进行"一元化"统制与调配的执行机关——"华北劳工协会"，原打算在 1940 年初设立，但因与时任华北伪政权"中华民国临时政府"委员长的王克敏的矛盾，第一次筹设工作受挫。1940 年 3 月，汪伪政权成立，华北"临时政府"撤销，改设"华北政务委员会"，日本人乘机于 6 月将王克敏撤换，改任"听话"的大汉奸王揖唐继任委员长，从而加速了"华北劳工协会"的筹设步伐。当年 9 月，日人先在兴亚院华北联络部内设"劳务室"和华北"中央劳动统制委员会"，一面加速筹设"华北劳工协会"，使之在 1941 年 7 月正式设立；一面着手实施对华北劳力的统制措施。为确保对华北境内上述日本重要战备产业的劳力供给，从 1941 年初起，日本人决定将华北主要城市、港湾和主要煤矿周围10 公里以内，设为对满蒙禁止募集劳工区。与此同时，从 1940 年末至 1941 年初，在上述地区的主要城市北京、天津、青岛、河北保定、河南开封、山西太原、山东济南等地的日军特务机关主持的"物资对策委员会"内，陆续设立了"劳动统制委员会"或"劳工管理局"，开始实施对辖区内劳力的一元化统制与调配。规定辖区内劳工未经批准严禁自由外出做工；辖区内企业凡雇用劳工 20—50 入以上，必须经劳动统制委员会批准方能从事劳工募集。劳动统制委员会遵循"先军需、国策公司、政府公共事业，后一般企业"的原则分配征用劳工，并对劳工募集费用、工资及劳动条件严加限制统制，对违反上述统制规定的业主与劳工实施严厉惩处等[46]兴亚院华北联络部还制定了 1941 年度供给华北境内重要产业与向满蒙输出劳工的劳力动员分配计划，所以，日本在华北境内有计划的征用强制

㊻ ［日］支那问题研究所：《支研经济旬报》，1940 年 10 月 21 日—1941 年 3 月 21 日，北京图书馆馆藏，第 117号、50 页；第 118 号、41—42 页；第 120 号、34 页；第 126 号、50 页；第 131 号、34 页；第 133 号、31 页，等等。

劳工是从 1941 年初正式开始的。

从 1941 年初至 1945 年 8 月，日本在华北境内重要战备产业和军事工程中共征用了多少中国强制劳工？

兴亚院华北联络部 1941 年初修定的当年华北地区主要战备产业供给劳工计划与实际供给情况如下所列：

煤炭业	23 万人
矿业（包括铁矿、矾土、重石，采金及其他）	1 万人
盐业（山东、河北沿海盐田）	1.5 万人
计划产业（包括工业碱、硫安等化工）	0.7 万人
交通（包括华北交通、电信电话、华北运输、国际运输）	8 万人
土木建筑（修铁路、公路、港湾等）	20 万人
合计	54.2 万人[47]

1941 年 11 月，兴亚院华北联络部又责成华北劳工协会制订了 1942 年后在实施日本在华北的第二次产业"开发"掠夺计划（1942—1946 年）的五年间对华北当地重要战备产业的劳工供给计划，如下表所示：

1942—1946 年华北劳工动员分配计划表　　　　　　单位：万人

年份 项目	1942 年	1943 年	1944 年	1945 年	1946 年
华北可能供出劳工数	150	160	170	175	185
华北计划新征劳工数	35	45	50	55	65
向华北以外计划供出劳工数	115	115	120	120	120

（华北劳工协会 1941 年 11 月制——原注）[48]

但该计划制订后不久，太平洋战争爆发，华北成为日本进行太平洋大战（日人又称"大东亚战争"）的"兵站基地"。随着华北在太平洋战争中的军事、政治、经济地位日趋重要，华北地区对廉价劳工的需求不断增加，上述对华北当地战备产业供给劳工的计划，在实施中都进行了进一步修改。如 1942 年原计划供给华北

[47] 满洲铁道总局旅客课：《满洲国劳动问题与 1942 年度入满华工的动向》，1941 年 11 月 1 日，吉林省社科院满铁资料馆藏档案，档案号：22755，第 77 页。
[48] 满洲铁道总局旅客课：《满洲国劳动问题与 1942 年度入满华工的动向》，1941 年 11 月 1 日，吉林省社科院满铁资料馆藏档案，档案号：22755，第 110 页。

战备产业劳工 35 万人，实际经考证至少应需 40 万人(49)。而 1942 年末、1943 年初，日本人又将 1943 年对华北重要战备产业供给劳工计划由以往的 45 万人，增加到 46.22 万人(50)。由于该两年内，以冈村宁次为首的日本华北方面军集中几十万兵力对中共八路军在华北的各抗日根据地进行了残酷的“治安强化”和“治安肃正”、“讨伐”作战，并对根据地实行了野蛮的烧光、杀光、抢光的“三光”政策，使中共华北抗日根据地相对缩小，日占区相对扩大，所以该两年日军在华北大规模强征抓捕劳工的计划得以较顺利的实施，1942、1943 年两年，日本向伪满洲国等各日占区输出华北强制劳工的计划分别完成 120%和 113%(51)。可以推断日本对华北当地的重要战备产业供给劳工的计划也能较顺利的实施。所以，1941 年至 1943 年，日本在华北重要战备产业实际役使华北强制劳工总数应至少为 140.42 万人。

1944 年日本在太平洋战场败局已定，损失了大部分飞机和舰艇，为了拼死顽抗，急需生产大量钢铁和燃料以解决其迅速补充和建造飞机、舰艇之需。为此，日本内阁 1943 年后急令利用华北丰富的煤、铁资源，紧急就地发展一批小型制铁、炼钢、制铝与煤炭液化业，与之相关的电力和采矿业也进一步扩张。因而日本在华北的战备产业在 1944 年后畸形膨胀，对廉价强制劳工的需求也成倍扩大。1943 年末召开的第三次华北满蒙华中劳务联络会议决定，1944 年华北可能供出的劳工总数为 180 万人，供给华北境内重要产业 90 万人，占总额 50%，较 1943 年几乎扩大了 1 倍！1944 年末在北京召开的最后一次华北满蒙华中等地劳务联络会，因首次将对日本输出劳工正式列入计划而改称“第一次东亚劳务联络会议”，会议决议，1945 年华北可能供出劳工总数为 130 万人，供给华北境内重要产业 90 万人，占总额 2/3(52)。为此，日本华北劳工协会在 1944 年首次将工作重点放在确保对华北境内重要产业的劳工供给上，采取大量挤垮和强制“精简”非战备的民营一般产业、商店和轻工业的办法，将这些企业的职工秘密编队，强制其转向日本重点战备产业轮流服役；大量压缩对满洲的劳工输出，将原定输入满洲从事短期土建劳役和杂役的数十万华北劳工，临时转向华北重点战备产业就劳；还首次把华北伪政权推向前台，在华北全境，不论城乡，均实施以伪政权行政系统为主，伪政权行政长官挂帅，实行劳工全面的强制“行政供出”制等。但因 1944 年下半年中国共产党八路军已开始局部反攻，猛烈地扩大解放区，日军开始在华北收缩兵力，重又退到对华北铁路、公路沿线及主要城市、战备产业聚集地和

---

(49) 满洲铁道总局旅客课：《满洲国劳动问题与 1942 年度入满华工的动向》，1941 年 11 月 1 日，吉林省社科院满铁资料馆馆藏档案，档案号：22755，第 78 页。

(50) ［日］华北综合调查研究所：《事变后的华北经济概要与矿工业及劳动事情》，1943 年 10 月，油印绝密报告，中国社会科学院近代史的图书馆藏，第 227—228 页。

(51) 居之芬：《1933.9—1945.8 日本对华北劳工统制掠夺史》，中共党史出版社 2007 年版，第 249 页。

(52) 《民国三十二年度华北、满、蒙劳务联络会议议决案》，1943 年 12 月，《民国三十三年度东亚劳务联络会议议事录》，1944 年 12 月，中国第二历史档案馆馆藏档案，档案号：2005—1—1627，第 10、31 页。

战略要地的"点"和"线"的占领，日占区大为缩小。所以，尽管日本人采取了上述特殊的疯狂劫掠华北劳工的措施，1944 年至 1945 年两年其在华北强征供给境内战备产业劳工的计划大体仅完成了 80%左右。如，使用劳工人数最多、募集劳工最难的煤炭行业，1944 年计划使用劳工 29.86 万人，年初实际在籍劳工 14.77 万人，需新征劳工 15.1 万人，其中靠强制企业周围农村农民轮流赴煤矿服役可解决劳工 7.91 万人，占 53%，还需新征劳工 7.18 万人。到当年 8 月，华北劳工协会采取各项措施只征到劳工 2 万余人，还需 9 月开始的华北伪政权紧急"行政供出"劳工 4.91 万人。而到 1945 年 1 月末，"行政供出"劳工仅为煤炭行业强征到劳工 2.33 余万人，故到 1944 年末，华北煤炭行业实际新征劳工 12.5 万余人，只完成新征劳工计划的 82.8%[53]。其他战备产业使用劳工均比煤炭行业少，征募相对容易，所以我们推断 1944 年日本在华北实际完成新征劳工计划的 80%左右，即实际新征劳工 70 余万人。1945 年上半年实际新征使用劳工数与 1944 年相同，因只有半年故折半计算应为 35 万人[54]。所以 1944 年至 1945 年 8 月，日本在华北上述重要战备产业实际新征劳工应为 105 万余人。故从 1941 年至 1945 年 8 月战争结束，日本在华北重要战备产业实际征用强制劳工人数，有据可查者为 245 万余人。详示如下：

1941 年至 1945 年日本在华北战备产业征用劳工统计

年度	实际新征劳工数
1941 年	54.2 万人
1942 年	40 万人
1943 年	46.2 万人
1944 年	70 余万人
1945 年 1—8 月	35 万余人
合计	245.4 万余人

但因我们未把为军备生产服务的部分日本民营企业和土制小煤窑小矿山计算在内，这类土制小煤窑小矿山 1940 年用劳工就达 30 万人，其他为战备产业服务的日本民营纺织、面粉、制胶等企业 1940 年用工即达 18 万人[55]。如果把这类为军备生产服务的企业的劳工也计算在内的话，日本在华北战备产业共征用中国

㊝ ［日］中村隆英：《战时日本对华北的经济统制》，山川出版社 1983 年版，第 316 页；华北劳工协会：《业务概况报告》，第四号，1945 年 5 月，第 4—5 页。

㊞ ［日］大岩银象：《开发生计组合业务概况》，1945 年 9 月 30 日，载居之芬主编：《日本对华北经济的掠夺与统制》，北京出版社 1995 年版，第 820 页。

㊟ 华北开发公司企划部：《北支那劳动事情概观》，1941 年 6 月，辽宁省档案馆藏档案，档案号：行政 2650，第 39—40 页。

强制劳工应达 300 余万人。

日军在华北修工事共征用了多少强制劳工呢？

为了分割、包围、封锁八路军抗日根据地，从 1940 年初日军就开始在华北大修战备公路、铁路、封锁沟墙及据点、碉堡等军事工程。当年强征修工事民工，据兴亚院华北联络部内设的"华北产业开发计划设定委员会"第六分科会（专管劳务）于当年 6 月公布的调查显示为 20 万人[56]。但 1940 年修的封锁工事，在当年 8—12 月八路军百团大战中均被摧毁殆尽，所以 1941 年后，日军在华北实施五次"治安强化运动"中又开始重修。到 1942 年初，仅驻冀中的日军第 110 师团就强迫民工挖了遮断壕（即封锁沟）3900 公里，筑封锁墙数百公里、碉堡工事 1300 座。仅河北井陉县正面的一段 90 公里长的封锁墙就"施工实用 70 日，共需〔民夫〕10万人"[57]。所以，1941 年修工事征用民工应达数十万人。但公开记载华北修工事征民工状况的前引满洲铁道总局旅客课当年 11 月的报告却称："华北地区内的军需劳动，属于难于确认的特殊的劳动，道路的新设，铁道沿线及其他必要地区构筑经济封锁壕或交通遮断壕等，可以被视为以一种军事为主要目的的劳动，它所需要的劳力据称约 20 万人"[58]。因此 1941 年日军修工事征用民工量，能确认的即此 20 万人，而实际根据以上的工程量，征用民夫应达数十万人。

但 1942 年日本华北方面军在完成对冀东和冀中平原的"1 号"和"3 号"（我方称之为"五一大扫荡"）大规模"讨伐"作战，把八路军主力挤出平原，完成了对上述两块平原地区的占领后，在当年夏秋两季，日军在冀中和冀东平原修筑的工事则大大超过了前两年，据华北方面军参谋长当年 9 月 30 日谈话披露：这一年"在治安区和准治安地区中间挖掘的隔断壕（封锁沟墙），总长达 11860 公里，而且封锁敌匪活动的碉堡阵地超过 7700 个"，若加上当年 9 月以后至 11 月，日军在冀东平原修筑的"隔断壕 245 公里，其他封锁工事 74 公里，共计 319 公里；棚舍 132个、碉堡 3 个、城寨 18 个、关卡 2 个，共计 155 个"[59]，则日军 1942 年修筑的封锁沟墙总长达 12179 公里，建据点、碉堡达 7855 个，相当于又筑一道"万里长城"！如此浩大的工程，日军共征用了多少华北民夫呢？据当时直接受害的中共晋察冀军区 1942 年末统计：日军"修路、挖沟、筑碉堡等六项工事，总共耗费的人工至少在四千五百万人次以上"[60]；又据日本华北方面军有关联队史记载，这些工事都是

[56] 华北开发公司企划部：《北支那劳动事情概观》，1941 年 6 月，辽宁省档案馆馆藏档案，档案号：行政 2650，第 39—40 页。

[57] 日本防卫厅战史室编：《华北治安战》（下），天津人民出版社 1982 年版，第 149—150 页。

[58] 满洲铁道总局旅客课：《满洲劳动问题与 1942 年度入满华工动向》，1941 年 11 月 1 日，吉林省社科院满铁资料馆藏档案，档案号：22755，第 80 页。

[59] 日本防卫厅战史室编：《华北治安战》（下），天津人民出版社 1982 年版，第 149—150、191、213—215 页。

[60] 聂荣臻：《敌伪五次"治安强化运动"的暴行与惨败》，载《晋察冀日报》1942 年 12 月 8 日。

挖宽 6 米、深 4 米的封锁沟，筑高 2 米厚 1 米的封锁墙，修筑一般的据点、碉堡，工程并不复杂，所以耗时一般在一二个月或二三个月[61]，若取中间值，平均耗时按 2 个月 60 天计，则 4500 万人工，相当于 70 万—80 万人平均服役 60 天。上述晋察冀军区报告强调，这是最起码的统计，实际使用的劳工要比这一统计多，应达 80 万人以上。上述工事是在 1941 年至 1942 年两年完成的，若再加上 1940 年修工事征用民工至少为 20 万人，则华北方面军大修工事征用华北民工总数达百万人以上应是确定无疑的。1943 年后，华北方面军对上述工事仅修修补补再未重修；到 1944 年战争后期，日军为负隅顽抗，也在一些大城市和重要战略要地抢修机场和秘密工事，征用民工一般在数千至万人之间，征用民工总数也就在十万人左右[62]。

由上述考证可以推断，日本在华北战备产业和军事工程共强征奴役华北强制劳工至少达 400 余万人。

(2) 中国强制劳工在华北沦陷区的伤亡损失考

日本在华北沦陷区重要战备产业（主要是煤、铁、盐、棉）役使的中国强制劳工，特别是使用最多、最集中，条件也最艰苦的煤、铁矿山劳工，由于大部分是矿山周围 10 公里以内的半工半农可以"早出晚归"的"通勤工"（例如战时华北最大的煤矿开滦煤矿和中兴——即现枣庄煤矿，占华北产煤总量 30%—40%），他们在下矿挣粮不足时，还可以从本人或家属从事农田作业中小有补充，所以比起强征赴满和蒙疆打工的华北强制劳工，在吃、住与心理状态上均要略好；同时华北地区的气候也比满洲和蒙疆好，所以在"通勤工"占矿工总数 80%以上的华北主要煤矿，如开滦、中兴煤矿等，劳工的伤亡主要是井下坍塌、瓦斯爆炸，矿下透水等工伤事故伤亡和日本监工、汉奸把头、日伪军警宪特迫害死亡，而大量的饿死、冻死或闹瘟疫而死亡情形较少，所以，总体死亡率比东北、蒙疆沦陷区要少。只有在京汉路沿线的煤矿，如井陉、正丰煤矿，磁县、六河沟煤矿以及山西一些日本新建的小煤矿——西山、富家滩矿等，因周围紧邻八路军抗日根据地，八路军游击队活动频繁，周围百姓逃亡多，矿工来源不足，需要矿山设立大量的有铁丝网和高墙圈起来的劳工工棚，并依靠日军和华北劳工协会到远处贫困县或抗日游击区大量骗招或抓捕劳工、战俘，关在矿山设的工棚内，充当失去人身自由的"收容工"（又称"常佣工"），这些矿山的劳工因"收容工"地位与待遇的极端恶劣与不自由而死亡率较高[63]。

61 日本防卫厅战史室编：《华北治安战》（下），天津人民出版社 1982 年版，第 149、215 页；中国第二历史档案馆馆藏档案，档案号：2005—1501，1942 年 6 月 5 日，第 2 页。

62 居之芬主编：《日本掠夺华北强制劳工档案史料集》，社会科学文献出版社 2003 年版，第 761—799、806—827 页；何天义主编：《日本侵略华北罪行档案（8）奴役劳工》，河北人民出版社 2005 年版，第 133—141 页。

63 华北劳工协会：《华北劳动时报》，1943 年 5 月，第二辑，第 30 页。

例如井陉、正丰煤矿，日人正式扩建投产后从 1939 年至 1945 年 7 年中共役使劳工总数达 72569 人（详见下表）。其中从井陉地区以外的贫困县武安、大名地区或其他抗日根据地、游击区抓捕、骗招关在"劳工棚"里，没有人身自由的"收容工"就占了三分之一以上，即 2.5 万人[64]，其中还有数千人是从抗日根据地抓来的战俘和平民充当"特殊劳工"。这些人因被安置在设有电网和岗楼的劣质工棚内，几乎没有节假日，上下班、休息都由警备队押送或监视，不准随意外出、逃亡流动，由于饮食恶劣、住宿条件差，受日本监工、汉奸把头及警备队监视、迫害重，死亡率较高。据中共井陉矿务局委员会 1987 年调查统计："仅[井陉矿]南大沟方圆数十亩的地方，就堆积了上万名矿工的尸骨，成了触目惊心、闻名遐迩的南大沟'万人坑'。象这样的'万人坑'，在井陉矿区就有新井、岗头、红土梁等六处"[65]。因此，井陉正丰两矿 7 年中劳工死亡数应至少为上万人，死亡率应超过 13.8%。

1939—1945 年井陉、正丰煤矿产量与劳工数统计表[66]

项目 / 年份	井陉煤矿		正丰煤矿		备考
	出煤吨数	日均用工数	出煤吨数	日均用工数	
1939 年	683619	5080	452000	4281+220	
1940 年	339345	5037	693276	7396+491	当年 3 月井陉瓦斯爆炸，8 月新井矿被炸毁
1941 年	632690	5360	745506	5139+300	
1942 年	958263	7193	304778	2649+193	6 月正丰矿一段东部 4 层大水淹矿停产
1943 年	855134	6649	414036	4834+34	
1944 年	910735	5600	520110	4972+35	
1945 年	252799	4443	107039	2637+24	自 1945 年 4 月至 8 月 31 日
合计	4632585	39362	3236745	33205	劳工总数 72569

[64] ［日］乃美：《井陉煤矿股份有限公司移交总册》，1945 年 10 月，天津市档案馆馆藏档案，档案号：旧字 19 号全宗；满铁北支经济调查所：《井陉、正丰煤矿劳动概要调查报告》，1941 年 9 月 12 日，辽宁省档案馆馆藏档案，档案号：工矿 2509，第 83 页。

[65] 中共井陉矿务局委员会：《井陉煤矿工人斗争史》，1987 年 2 月，载《中共石家庄党史资料》，1987 年印行，第 5 辑，第 45 页。

[66] ［日］乃美：《井陉煤矿股份有限公司移交总册》，1945 年 10 月，载居之芬主编：《日本对华北的经济掠夺与统制》，北京出版社 1995 年版，第 400—408、410 页。

另有日本"山西炭矿株式会社"下属的灵石富家滩矿，是日军占领山西后强行军管的小煤矿，1939 年才逐渐形成生产力，年产煤不过 10 余万吨，从 1939 年至 1945 年使用劳工总数约 8500 人左右。其使用矿工主要靠日军从周围抗日根据地和游击区抓捕平民和战俘来充当，所以劳工的待遇和生产生活条件都相当恶劣，仅"1945 年 5 月[起]，天大旱、矿区闹流行性伤寒，80%的工人染上此病，……不到两个月时间，就有 500 余名工人病死，或被活埋"。"从 1939 年 2 月至 1945 年 8 月，日军在这里掠夺煤炭 103.06 万吨，富家滩煤矿先后有 1200 余名工人惨死于日军'以人换煤'的血腥政策和屠刀之下"[67]。该矿劳工死亡率也超过了 14%。

日军在抢修工事中对华北劳工的残害也十分严重，如 1943 年 10 月至 1945 年 8 月战争结束，日军为对付八路军晋察冀抗日根据地，从石家庄周围各县抓来四五千民夫，在河北平山县黄金寨、北顶和王母观山等战略要地反复修筑三组碉堡群中，就先后用刀劈、砍头示众、铁丝穿鼻和锁子骨、后脚筋等酷刑残害要逃亡的民夫上百人，还在黄金寨、北顶、王母观山顶悬崖峭壁处摔死年老体弱、干活稍慢的民工 200 余人。到 1945 年末共残杀民工 1800 余人，超过该工程用工总量的 1/3！[68]

综上所述，像井陉、正丰和山西富家滩煤矿，因周围劳工来源不足，有 1/3 或 1/2 以上是日军和华北劳工协会抓骗来的拘押在矿设工棚里的外地打工者和战俘劳工，所以死亡率较高，达到近 15%；但如前所述，这样的煤矿在华北只占 1/3，大部分的华北矿山 70%以上劳工都是周围的半农半工的"通勤工"，所以除了矿山工伤事故和日伪军警宪特和监工把头迫害死亡外，一般情况下冻、饿、瘟疫死亡者要比东北和蒙疆少。为日军修工事的华北劳工，除少数战略要塞和战争后期如上述河北平山黄金寨等要塞，日军抢修秘密工事用劳工较多、持续时间较长、死亡劳工较多外，日军在华北筑封锁八路军的工事工程均不复杂，一般用工不过两三个月，且大部分为当地农民工；再加上周围八路军抗日根据地的势力较大，日军怕百姓反抗，八路军袭击，所以也不敢过于残暴。因此，日本在华北战备产业和军事工程征用的华北强制劳工死亡率总体低于东北和蒙疆，一般在 10%左右，即日本在华北重要战备产业和军事工程用工 400 余万人，劳工死亡者一般在 40 万人左右。

---

⑥⑦ 郭长明、尹秀珍整理：《日本在灵石富家滩煤矿的罪行》，载何天义主编：《日本侵略华北罪行档案（8）奴役劳工》，河北人民出版社 2005 年版，第 114—118 页。

⑥⑧ 安兵子、杨狗子、延辨尘：《日军在河北平山筑碉堡群》，载何天义主编：《日本侵略华北罪行档案（8）奴役劳工》，河北人民出版社 2005 年版，第 133—137 页。

4.中国特殊劳工在华北日军及劳工协会集中营里的伤亡损失

（1）华北日军和劳工协会在“集中营”、“收容所、训练所”里关押战俘及劳工人数考

1941 年日本在华各占领区的劳力资源均趋紧张。为了扩大劳工来源，当年 6 月日本华北方面军在与伪华北新民会总部和关东军先后签署了向满洲“国策”企业和军事工程遣送特殊工人的协议后(69)，就开始在华北历次“治安讨伐”作战中有意扩大对国民党和八路军战俘及抗日平民的抓捕，以便对他们进行短期审讯、甄别、“训练”和“驯化”后，输往满洲和蒙疆地区，充当“战俘劳工”或“特殊劳工”。

为了加快对这些战俘劳工的甄别和“训练”、“驯化”，日本华北方面军在 1941 年后均扩大和强化了其在华北各地设置的战俘“收容所”和“集中营”建设。这些“战俘收容所”和“集中营”主要有：设在华北方面军总部驻地北京西苑的“战俘收容所”，设在华北方面军驻山西第一军总部驻地的太原“战俘收容所”，设在华北方面军驻河北 110 师团驻地保定及石家庄（1941 年秋后迁至石家庄）的战俘“集中营”，以及华北方面军驻山东济南“战俘收容所”、“集中营”等；1941 年下半年后它们分别改称“北京西苑苏生队”、“太原工程队”、“石门劳工教习所”和“济南新华院”等，规模也得到迅速扩大。由于 1941 年后华北方面军在华北各地的“治安讨伐”作战规模扩大，俘获的中方战俘和平民也迅速增加，除扩建上述四大主要“集中营”外，华北方面军还在一些大的战役之后，在战场附近增设一些临时的战俘“收容所”、“集中营”，以便就近加快“收容”、“训练”、分类处理战俘。如 1941 年 5 月在“晋南中条山战役”俘虏了 3 万多名国民党军战俘后，就在晋南的运城和临汾县分设了三个“收容所”、“集中营”和“工程队”，就近将数万名战俘“收容”、“编队”，以便迅速转运到“太原”和“北京”战俘集中营，进行审讯、甄别、“训练”、“驯化”后分别押送到满洲、蒙疆和山西小煤矿充当“特殊劳工”。1944 年 4—5 月华北方面军主力南下发动“中原战役”时，俘虏国民党军战俘 3 万余人，又在战役中心地洛阳和郾城，设立了“洛阳西工战俘收容所”和“郾城战俘收容所”等，先后“收容”、役使、“编队”和输送处理了 3 万余名国民党军战俘。此外，在河南政治、经济、文化中心开封、郑州，

(69) 《华北方面军与新民会中央总会关于特殊工人劳动斡旋一事的协定》，1941 年 6 月 11 日；《关东军司令部关于在筑城工程就劳的特殊工人处理规定》，1941 年 6 月 11 日，吉林省社科院满铁资料馆馆藏档案，档案号：5—17；中国第二历史档案馆馆藏档案，档案号：135—2056—227。

苏北重要军事和交通重镇徐州，山东半岛工矿和交通要地张店等，华北方面军均设置了较小型的战俘收容所和集中营。

1944 年初，日本内阁决定正式向本土大规模输入中国劳工（主要是华北劳工），同时要求输入的华工应是"经过训练的俘虏归顺兵及在当地劳动的同工种工人"，因此负责向日本输出华工的日本在华主要劳务机关"华北劳工协会"，在 1944 年后不仅更多的直接参与对华北方面军"集中营"中战俘劳工的挑选、"编队"和"训练"，还在 1943 年末和 1944 年末，先后在向日本输出华北劳工的主要港口——天津塘沽港和青岛港，直接设置了由华北劳工协会掌控的"塘沽劳工收容所"和青岛劳工第一、二"训练所"，在华北劳工输日前进行最后的检查和"训练"。

总之，据调查考证，从 1938 年到 1945 年 8 月，日本华北方面军和华北劳工协会在华北三省两地（河北、山东、山西三省及豫北、苏北两地），先后设置专门关押华北战俘劳工和特殊劳工的大小"集中营"和"训练所"16 个，关押、虐待和转运华北战俘劳工和特殊劳工 20 余万人[70]，详见以下两表。

华北方面军 1941—1945 年主要战役战俘统计表[71]

时间 项目	战役名称	俘战俘	掳平民	合计	备注
1941 年 5 月	中条山战役	3.5 万		3.5 万	国民党军
1941 年 8—10 月	对北岳、平西"铁壁合围"战役	0.38 万	2 万	2.38 万	八路军
1941 年 11—12 月	鲁南、晋南汾西战役	0.6 万	1 万	1.6 万	国民党军
1942 年 4 月	"五一大扫荡"前的作战	1.6 万		1.6 万	国民党军、八路军
1942 年 4—5 月	冀南"四二九大扫荡"	0.3 万		0.3 万	八路军
1942 年 5—6 月	冀中"五一大扫荡"	0.5 万	3.6 万	4.1 万	八路军
1942 年 9—11 月	冀东一号终战	1.45 万		1.45 万	八路军
1942—1943 年	对八路军、国民党军历次作战	3 万		3 万	国民党军
1944 年 4—5 月	豫中会战	3.5 万		3.5 万	国民党军
合 计		14.83 万	6.6 万	21.43 万	

[70] 何天义主编：《日本侵略华北罪行档案（7）集中营》，河北人民出版社 2005 年版，目录。

[71] 居之芬：《1933.9—1945.8 日本对华北劳工统制掠夺史》，中共党史出版社 2007 年版，第 174 页。

华北方面军及华北劳工协会主要"集中营"、"收容、训练所"收容战俘及劳工统计表[72]

项目 集中营名称	关押、收容战俘劳工 人数	备　　注
石门劳工训练所	5万人[1]	1938年—1941年8月称"保定战俘收容所"
济南新华院	5万人[2]	1940年5月—1942年9月称"济南救国训练所"
北京西苑苏生队	3.7万余人[3]	
太原工程队	近4万人[4]	收容晋南中条山战役国民党军战俘3万余人及八路军战俘（包括山西运城集中营转运数）
洛阳战俘收容所	3.5万余人[5]	日军"中原会战"的国民党军战俘（包括郑州郾师等集中营收容的"中原会战"战俘）
塘沽劳工收容所	近2.2万人[6]	向日本输送86批，20686人，死亡千余人。含石门集中营送来7500人
青岛劳工训练所	1.5万余人[6]	向日本输送14174人，死亡近千人。含济南新华院送数千人
合计	24.9万人	扣除各集中营中转、重复计算者近4万人，应为21万余人

① 张子元：《南兵营拾零》，载何天义主编：《日军枪刺下的中国劳工》（之一），新华出版社1995年版，第66—67页；[日]前田一：《特殊劳务者的管理》，山海堂出版部1943年11月30日发行，第228—229页。

② 殷汉文：《人间地狱——济南新华院》，载前引何天义主编：《日军枪刺下的中国劳工》（之三），新华出版社1995年版，第155、158页。

③ 张策政等：《历尽磨难，九死一生》，载前引何天义主编：《日军枪刺下的中国劳工》（之三），第74页。

④ 何天义：《太原集中营调查报告》，载前引何天义主编：《日本侵略华北罪行档案（7）集中营》，第138—139页。

⑤ 何天义：《洛阳集中营调查报告》，载前引何天义主编：《日本侵略华北罪行档案（7）集中营》，河北人民出版社2005年版，第312页。

⑥ 田中宏等解说：《强掳中国人资料——〈外务省报告书〉全五分册及其它》，明石书店1987年版，第279—317页；载陈景彦：《二战期间在日中国劳工问题研究》，吉林人民出版社1999年版，第69—70页。

（2）中国特殊劳工在华北日军及劳工协会"集中营"、"收容、训练所"里的伤亡损失

由于日军在"集中营"首先要经过审讯、拷打、甄别搞清各类战俘的真实身份并获取有用情报，所以许多战俘劳工经刑讯后身体都很虚弱，加上各"集中营"里恶臭不足的饮食，破烂污秽不堪的"囚衣"，日军对战俘疯狂的虐杀，甚至大

量抽血、做细菌试验，以及无处不在的繁重劳役，及瘟疫流行等，致使中国战俘劳工在华北日军及劳工协会的"集中营"、"收容、训练所"里死亡率甚高：

据"石门劳工训练所"副所长、中共地下党员张子元确认，"从 1944 年到 1945 年日军投降［石门劳工训练所］大约关押 26500 余人，一年多后送往日本 20 个劳工大队约 7500 人，送往北平 1000 人，送往南京［汪伪］国民党部 1000 余人，送往各地安排工作和释放的老残人员 500 余人，一年当中死亡的约 11000 余人，日本投降时南兵营还有 5000 人"。若加上"1942 年—1943 年……死亡的约 6000—7000 人"[73]，及"保定收容所"时期死亡人数，"石门战俘集中营"从 1938—1945 年战俘劳工死亡总数应达约 2 万人，即死亡率接近 40%。

华北日军驻山东第十二军设的"济南新华院"集中营战俘劳工死亡率也很高，"据战后国民党接收新华院人员统计，从 1943 年 3 月至 1945 年 8 月，济南新华院战俘集中营共关押华北战俘和抗日军民达 35000 人，除接管时还剩 2000 余名战俘外，被酷刑和劳动折磨致死者 15000 余人，被抽血致死者 100 余人，被注射毒药、细菌致死者各数百人，被押送到东北和日本当劳工者 1 万余人"[74]。若加上其前身 1940 年 5 月至 1942 年末在"救国训练所"时期和在济南美孚石油公司仓库设的"临时战俘收容所"关押残害的战俘劳工[75]，则日军在"济南战俘集中营"共关押华北抗日战俘劳工约 5 万人，残害致死者也达约 2 万人，死亡率也高达 40%。

另据何天义关于《洛阳集中营调查报告》统计，1944 年 5 月—1945 年 8 月，洛阳西工战俘收容所，先后共"收容"、役使、转运"中原会战"俘获的国民党军战俘 3 万余人，这些战俘在"洛阳集中营"被"收容"、役使期间，即被杀害和虐待饥渴致死者千余人，在抢修洛阳至郑州段铁路的"死亡工程"中，又被日军残酷迫害、虐杀死亡者达 1 万人[76]，华北战俘劳工在该"集中营"中的死亡率也超过了 30%。由此，我们推算，中国特殊劳工在日军五大集中营——北京西苑、石门劳工训练所、太原工程队、济南新华院、洛阳西工战俘收容所的死亡率平均达 30% 左右。即中国战俘劳工在华北日军和劳工协会的"集中营"、"收容所、训练所"共关押有 20 余万人的话，被日军和华北劳工协会日人虐杀致死者至少应达 6 万余人。

⑦③ 张子元：《南兵营拾零》，载何天义主编：《日军枪刺下的中国劳工》（之一），新华出版社 1995 年版，第 66—67 页。

⑦④ 殷汉文：《人间地狱——济南新华院》，载何天义主编：《日军枪刺下的中国劳工》（之三），新华出版社 1995 年版，第 155 页。

⑦⑤ 何天义：《济南集中营调查报告》，［日］《难波博口供》，1954 年 12 月 27 日，载何天义主编：《日本侵略华北罪行档案 7·集中营》，河北人民出版社 2005 年版，第 92—95、124—125 页。

⑦⑥ 贺明洲：《日军残害河南劳工战俘的罪行》，载何天义主编：《日军枪刺下的中国劳工》（之三），新华出版社 1995 年版，第 282—284 页。

5.中国强制劳工在华中沦陷区的伤亡损失

华中沦陷区包括江苏、浙江、安徽省的大部，湖北、湖南、江西省的一部，是汪精卫伪政权统辖区域。由于华中战前是中国政治、经济、文化中心，1938年国民政府从华中上述地区撤退时，对主要企业、矿山和设施均实施了有计划的摧毁；又由于1941年末太平洋战争爆发前，欧美各国在华中地区有着错综复杂利益攸关的权宜，所以，日本在华中并没有像在满洲、蒙疆和华北那样制定全面的产业"开发"计划，而是"着眼于华中的……战后经济复兴"⑦。其在华中设的主要殖民投资控股国策会社也区别于"华北开发公司"，而称"华中振兴公司"，主要致力于华中电力、交通的恢复与发展，农产品的恢复与收购。日本人控制的主要煤、铁矿山——淮南煤矿、湖北大冶和安徽当涂、繁昌铁矿的重点恢复、扩大生产及对日输出。

日本在华中沦陷区强征役使中国劳工，也未设立像"满洲劳工协会"、"华北劳工协会"这样的对华中劳工实施一元化统制与强征的统一劳务掠夺执行机关，因此我们无法从面上了解日本在华中地区的"劳务动员计划"及实施情况。由于没有设立统一的"一元化"的劳务统制掠夺的执行机关，日本在华中沦陷区强掳奴役中国劳工，主要采取由日本驻军特务机关及其指挥下的日本驻华中各地使领馆出面命令伪政权强迫重点企业、矿山及主要军事工程周围农村的农民轮流服役，或由其直接批准和委托日本劳务公司以骗招抓捕的方式来获得大批强制劳工。因此，我们通过重点调查考证日本在华中主要煤、铁矿山、军事工程用工情况，即可大体获知日本在华中沦陷区强掳奴役中国强制劳工的数量。

（1）日本在华中主要煤、铁矿山和军事工程奴役中国强制劳工人数考

日本在华中的主要煤、铁矿山有淮南煤矿及湖北大冶、安徽当涂、繁昌铁矿。

日本在华中煤矿很少，主要就是淮南煤矿。淮南煤矿战前是国民政府的"官营煤矿"，1938年日军占领安徽后，很快将该矿霸占"军管"。1939年6月将该矿与邻近的"大通煤矿"合并增资，设立"日中合办"的"淮南煤矿股份公司"，日方"华中振兴公司"和三井、三菱公司各折半出资500万元左右，共1000万元，中方将原官商矿山资源折价约500万元入股，共计资本金1500万元，由日方委托三井、三菱公司代为经营。该公司扩股成立后，于1940年恢复到战前年产43万吨的水平。1941年后正式扩大生产，年产也不过80万—90万吨，详见下表。

---

⑦ 华中经济研究所：《华中经济复兴建设概要》，载[日]依田熹家编：《日中战争史资料（占领地区支配）》，1975年刊载，第626页。转引自[日]浅田乔二：《1937—1945年日本在中国沦陷区的经济掠夺》，复旦大学出版社1997年中文版，第127—128页。

1938—1945 年淮南煤矿产量表[78]

年度	年产量（吨）
1938 年	22632
1939 年	143798
1940 年	435057
1941 年	771485
1942 年	895554
1943 年	878350
1944 年	882046
1945 年	265901
合计	4294823 吨

淮南煤矿生产的煤全部由日本华中派遣军掌控，主要用于日本在华中的电力、交通与开矿，用于上海、汉口等地民需的仅占 13.4%[79]。

由上表可以看出，淮南煤矿 1940 年只是恢复性生产，1941 年起才正式开始扩大生产。从我们掌握的"淮南煤矿股份公司"档案——1941 年 10 月至 1945 年 2 月"劳务月报概况"显示，日本在正式扩大生产的 5 年中，在淮南煤矿奴役使用中国劳工，少则 1 万余人至 1.2 万人左右（1941 年和 1943 年 5—10 月），多则 1.7 万—1.8 万人（1942 年及 1944 年），最多时达 2.5 万人（1944 年 11 月—1945 年 2 月），5 年中年均使用劳工应为 1.5 万人左右，5 年共使用中国劳工总数为 7.5 万人左右，再加上 1940 年前使用劳工不超过 1 万人，日本在淮南煤矿 7 年（1939—1945 年）使用中国强制劳工总数达 8.5 万余人[80]。

湖北大冶铁矿战前就已为日本制铁会社控制，1938 年国民政府西迁时，曾将大冶铁矿的设备彻底破坏，当年 10 月日军占领武汉后，日本制铁会社立即着手矿山的修复，但实际上，大冶铁矿的正式恢复生产是 1940 年，1941 年才开始扩大生产，年产铁矿石平均在 100 万吨以上。详见下表：

---

[78] 中共淮南矿委宣传部：《淮南煤矿史》（初稿），1960 年未刊稿，载安徽省档案馆等编：《日本侵华在安徽的罪行》，1995 年，第 165—166 页；[日]浅田乔二：《1937—1945 日本在中国沦陷区的经济掠夺》，复旦大学出版社 1997 年版，第 129—130 页。

[79]《淮南抗日史料》，载安徽省档案馆等编：《日本侵华在安徽的罪行》，第 166 页。

[80]《淮南煤矿劳务月报概况（1941 年 10 月—1945 年 2 月）》，中国第二历史档案馆馆藏档案，档案号：2012—7195、7191、7192、7193。《淮南煤矿劳务管理概况》，1943 年 10 月 29 日，载安徽省档案馆等编：《日本侵华在安徽的罪行》，第 142—148 页。

1940—1945 年大冶铁矿生产与运输状况表[81]

项目 / 年份	生产计划（吨）		实际产量（吨）	运输（吨）状况
	露采	坑采		
1940 年	600000		399795	293695 吨
1941 年	1060000		1100886	873909 吨
1942 年	1200000	100000	1454828	1412586 吨
1943 年	1200000	200000	1103565	992972 吨
1944 年	1200000	150000	882750	337417 吨
1945 年	1200000	150000	4 月后，月产 5 万吨，共 20 万吨	
合计	6460000	600000	5141824	4138301 吨（包括 1939 年前 227,722 吨）

大冶铁矿石几乎全部直接运往日本供其制铁炼钢用。

大冶铁矿在 1941 年扩大生产后，每年使用中国劳工数基本在 10000 人左右。据"日铁大冶会社友好访中团"1973 年出版的《日铁大冶回忆录》记载：1943 年 10 月末大冶铁矿役使中国劳工 10541 人，其中正式工 2958 人，常佣杂工 2688 人，承包杂工 3687 人，雇工 1208 人。1945 年 1 月役使中国劳工 12000 人，其中正式工 3700 人，杂役工 7300 人，雇工 1000 人[82]。正式恢复和扩大生产的 6 年中共役使中国劳工应达 6 万余人。大冶铁矿使用的劳工主要是矿山周围的农民，以及从山东、河南、安徽、武汉等地强抓和诱骗来的失业工人、破产农民和战场上俘虏的中国军队士兵。其中在铁矿直接使用的劳工中，当地劳工约占 1/3，外地抓骗劳工约占 2/3[83]。

华中矿业公司于 1939 年 7 月正式设立，主要由日方国策公司"华中振兴公司"与以"日本制铁"公司为首的 6 家日本制铁企业联合出资 1000 万元，中方以矿山折价实物出资 1000 万元，共计 2000 万元资本金，由日方委托日本制铁等企业承包经营，主要经营安徽马鞍山附近以当涂、繁昌两县为中心的各铁矿生产。其下属铁矿矿业所主要有当涂县境内的马鞍山矿业所，开采当涂县的南山、凹山、

[81] "日铁大冶会社友好访中团"：《日铁大冶回忆录》，武钢矿业公司大冶铁矿矿志办 1998 年中文版，第 375—376、379 页。

[82] "日铁大冶会社友好访中团"：《日铁大冶回忆录》，武钢矿业公司大冶铁矿矿志办 1998 年中文版，第 386—387、395 页。

[83] "日铁大冶会社友好访中团"：《日铁大冶回忆录》，武钢矿业公司大冶铁矿矿志办 1998 年中文版，第 389 页。

梅子山、向山等铁矿，年产能力为 80 万吨；当涂县境内的太平矿业所，开采当涂县的钟山、大小姑山等铁矿，年产能力在 15 万—20 万吨；繁昌县境内的桃冲矿业所，开采桃冲山铁矿，年产能力为 15 万吨；还有邻近江苏省江宁县境内的凤凰山矿业所，开采凤凰山、玉山铁矿，年产能力为 30 万吨[84]。华中矿业公司成立后于 1939 年基本恢复了战前的生产能力，1941 年开始扩大生产，各矿综合的生产能力在 1941 年后年均达 100 余万吨。详见下表：

1938—1945 年 2 月华中矿业公司铁矿产量表[85]

单位：吨

年度 \ 采矿量 \ 矿业所		马鞍山	太平	桃冲	凤凰山	合计
1938 年		75721				75721
1939 年		437602	48135	1463		478200
1940 年		516303	166850	38137	32289	753579
1941 年		764559	279445	91402	339269	1474675
1942 年		796857	227107	77080	377669	1478713
1943 年		394474		49011		1160000
1944 —1945.2	上期	333401	52557	53268	57194	493420
	下期	191141	30313	18414	42733	233913

华中矿业公司的铁矿石与大冶铁矿一样全部运往日本本土作制铁炼钢原料。

日本人在华中矿业公司各铁矿役使的中国劳工应较大冶铁矿多，年均在 1.8 万—2 万余人。据马鞍山钢铁公司矿山公司编写的《马钢史志》记载：最大的“马鞍山矿业所……全所在册员工计 5202 人，其中……技工 1900 人（采矿工），小工 3000 人（运输、砸选矿石的杂工）。”当涂县另一个铁矿“太平矿业所”，“据 1942 年的统计，当时的钟山、小姑山事务所最多时拥有工人和小工 4024 人，其中小工 3075 人，工人（采矿工）947 人，工人不足全员的四分之一，

---

[84] 安徽省档案馆、蚌埠市档案馆编：《日本侵华在安徽的罪行》，1995 年印行，第 102 页。

[85] 安徽省档案馆、蚌埠市档案馆编：《日本侵华在安徽的罪行》，1995 年印行，第 106—111、131—133 页三个表绘制。1943 年的统计不完整，最终合计，引自浅田乔二：《1937—1945 年日本在中国沦陷区的经济掠夺》，复旦大学出版社 1997 年版，第 131 页第 2、26 表。

小工全部担任运输、装卸及其他繁重杂役，而工人则大部分为采矿工"[86]。而繁昌县的"桃冲矿业所"，从1941—1945年，月均使用采矿工1018人[87]（详见下表一）按当涂县马鞍山、太平矿业所采矿工与杂工（小工）比例为1：2、1：3来计算，"桃冲矿业所"的小工至少为2000余人，日本在"桃冲矿业所"使用的中国劳工，年均至少为3000余人。又据《马钢史志》记载："1942年底，在马鞍山设立的'日本制铁株式会社马鞍山制铁所'……属于军事管制性质的工厂，它除调运生铁至南京兵工厂生产武器外，还在制铁所铸造车间制造癞葡萄式手榴弹外壳和迫击炮弹壳共120000余枚。当时的制铁所工人来自鲁、豫、赣、苏、皖一带逃避战祸的难民，以及上海招来的中国员工。中国人有3700人，……'苦力'临时工近3000人，……"另在马鞍山矿业所运矿码头——"金家庄江岸码头"，"设置大柜、班主任，有监工20人，当时港口有码头工人数百人，大多是被逼骗而来的江苏、安徽等地区的农民"[88]。因此，华中矿业公司年均役使的中国劳工，仅在安徽省境内的当涂，繁昌两县三个矿、一个厂、一个码头，就有劳工总数约1.5余人（详见下表二）。

（表一）桃冲矿1941—1945年使用采矿工数额表[89]

项目 \ 年份	一年总工数	一月累计工数（人次）			月均用劳工数
		最大	最小	平均	
1941年	330997	52313	23538	27583	1103人
1942年	340938	40665	13886	28411	1136人
1943年	331459	34282	14050	27621	1105人
1944年	270632	33201	13827	22552	902人
1945年	23473	12622	4813	7824	315人
合计	1297499			25441	1018人

注：①该表用工数仅涉及采矿工，不包括杂役工——原注。
②月均劳动日以25日来计算——作者注。

---

[86] 马钢史志办公室编：《马钢史志》2005年第2期，第12、20页。

[87] 安徽省档案馆、蚌埠市档案馆编：《日本侵华在安徽的罪行》，1995年印行，第124—125页。

[88] 马钢史志办公室编：《马钢史志》，2005年第2期，第26、33页。

[89] 安徽省档案馆、蚌埠市档案馆编：《日本侵华在安徽的罪行》，1995年印行，第124—125页各表汇总绘制，月均使用劳工数按月均用工数除以25个工作日计算。

项目 矿业所	采矿工	杂役工（小工）	小计
马鞍山矿	1900	3000	4900
太平矿	947	3075	4022
桃冲矿	1018	2000 余（至少）	3000 余
马鞍山制铁所	数百	近 3000	3000 余
金家庄码头		数百（搬运）	数百
合计	4000 余	11000 余	15000 余

以上仅是华中矿业公司在安徽境内的当涂、繁昌各铁矿厂及码头使用劳工数，若再加上该公司下属江苏境内的凤凰山铁矿（年产量在 30 余万吨，超过"太平矿业所"）以及安徽铜陵县等地的铜官山铜矿采用的劳工（该两矿采用的劳工数应至少有 6000 余人）⑨，则华中矿业公司主要的铁、铜矿山 1940 年正式投产后，年均使用劳工数应至少在 2 万人以上，投产 6 年，1940—1945 年使用中国劳工数应至少达 12 余万人。

因此，日本在华中三大煤、铁矿山强掳、奴役的中国劳工即达 26 万余人（包括华中矿业公司 12 万余人，淮南煤矿劳工 8.5 万人，大冶铁矿 6 万余人）。再加上日军在华中地区浙江金华，上海，湖北武昌、宜昌等地修机场、工事征用民工约 5 万余人，强掳骗招输往满洲、关东州、海南、日本、菲律宾、巴布亚新几内亚等地的华中劳工 20728 人⑨，日本在华中强掳奴役中国劳工有据可查者即达 33 万余人。

（2）中国强制劳工在华中沦陷区伤亡损失考

在日本统制掠夺的华中主要煤、铁矿山中，淮南煤矿是条件最恶劣、中国劳工伤亡损失最严重的地区。华中是煤炭资源较贫乏的区域，日军占领华中后每年各方面须消耗的煤炭达 450 万吨，而战前华中最多不过年产煤 80 万吨，其余主要靠由华北输入供给，淮南煤矿是当时华中唯一的产煤富矿。为了减少由华北大量输入煤炭的不便，日军曾拟将淮南煤矿的年产量由以往的 80 万吨，扩大一倍

---

⑨ 据注⑧、⑧、⑧、⑧提供史料绘制。

⑨ 中共铜陵市委党史研究室：《抗战时期日军对铜陵铜矿资源的掠夺专题调研报告》，2006 年 5 月 18 日，第 1 页。

⑨ 上海市档案馆编：《日本帝国主义侵略上海罪行史料汇编》（上），上海人民出版社 1997 年版，第 547—582 页。《金华市志》第 13、483、531 页。

以上，平均达 200 余万吨^③。疯狂地扩大开采，却缺乏应有的资金和技术、设备的更新投入。在淮南煤矿日本人大量、疯狂地抓、骗、强征劳工，扩大劳工人数，采取的是"人海战术""以人换煤"的血腥开采措施。因此，淮南煤矿战争中年产不过 80 万—90 万吨，而劳工常年保持在 16000—17000 人的状况，在一般煤矿中是较少见的。所以，淮南煤矿劳工的生产和生活条件是极为恶劣的，井下工伤事故不断，井上瘟疫暴发流行。据中共淮南矿务局委员会宣传部编《淮南煤矿史》及《淮南煤矿史料》记载：1941 年日人在淮南煤矿正式实施扩大开采计划，当年日本监工在井下对劳工残酷监管和役使，仅一年时间，淮南劳工在井下被闷死和被日本监工、把头殴打致死达 109 人；1942 年淮南煤矿瘟疫大暴发，每天都要死七八个人，最多时一天死 73 个人；秋后死人更多，每天少则 50 人，多时甚至达 200 余人；1943 年工伤事故不断，春天大通矿西四石门井下发生瓦斯大爆炸，伤亡劳工 100 余人；同年大通西六石门瓦斯爆炸，40 多名劳工窒息而亡；日本监工逼着劳工在大通矿西六石门北四槽被堵死的瓦斯区采煤，因日本监工吸烟又引起瓦斯爆炸，炸死矿工 40 余人，日本监工逼着劳工把被炸死的另一日本监工尸体抢出来，当场又熏倒劳工 30 余人……^④"据……老工人回忆：1943 年 3 月份，日本鬼子强迫工人去挖坑，……去挖坑的工人有 100 多人，……共挖了一个星期，实际挖成后的三条坑，每条长约 20 公尺，深约 3—4 公尺，坑口宽 4 公尺，坑底宽 2—3 公尺。……鬼子强迫工人去拉[矿工]尸体，共有 100 多工人组成抓钩队，编成十来个班，把丢弃在荒地里的矿工尸体拉到挖好的大坑里去。这个 100 多人的'抓钩队'连续干了 20 多天。……约有一万三千多具尸体拉进坑内。一层尸体，一层石灰，用石灰把尸骨化掉……"^⑤另据淮南煤矿大通矿"万人坑"教育馆 2006 年 7 月的调查报告记载："按日伪时期档案统计，日伪时期死亡矿工一万七千多人，工伤受刑伤残劳工达七千五百多人"^⑥。如前所述，淮南煤矿 1940 年正式恢复生产到 1945 年，共役使中国劳工达 8.5 万余人，死亡 1.7 万余人，死亡率已达 20%；另有伤残劳工 7500 余人，伤残率近 10%。

华中矿业公司所属安徽境内的当涂、繁昌两县铁矿，因正式设立和扩大开采的时间较晚，资金和设备均不足，又要在短期内赶上和超过大冶铁矿产量，劳工

③ 安徽省档案馆、蚌埠市档案馆编：《日本侵华在安徽的罪行》，1995 年印行，第 153—154 页。

④ 安徽省档案馆、蚌埠市档案馆编：《日本侵华在安徽的罪行》，1995 年印行，第 163—164 页。

⑤ 淮南大通"万人坑"教育馆：《日伪时期大通煤矿人口伤亡和财产损失情况》，2006 年 7 月 26 日，证明材料 3，第 2—3 页。

⑥ 淮南大通"万人坑"教育馆：《日伪时期大通煤矿人口伤亡和财产损失情况》，2006 年 7 月 26 日，第 1 页。

大部分是安徽、江苏两省抓骗来的灾民。各矿虽大部分是露天矿，但均靠手工开采，劳动强度大，吃的不好，住宿条件差，劳工中生病的不少。1943年夏季，马鞍山矿业所最大的南山矿暴发霍乱、疟疾、痢疾等瘟疫，一夏天几千名劳工中就死亡500余人，死亡率超过10%。同年该矿业所新开的向山硫铁矿新招来的500名劳工中就死亡200余人，死亡率达40%[⑰]。繁昌县桃冲矿业所由于主要发展坑道井下采掘，矿床迭遭破坏，坑下环境险恶，劳工因坑道塌陷或劳累致死者也极多。马鞍山矿业所运铁矿石的金家庄江岸码头，1940年春就闹瘟疫，死亡劳工越来越多，当年日军就逼劳工在附近"老鹰窝"下挖了一个20米长、5米宽、1米多深的坑，派20个工人专门负责把隔离室"大病房"的死亡劳工扔到坑里，让老鹰成群集队地以劳工死尸为食，也有数百至上千名死亡劳工葬身"鹰窝"[⑱]。

总起来说，华中地区与华北一样，相对于东北和蒙疆以及比较荒僻的海南来说，气候和自然条件相对略好，因此，除像淮南煤矿和部分当涂、繁昌铁矿那样完全是井下坑道式人工开采，作业条件差，危险性大，为在短期内达到扩产目标，采用"人海战术"造成井下恶性工伤事故频发，劳工中瘟疫流行而死亡率较高外，像大冶铁矿那样的成立时间较长、露天开采和机械化程度较高的矿山中，除临时突发事件死亡人较多外（如1944年大冶铁矿露天矿炸药库爆炸死亡劳工300余人），一般死亡率低于东北、蒙疆和海南。根据对上述三个使用劳工总数达26.5万余人的华中主要煤、铁矿山劳工死亡情况的考察，华中劳工在抗战期间的死亡率应接近于华北，平均在12%左右。就是说，迄今为止，我们掌握的日本在华中主要矿山和军事工程中，采用中国强制劳工人数，有据可查者约达33万余人的话，不算输出日本、满洲、海南等地死亡劳工数（我们在其他相关各目，均已分别考证计算在内，在此不赘述），华中主要煤铁矿山和军事工程中，中国劳工死亡人数约达近4万人。

6.中国强制劳工在华南沦陷区的伤亡损失

日本在中国华南的占领区比华中还小，仅包括广东省和海南岛及周围岛屿。日本人在华南强掳役使中国劳工，也主要用于"开发"掠取华南的重要战略资源及修筑军事工程。战争期间日本在华南开发掠夺的重要战略资源和修筑的主要军

⑰ 马钢史志办公室编：《马钢史志》，2005年第2期，第15—16、47页。
⑱ 马钢史志办公室编：《马钢史志》，2005年第2期，第23、33—34页。

事工程均集中在海南岛及其周围岛屿。这是因为，战时日本始终视中国海南岛为又一个类似台湾岛的战略位置重要、气候适宜、物产和资源丰饶、人口稀少的可以建成独立于中国本土之外的日本的又一块富庶的殖民领地。特别是日本海军尤其重视对海南岛的独占与"开发"。他们认为，海南岛既可建成封锁中国海上与南部陆路国际通道的永久军事基地，又可成为日军"南进"、侵占南洋，发动太平洋大战的"桥头堡"和"前进基地"。因此 1939 年 2 月日军攻占海南岛后，该岛几乎只由日本海军独占。1939 年末，日军将驻岛海军正式编为"海南岛根据地队"，下辖 3 个海军特别陆战队和 2 个防备队、近 2 万兵力；另有一个航空兵支队，协助其执行封锁中国海上和陆路通道的任务。1941 年初，日军以海南岛根据地队司令部为主设"海南警备府"，由海南岛根据地队司令为警备府长官，这成为日本在海南岛军政合一的最高权力机关。下设"海南海军特务部"，专管全岛及周围南鹏、牛角山等诸岛的行政与经济"开发"事务。与经济"开发"相关的"劳务征发与调配事务"也由该特务部直接掌管[99]。

　　与华中一样，在对华南劳力资源的强征、奴役中，日本人也未另设像"满洲劳工协会"和"华北劳工协会"那样的统一、一元化的劳务强制动员强征执行机构，而是由主政的日本海军特务机关委托人代募或由驻地日军直接指挥伪军伪警实施强征。因此，我们也无法从日本人设在华南的劳务机构中获取日军在华南强掳奴役中国劳工的全面的统计数据，只能从日军在华南地区修筑的重点战略资源产区和重点军事工程中，逐一获知日军在华南劫掠、奴役中国劳工的主要人数。

　　日军在华南"开发"掠取的重要战略资源主要有：海南三亚和昌化江地区的田独、石碌铁矿，海南岛、香港间的南鹏岛上的钨矿，海南岛羊角岭的水晶矿和崖县三亚、莺歌的海盐等；其修筑的主要工事包括：海南岛田独矿至榆林港的 12 公里铁路，八所港、石碌矿至八所港的 53 公里铁路，石碌至榆林港 180 公里铁路，海南乐东县黄流机场及陵水县后石村、大坡机场和广东三灶岛飞机场等。我们根据战后日本企业遗留的相关劳工档案、海南各县作的劳工调查、战后当事人及受害劳工的证词等，逐一考证和阐释日军在上述产业和工程中强掳虐待中国劳工的人数与罪行。

　　日军对华南战略资源的掠夺，首先是对其急缺的铁矿石资源的掠夺。1939 年 2 月日军占领海南岛后不久，即发现离海南岛南端著名的榆林港仅有 12 公里

⑨ 海军大臣官房编纂：十版，内令提要追录，第十二号，1942 年 2 月，日本防卫厅图书馆藏，引自[日]水野明著、王翔译：《日本军队对海南岛的侵占与暴政（1939—1945）》，南海出版公司 2005 年版，第 54—55 页。

的崖县田独蕴有优质的铁矿石，储量虽仅有 500 万吨，但含铁量却高达 63%。于是驻岛日本海军委托日本石原产业立即组织人员开采，同时修通田独矿到榆林港的 12 公里长的运矿铁路，以便尽快向日本本土输送矿石。石原产业公司从 1940年 6 月正式开采和向日本输送田独矿铁矿石，到 1945 年 1 月因盟军飞机猛烈轰炸，无法向日本输送矿石而完全停产，5 年中共开采掠取铁矿石 269.3 万吨，向日本输送 241.6 万吨，占开采量的 90%。详见下表：

1940—1944 年田独铁矿产量输出量统计[⑩]

项目 \ 年份	生产量（吨）	对日输出量（吨）	备注
1940 年	169599	167991	从 6 月开始
1941 年	355921	306634	
1942 年	893824	805098	
1943 年	918511	832214	
1944 年	353436	304120	1945 年 1 月停产
合计	2691291	2416057	

石原产业公司开采田独矿，主要靠驻岛日本海军强征周围崖县各地的百姓到矿山服苦役，1942 年大量开采后，又从香港、广东各地强征骗招劳工来岛开采铁矿；同时，还从太平洋作战中俘虏的东南亚各地的盟军战俘（主要有朝鲜政治犯、英国和印度战俘）中强征大量人员来此充当战俘劳工。日本在田独矿役使的强制劳工，少时 4000—5000 人，多时达上万人，五年中共强征役使劳工总数达 3 万余人，其中有崖县本地强制劳工 2 万余人（详见下表）：

日军在崖县强掳役使修铁路港口及挖矿工人数统计表

地区和村名	修铁路港口劳工	挖矿劳工
崖城		3100 人
黄流		3050 人
九所		3000 人
羊栏		2950 人

---

⑩ 日本大藏省管理局编：《关于日本人海外活动的历史调查》，第十九卷，海南岛篇，ゆまみ书房，2000 年 8月，载[日]水野明著、王翔译，中共海南省委党史研究室编：《日本军队对海南岛的侵占与暴政（1939—1945）》，南海出版公司 2005 年版，第 161 页。

地区和村名	修铁路港口劳工	挖矿劳工
三亚港	540 人	400 人
榆林	870 人	700 人
田独		1200 人
南丁		1300 人
藤桥		2800 人
合计	1410 人	18500 人

（据海南政协文史资料编委会：《铁蹄下的腥风血雨——日军侵琼暴行实录》（下），海南出版社 1995 年版，第 414—415 页表三、四制。原表中各县均有修铁路公路机场的劳工数，因无法将修公路与机场的劳工数分离，故暂略去。实际参与修铁路与港口劳工应多于表中计数）

从中国香港、广东抓骗劳工 5000 人左右（详见下表）：

从香港、广东抓骗到田独矿的劳工统计

时 间	人 数
第一期（1942 年 2—5 月）	1234 人
第二期（1942 年 6—9 月）	1447 人
第三期（1942 年 10 月—1943 年 7 月）	1984 人
合计	4665 人

（据[日]河野司：《海南岛石碌矿山开发志》，开发志刊行社，1974 年版，第 226—230 页制。但该统计系不完全统计——作者注）

从朝鲜、东南亚抓捕的政治犯，英国、印度战俘数千人[101]。

由于日军急于在短时间内从田独的荒山野岭中"竭泽而渔"地采掘掠走铁矿石，由日本驻岛海军直接派兵充当监工，对中国劳工及朝鲜和外籍战俘劳工残酷役使和摧残、迫害，致使田独矿劳工死亡率很高。据海南省三亚市政协调查统计，五年中田独矿死亡并埋在田独矿"万人坑"里的中国劳工就有 1.2 万余人，其中崖县本地被强征的矿工死亡达 10120 人（详见下表）：

海南崖县在田独铁矿死亡劳工统计

地区与村名	死亡劳工人数
崖城	2100 人

---

[101] 张晓辉：《民国时期广东社会经济史》，广东人民出版社 2005 年版，第 438 页；《日本侵略者摧残崖县的基本情况调查表》，载海南省政协文史资料编委会：《铁蹄下的腥风血雨——日军侵琼暴行实录》，海南出版社 1995 年版，第 416—418 页。

地区与村名	死亡劳工人数
黄流	2050 人
九所	1950 人
羊栏	1900 人
三亚港	100 人
榆林	200 人
藤桥	1820 人
合计	10120 人

（据《铁蹄下的腥风血雨——日军侵琼暴行实录》，第416—417页表三、四制。）

岛外或岛内其他各县抓捕劳工死亡达 2000 余人。此外，在 1945 年 8 月日本战败垂死挣扎期间，还将 1300 余名负责挖洞埋藏日军战备物资的朝鲜政治犯矿工在崖县南丁地区杀害埋在"南丁千人坑"里[102]。所以，中国劳工在田独铁矿的死亡率高达 40%。

与此同时，1940 年日本人又在海南岛西部中段昌化江北岸的石碌山顶热带森林里发现了储量达数亿吨的优质大赤铁矿，但该矿的采掘和运输均有很大难度。一是该矿所在地属热带雨林人迹罕至和疟疾、瘟疫高发区。二是该矿附近没有天然港口，要把该矿开采的铁矿石运往日本，或是往南从陆路修一条 180 公里的铁路由火车运到南部榆林港运往日本，这条长距离铁路将耗时两年，到 1943 年才能建成；或是从山路打隧道、架桥梁，穿越热带丛林建一条 53 公里长的穿山铁路到八所海湾，并在那里填海新筑一个万吨人造海港直接向日本运送。驻岛日本海军急于在 1942 年春就使石碌铁矿形成年产百万吨矿石的生产力并向日本输出，就围绕石碌矿的开采、修铁路、筑海港，集中征用了大量中国强制劳工。首先由驻岛日本海军特务部聘任在华中的日本劳工贩子中村新八郎兄弟为驻军特聘职员，1941 年从香港、上海、河南先后抓骗了 4400 余名中国难民劳工开始了石碌铁矿的开采和筑路、筑港工程。为了加快石碌矿筑路、筑港工程的完工，从 1942 年初起，驻岛海军特务部又命中村新八郎兄弟二人在香港成立"合记公司"，利用日军占领香港后强令 16—22 岁的男青年非当兵即到海南岛当劳工之机，在香港、广东各省大肆招、强征难民和战俘。从 1942 年 2 月至 1943 年 7 月，共向海南岛石碌矿输送香港、广东各地的劳工与战俘 15900 余人（详见下表）[103]：

---

[102] 海南省政协文史资料编委会：《铁蹄下的腥风血雨——日军侵琼暴行实录》，海南出版社 1995 年版，第 412、416—418 页。

[103] [日]河野司：《海南岛石碌铁山开发志》，第 225—230 页，载[日]水野明著、王翔译，中共海南省委党史研究室编：《日本军队对海南岛的侵占与暴政（1939—1945）》，南海出版公司 2005 年版，第 196—197 页。

从香港、广东抓骗到石碌矿的劳工统计

时　　间	劳 工 人 数
第一期 1942 年 2—5 月	4747 人
第二期 1942 年 6—9 月	4427 人
第三期 1942 年 10 月—1943 年 7 月	6726 人
合计	15900 人

（据[日]河野司：《海南石碌矿山开发志》，开发志刊行社 1974 年版，第 226—230 页制。但该统计系不完全统计。——作者注）

同时，驻岛日海军特务部还根据日本"海南现地三省（指日本海军、陆军、外务三省）联席会议"1941 年 12 月 29 日关于《海南岛应急劳务对策纲要》的决议，命驻岛各日本海军陆战队派出分遣队，到昌化江北部的海口、琼山、文昌、安定、澄迈各县强征岛内本地劳工到石碌矿、八所港及其铁道沿线轮流服役。该决议规定："为使石碌矿山所需劳力长期且不断保持充足供应，原则上对一般岛民实行义务劳动制度。""实施之范围目前暂定于本岛东北部之……海口市、琼山县、文昌县、安定县、澄迈县。""义务劳动者之比例，大致依照下列数据为标准，……海口市 500 人、琼山县 1000 人、文昌县 500 人、安定县 400 人、澄迈县 600 人。""义务劳动时间，……实行六个月轮换制度，逐渐加以强化。"此外，还"由……支那方面之警察机关，实施对北部一市四县（与上同）境内之游民及流浪者之收容，强制其服役。……归顺士兵中之文盲但具有劳动能力者，使之作为苦力服义务劳动，……"另"自澄迈县花场港起至琼山县东营港止之海岸线约十公里以内之村落，向来被认为是秘密走私地带，对之……实行全村强制迁移。……首先将具有劳动能力之壮丁编成义务劳动组织迁至服役地点，待到移居地区设施完成之后，再实行家族移居"[104]。通过上述手段，日军每年平均征用海南岛当地劳工达七八千至上万人。据驻岛日本海军特务部北黎支部劳务系主任冈崎四郎手记记载，1942 年末，日军在石碌矿山及周围筑路、筑港征用中国劳工达 16588 人，其中台湾人 1222 人，海南本岛人和黎汉人 7858 人，中国本土（香港、广东等地）人 7395 人，朝鲜劳工 113 人[105]。1943 年该矿扩大生产后，征用的劳工更大规模增加，到当年末，1944 年初，据冈崎四郎手记记载，该矿征用

---

[104] [日]"海南现地三省联席会议"：《海南岛应急劳务对策纲要》，1941 年 12 月 29 日，见《海南现地三省联席会议决议》，第 296 号，载[日]水野明著、王翔译，中共海南省委党史研究室编：《日本军队对海南岛的侵占与暴政（1939—1945）》，南海出版公司 2005 年版，第 272—274 页。

[105] [日]河野司：《海南岛石碌铁山开发志》，第 238 页，载[日]水野明著、王翔译，中共海南省委党史研究室编：《日本军队对海南岛的侵占与暴政（1939—1945）》，南海出版公司 2005 年版，第 193 页。

中国劳工已达 4.2 万余人，其中主要来自香港、广东等地的岛外劳工达 2 万余人，征用海南岛内劳工已达 2.2 万余人[106]。该矿到 1944 年春以后，因美机轰炸，海上运输阻塞，生产渐渐萎缩，当地劳工也逐渐遣散，到 1945 年 1 月全部停产。因征用的本岛劳工 6 个月轮换一次，即轮换流动率为 100%，因此 1942 年至 1944 年征用本地劳工在籍者 3 万人，实际使用应达 6 万人，加上 2 万余岛外中国劳工，日军在该矿征用劳工总数达 8 万余人（详见下表一）。

由于石碌铁矿开矿难，在热带雨林的荒蛮及疟疾、瘟疫高发区开采，时刻受到高温、暴雨、虫咬和瘟疫的威胁；筑路、筑港难，时常要穿山越岭人工凿几百米长的隧道、架数百米长的铁桥，在悬崖峭壁间筑路铺轨，还要填海筑港；劳动强度大，时间又极短，不足 10 个月就要求铁路通车、港湾运出铁矿石；同时由板垣征四郎的弟弟板垣昂中佐亲自担任"开发督战队"队长，由海军横四特陆战队实施野蛮残暴的施工监督，因此，中国劳工死亡率很高。据海南政协文史资料征委会座谈调查揭示："石碌矿山是高疟区，劳工来到石碌山几乎个个都患过疟疾病，特别是 1942 年夏，石碌至八所铁路沿线霍乱病流行，劳工有病无人过问，无医无药，成批成批地死去，……在石碌隧道山洞附近的水尾工区住有 2000 多劳工，其中河南开封的劳工 400 多名，……因霍乱传染全部死光，……在叉河铁桥工区居住劳工 3000 多人（上海、江苏来的），因霍乱病蔓延，……仅剩下 1000 多人。"[107]日本人水野明在《日本军队对海南岛的侵占与暴政》一书中也披露："从 1942 年到 1943 年 7 月，约有 20565 名香港劳工被运往海南岛从事苦役劳动；在极其恶劣的劳动条件下，死亡者超过 10000 余人，死亡率高达 50%以上。这是不可抹杀的历史事实。"[108]

从上述引用河野司的《海南岛石碌铁山开发志》里，我们知道 1941 年日本人分批从香港和上海、河南等地骗招运来中国劳工 4400 余人，1942 年 2 月至 1943 年 7 月又从香港、广东等地抓骗劳工分到石碌矿山及周围工程服苦役 15900 人，只此两项，在石碌矿山征骗、奴役中国岛外劳工至少达 2 万余人。但到 1945 年 8 月战争结束时，石碌矿征用的岛内本地劳工已全部遣散，而岛外中国劳工仅剩 5803 人[109]，就是说在日本劫掠石碌铁矿 5 年中，仅岛外的中国劳工就死亡约 1.5 万人。

另据海南《八所港史》编写组调查披露："八所港工程最紧张时期（1943 年），

[106] [日]河野司：《海南岛石碌铁山开发志》，第 239 页，载[日]水野明著、王翔译，中共海南省委党史研究室编：《日本军队对海南岛的侵占与暴政（1939—1945）》，南海出版公司 2005 年版，第 193—194 页。

[107] 李玉亲、赵志贤整理：《石碌铁矿劳工惨遭遇实录》，海南省政协文史资料委员会编：《海南文史资料》，1995 年印行，第十一辑（续），第 414—415 页。

[108] [日]水野明著、王翔译，中共海南省委党史研究室编：《日本军队对海南岛的侵占与暴政（1939—1945）》，南海出版公司 2005 年版，第 275 页。

[109] 《海南铁矿志》，1984 年版，第 4—5 页。

劳工达 2 万多人，而到工程结束时（1943 年），仅剩下 2 千人左右，……"[10] 其中筑港劳工及死亡者中至少有一半是岛内劳工。因此，我们认为，中国劳工在石碌矿及其周围工程中，岛外输入劳工与岛内本地劳工死亡人数应达近 3 万人，死亡率高达 34%。

（表一）　1941—1944 年石碌铁矿产量及征用劳工统计表

项目　年份	铁矿石产量（吨）	征用中国劳工数（人）	备注
1941 年	5000	4400 余	香港、上海、河南人
1942 年末	95724	16475+7858＝24333	台湾籍 1222 本岛人 7858（本岛劳工轮换流动率 100%）中国大陆人 7395
1943 年末	392553	42000+22000＝64000	岛外劳工 20000 岛内劳工 22000（同上）、岛外劳工 20000 余人包含 1941 年 4400 余人
1944 年	200997	岛内劳工逐渐遣散，余岛外劳工	1945 年 1 月停产
合计	694274	81522 人（包括①岛外劳工 20300 人；②台湾劳工 1222 人；③本岛劳工 6000 人。）	本岛劳工轮换流动率 100%，故在籍 3 万人实际使用达 6 万人（除去重复计算者）

（据本目以上阐述绘制）

此外，据广东省委党史研究室调查统计，日军在掠取位于海南岛、香港间的号称"华南第一矿"的南鹏岛钨矿时，共从广东、海南等地征用劳工 1200 余人，光从广州市区惠福路、永汉南一带抓走的 500 余名劳工中，到 1945 年 8 月战争结束时生还者仅 36 人，其余 464 人全部死亡。仅此一批劳工死亡数即达该矿奴役劳工总数的 38.6%[11]。海南羊角岭水晶矿劳工幸存者符名风证明，日军在羊角岭水晶矿，从 1942 年 7 月至 1945 年 8 月共掠走水晶矿石 138351 吨[12]，年均征用劳工 2000 余人（由本岛劳工轮流服役），被折磨致死的劳工竟达 1600 余人[13]。日军在海南修陵水县大坡机场时共征用海南本地劳工和广东潮州汕头等地劳工

[10]　《八所海港史》编写组：《日本帝国主义修建八所港及其暴行》，海南省政协文史资料委员会编：《海南文史资料》第十一辑（下），1995 年印行，第 674 页。

[11]　官丽珍：《对和平与人道的肆虐——1937 年至 1945 年日军侵粤述略》，中共党史出版社 2001 年版，第 192—193 页。

[12]　日本大藏省管理局编：《关于日本人海外活动的历史调查》，第十九卷，海南岛篇，ゆまみ书房，2000 年 8 月。

[13]　符名风：《日军掠夺羊角岭水晶矿奴役、杀戮民工惨况亲历记》，海南省政协文史资料委员会编：《海南文史资料》第十一辑，1995 年印行，第 320—321 页。

4000 余人，因饥饿、劳累、瘟疫和监工毒打致死者即达 3000 余人，到战争胜利时仅幸存劳工 40 余人，死亡率高达 90%[14]。

综上所述，我们认为，日军对华南占领区的战略资源掠夺和重要军事工程构筑，大部分集中在海南岛及其周围岛屿。而当时，海南岛及其周围岛屿，资源丰富，人口稀少，热带丛林密布，与我国东北沦陷区边境区域一样，是尚待开发的荒蛮地区。日军为将海南岛建成侵略南太平洋的"桥头堡"，就要修贯通全岛的公路、铁路，填海造港，建成大型铁矿、盐场、军用机场等；除由驻岛日军直接出面在岛内全面强征当地劳工服役外，还必须要从周围的香港、广东，乃至华中各省大量骗招抓捕中国内地劳工和战俘甚至包括太平洋战场的盟军战俘到岛上充当强制劳工。由于日军 1939 年 2 月才占领海南岛，对岛内铁路、公路、港湾的修筑，大型铁矿、盐场的"开发"，一般均迟至 1940—1941 年才开始，要在短短一两年、两三年间，在人迹罕至、山峦密布和热带雨林丛生的岛内筑路、造港、修建大型铁矿、盐场，并形成生产力，其劳动强度之大，劳工面临的酷暑、暴雨、虫咬、恶疫威胁之凶，为中国其他地区所罕见，加上所有的工程都由驻岛日军直接担任监督，中国劳工在这些工程中受到的摧残和迫害，也为中国其他地区所罕见。从以上日军在华南的主要战略资源产地和主要军事工程用工状况看，中国劳工的死亡率均在 30% 以上；因此，我们认为，中国劳工在以海南岛为中心的华南各主要矿山、盐场、工事中的平均死亡率，应比东北、蒙疆地区还高，超过20%，达近 30%。即日军在华南主要矿场、工事征用中国劳工总数约为 25.5 万余人（详见下表二），则劳工死亡人数至少应在 7.65 万余人。

（表二）　日军在华南主要矿山、盐场、工事奴役劳工统计表

重要矿山盐场工事名称	强征奴役劳工人数	备注
田独铁矿	30000 余人	详见本目论述
石碌铁矿	81522 人	详见本目论述
南鹏岛钨矿	1200 余人	
羊角岭水晶矿	6000 余人	年均用工 2000 余人，3 年用工应达 6000 人
海南黄流机场	3000 余人	
海南大坡机场	4000 余人	
海南新洲盐场	120000 余人[15]	

---

[14] 胡京鹏口述：《我险些葬身千人坑》，海南省政协文史资料委员会编：《海南文史资料》，1995 年印行，第十一辑，第 520—521 页。

[15]《东亚株式会社建设莺歌海盐田》，广东省档案馆馆藏档案，档案号：44—1—83、45—2—19，载黄菊艳：《抗战时期广东经济损失研究》，广东人民出版社 2005 年版，第 179 页。

重要矿山盐场工事名称	强征奴役劳工人数	备注
广东三灶岛机场		不详
合计	245722 人	若加上广东三灶岛机场用劳工，日军在华南主要矿场工事征用劳工应超过 25 万余人

7.中国强制劳工在日本本土的伤亡损失

（1）日本强掳赴日华工人数考

战争期间日本共强掳了多少赴日华工？据日本友好团体"中国人殉难者名簿共同作成实行委员会"调查确认，按日方企业与在华劳工供出机关签署的"契约"统计，被掳赴日华工从其所羁押收容的"劳工收容所"、"训练所"和"集中营"供出时，"至少为 41762 人"。这个数字因有"契约"为据，可以说比较确实可信。但因该团体调查搜集的"契约"仅是日本本土 135 个事业场所存"契约"，而对在此之外的企业或事业体则有遗漏，故应称"至少为 41762 人"为妥，实际应多于此数。

上述"中国人殉难者名簿共同作成实行委员会"还认为，被掳赴日华工，从各"收容所"、"训练所"、"集中营"供出，到中国沿海各港口登日本轮启程赴日之间减员 2823 人，因此"被掳至日本的华工总数"应为 38939 人[116]。

但我们认为，上述"中国人殉难者名簿共同作成实行委员会"的 38939 人的数字，是在 1946 年 6 月日本外务省为应对联合国东京审判而作的《华人劳务者就劳事情调查报告书》（以下简称《外务省报告书》）的基础上调查核实的结果，仅比《外务省报告书》确认的数字多出 4 人。因此该数字也是仅据日本本土使用过华工的 135 个事业场从日本船上接收华工的记录得出，与被掳华工在中国港口实际登上日本轮船启程被押往日本的数字是有很大差距的。据我方掌握的战后国民政府实际接收华工档案及华工幸存者证词发现，日本外务省在制作《华人劳务者就劳事情调查报告书》时，漏报了部分使用华工的日本企业和事业场。例如，曾为国民党军第 15 军 64 师 192 团防毒排长的战俘劳工魏书方和河北丰南县大佟庄被掳赴日华工佟久的证词均证明：1944 年夏秋间，日本曾把中国战俘劳工和平民与其他掳日华工同船押往日本北海道，之后又转运至北部的库页岛（战时属日本占领）日本三星煤矿服苦役，人数有 200 余人，经一年多的折磨死亡 70 余

---

[116]《关于强掳中国人事件报告书》，[日]中国人殉难者名簿共同作成实行委员会，1961 年 4 月发行，载陈景彦：《二战期间在日中国劳工问题研究》，吉林人民出版社 1999 年版，第 101 页。

人。战后 1945 年末至 1946 年初，该矿幸存的被掳日华工被美军解放运回北海道，与那里的中国劳工汇合一起被遣送回天津塘沽港[17]。另据山东寿光县王望乡卜家村劳工刘洪武证词，1945 年 3 月间，日方曾把刘洪武及同乡在内的数百名山东劳工，从青岛押往日本的琉球岛"东亚寮"，挖沟掘河服苦役。到 1945 年战争结束时，"东亚寮住的五六百华工，[被折磨致死]仅剩 200 人了"[18]。如果这两处当时属于日本的企业和事业场战争期间征用华人战俘和劳工的事实被进一步核实，则被掳至日本的华工总数就应至少增加 700 余人，上升到 39600 余人了。

（2）掳日华工的伤亡损失考

日本友好团体"中国人殉难者名簿共同作成实行委员会"，在日本《外务省报告书》的基础上调查核实认为，掳日华工死亡人数应为 6873 人，比《外务省报告书》确认的死亡人数 6830 人多出 43 人。其中，在华工登船押往日本各事业场的船中和途中死亡 814 人，较外务省报告增加 2 人；华工在日本各事业场就劳期间死亡 6010 人，比外务省报告增加 11 人；战后遣返华工期间死亡 25 人，比外务省报告增加 6 人；另增加了被掳华工从羁押的各"集中营"、"收容所"供出到登船赴日前，已查实的死亡人数 24 人[19]。

尽管后一个数字比前一个数字前进了一步，但我们仍认为，这两个掳日华工死亡人数，也基本是以日本上述 135 个事业场的报告书作成，也有重大遗漏和差距。首先，其均仅统计了上述 135 个事业场记录的华工死亡人数；而在此之外，例如 1944—1945 年，在当时还属于日本的库页岛三星煤矿和日本琉球岛"东亚寮"就劳死亡的 370 余名华工，显然均未被统计在内。

其次，日方确认的这两个华工死亡人数均提到战后遣返华工期间，在日本或在遣返船中死亡华工数，前者称有 19 人，后者确认为 25 人。但这两个数字显然均未提及美日遣返华工期间，在日本港内触雷死亡的华工数。据山东枣庄薛城区小刘庄在日本北海道福冈香月町大石煤矿当劳工的徐月明证词陈述："1945 年 10 月 11 日，[在当地]第一批回国的劳工，乘'老松号'大船启航，还没驶出门司湾港口，碰响了水雷，大船被炸沉，200 多个中国劳工（日本三菱公司、上岫、下岫、铁矿和大之浦煤矿劳工——原注），全部遇难。其中我们峄县北常的老乡

---

⑰ 何天义主编：《日军枪刺下的中国劳工》（之四），新华出版社 1995 年版，第 88、91、114—115 页。

⑱ 刘洪武：《九死一生的回忆》，载何天义主编：《日军枪刺下的中国劳工》（之四），新华出版社 1995 年版，第 452—458 页。

⑲ [日]田中宏等解说：《强掳中国人资料——〈外务省报告书〉全五分册及其它》，明石书店 1987 年版，第 668—669 页，载陈景彦著：《二战期间在日中国劳工问题研究》，吉林人民出版社 1999 年版，第 259、261 页。

褚××、阎××等，也遇难死去，我们十分难过和忿恨……"[120] 在战后遣返华工时，有着众多目击证人的如此大的沉船事故，以及当事人如此具体、清晰的陈述和证言，应是不难调查核实的吧！

最后，"中国人殉难者名簿共同作成实行委员会"首次统计了掳日华工在登船赴日前的死亡人数，认为：掳日华工从羁押的"收容所"、"训练所"、"集中营"供出到登船赴日前减员 2832 人，其中确有证据死亡者 24 人，逃亡者 108 人，其余 2700 余人中至少有一半人死亡，也应算在掳日华工死亡数字内[121]。

从我们掌握的档案与劳工证词看，掳日华工在登船赴日前减员的主要原因，是在羁押期间被日本劳工机关虐待、摧残致死。据《外务省报告书》提供的数据看，90%的掳日华工是由天津塘沽港和青岛港登船赴日的。据日本在该两港口设立的劳工"收容所"、"训练所"的档案与当事人证词、调查报告证实，掳日华工在两大港口"收容所"、"训练所"羁押期间，大的暴动逃亡事件有 7 次，实际逃出劳工 470 余人，仅占减员总数的 17.4%。其余 2200 余人中，据伪青岛市社会局档案证实，1945 年 3—4 月间，青岛两个劳工"训练所"羁押的 1200 余名掳日华工，因食用变质食物与严重缺水而患腹泻症的劳工即达 700 余人，占总数 60%，其中死亡劳工 360 余人，占总数 30%[122]。塘沽劳工收容所逃出的受害劳工与伪职员均证实，因饥渴、流行腹泻症而死亡的劳工，每天都有 10 余人，该所设立一年半时间内，死亡劳工应超过千余人[123]。

上述论证进一步被核实，则赴日华工在日本期间死亡人数应增加至少 570 余人，上升到 7400 余人。若再加上登船赴日前在港口羁押和押运途中死亡的劳工，则掳日华工死亡人数应达 9000 余人，死亡率超过了 20%。

另据日方战后不完全统计及我方初步考证确认，掳日华工在赴日期间被折磨致死者达 7400 余人，平均死亡率超过了 18.7%，其中 14 个事业场的华工死亡率超过了 30%，另有伤残华工 6778 人，两项之和，超过了掳日华工总数的 1/3[124]。

---

[120] 徐月明：《我被抓到日本当劳工》，载何天义主编：《日军枪刺下的中国劳工》（之四），新华出版社 1995 年版，第 174 页。

[121] [日]田中宏等解说：《强掳中国人资料——〈外务省报告书〉全五分册及其它》，现代书馆 1995 年版，第 668—669 页。

[122] 居之芬、庄建平主编：《日本掠夺华北强制劳工档案史料集》，社会科学文献出版社 2003 年版，第 924—939 页。

[123] 居之芬、庄建平主编：《日本掠夺华北强制劳工档案史料集》，社会科学文献出版社 2003 年版，第 859—875 页。

[124] 陈景彦著：《二战期间在日中国劳工问题研究》，吉林人民出版社 1999 年版，第 239、259 页。

（三）日军侵华期间中国强制劳工伤亡损失总人数

根据以上七大区、场所中国劳工伤亡损失的分别考证，我们可以综合得出1935年至1945年8月期间，日本在中国各沦陷区强掳奴役和强掳输出中国强制劳工总数及死亡概数如下表所示：

1935—1945 年日本强掳奴役中国强制劳工总数及死亡概数统计表

项目 沦陷区	强掳劳工类型	奴役劳工总数	死亡劳工概数	死亡率	备 注
东北沦陷区	骗招 486.35 万人，强征 550 余万人	至少 1036 万余人	170 余万人	1941 年前12.5%，1942年后 20%	伤病率 50%—100%
蒙疆沦陷区	骗招、强征	41.5 万人	7 万余人	1941 年前10%，1942 年后 20%	大同煤矿 1941 年伤残率达 43%
华北沦陷区	强征、抓捕	400 余万人	40 万人左右	10%	
华北劳工"集中营"	特殊劳工（战俘与平民）	21 万余人	6 万余人	30%	
华中沦陷区	强征、抓捕	33 万余人	近 4 万余人	12%	仅限有据可查者
华南沦陷区	强征、抓捕	25 万人	7.65 万人	达近 30%	仅限有据可查者
日本本土及其他	强征、抓捕	4 万余人	从登船赴日时起计算死亡7400 余人	18.7%，	从定"契约"时起计算死亡 9000 余人，死亡率超过20%
合计	骗招、强征、抓捕	1561 余万人	235.55 万人		赴日劳工死亡人数按 9000 余人计，因为劳工总人数是按定契约时 4 万余人计的

就是说，从1935年至1945年的10年间，日本在以上七个地区、场所共强掳奴役中国劳工达1561万余人。其中，以诱骗方式大规模骗募奴役中国强制劳工近500万人，以公开强征抓捕方式强掳奴役中国劳工达1055万余人。其中被奴役、折磨、摧残致死劳工约达235.55万人。

至于劳工伤残人数，各地在统计中不够详尽。据满铁抚顺煤矿统计，1941年抚顺煤矿中国劳工伤病率达80%以上[125]；"满洲炭矿株式会社"劳务课统计，其下属煤矿中国劳工伤病率几乎达100%[126]。日本满铁北支经济调查所在蒙疆作

---

[125] 《抚顺煤矿统计年报》，1941年度上卷，吉林省社科院满铁资料馆馆藏档案，档案号：04742。

[126] 满州炭矿会社劳务课：《炭矿劳动者的疾病调查报告》，1942年9月，吉林省社科院满铁资料馆馆藏档案，档案号：03317，第2、17页。

的大同煤矿劳动状况调查记载，大同煤矿 1941 年伤残劳工达 2983 人，伤残率高达 43%！[127] 在日本本土就劳的中国强制劳工，伤残人数至少达 6778 人[128]，伤残人数几乎和在日本国内死亡劳工人数相近。但在华北、华中与华南等地则统计很不详尽，根据我们的调查，各地劳工在死亡前大都曾患病或受伤，故各地劳工伤病率都很高常常达劳工总数 50%—90%；但这些伤病者中一部分走向死亡，一部分人可能痊愈，余下的为伤残者。从赴日华工伤残率与死亡率相近情况看，我们认为，中国劳工伤残总数应与死亡总数相近约为 235 万人左右，故日军侵华期间日本侵略者统制下的中国劳工伤亡数总约达 470 余万人。

居之芬

2014 年 12 月 12 日

---

[127] 满铁华北经济调查所：《大同煤矿劳动概要调查报告》，载大同矿务局矿史党史征编办公室编：《大同煤矿史》，人民出版社 1989 年版，第 81—82 页。

[128] 陈景彦著：《二战期间在日中国劳工问题研究》，吉林人民出版社 1999 年版，第 259 页。

二、档案资料*

1.华北开发公司庶务部劳务室关于 1935 年至 1941 年日本对入满华北劳工募集计划与实施情况报告（节录）（注①）

（1942 年 11 月）

　　其次，对入满劳工实施限制以后至 1937 年中国事变（即七七事变）爆发的 3 年间，入满劳工的流动状况如下表（第 2 表）统计所示：入满者总数为 113.05 万人，一年平均 37.7 万人；离满者总数 106.23 万人，一年平均 35.4 万人，离满率为 94%，滞留率为 6%；与实施限制政策前相比，在人数上表现为显著减少。这不仅表示出实施限制政策后，伴随满洲方面各项国土[开发]计划的实施，各企业对华北劳工需求的程度；还特别反映出由于中国事变爆发之前中日国交方面的诸多纠纷，以及事变时的直接影响，使入满劳工返还者络绎不绝；另一方面，还显示了，相对于入满劳工的许可数（即日方批准的计划数），实际募集入满劳工能够平均完成计划 96% 的事实。

第 2 表　对入满劳工流动状况分年统计表

年度	准许入满数	实际入满数	离满人数	离满率	滞留人数	滞留率
1935	440000	442667	420314	95%	22353	5%
1936	360000	364149	382966	105.2%	−18817	——
1937	380000	323689	259098	80%	64591	20%
合计	1180000	1130505	1062378	94%	68127	6%

（由满洲劳工协会调查——原注）

（中略）

　　再次，中国事变（即七七事变——译者注）爆发后 4 年间（自 1938 年至 1941 年）入满劳工流动状况如下表（第 3 表）所示：入满者总数为 374.6 万人，一年平均 93.5 万人；离满者总数为 218 万人，一年平均 54.5 万人；滞留者数为 156.5

---

* 按《日军侵华期间中国劳工伤亡损失调研报告》文中注释的顺序编排。故"档案资料"中每一标题后均标明在文中的注释序号，使读者可对照调查报告来查看证据。——作者注

万人，在人数上显示明显膨胀的状况。从离满率为 58%，滞留率为 42%，可以看出离满率的减少，是受到入满者激增的影响。同时也表明，入满劳工的移动已摆脱事变前暂时的混乱状态，恢复了正常状态。

第 3 表　对入满劳工流动状况分年统计表

年度	准许入满数	实际入满数	离满劳工数	离满率	滞留数	滞留率
1938 年	440000	492376	252795	51.3%	239581	48.7%
1939 年	910000	985669	390967	39.7%	594702	60.3%
1940 年	1400000	1318907	849581	64.4%	469326	35.6%
1941 年	1100000	949200	688169	72.5%	261031	27.3%
合计	3850000	3746152	2181512	58.2%	1564640	41.8%

（1938—1940 年度由满洲劳工协会调查，1941 年度由华北劳工协会调查——原注）

（译自华北开发公司庶务部劳务室：《北支那劳动力的对外流动状况》，1942 年 11 月，中国第二历史档案馆馆藏档案，档案号：2024—2—401，第 3—4、6—7 页。）

2. 大东公司关于 1936 年入满华工发证数与实际入满人数状况的报告（注②）

（1937 年 1 月）

另外，入满劳工实数不足身份证明书发给总数的原因有：一是有接受了身份证明书的发给后中止入满的人；二是持有身份证明书的劳工在国境被官厅拒绝入满的人；三是有接受当年身份证明书的发给而在第二年入满的人。而且，接受了身份证明书的发给后中止入满的人有 272 名，其中占大部分的 240 名是天津分公司发给的。身份证明书的持有者被官厅拒绝入满的劳工有 231 名，其中约半数是持有他人名义的证明书的人；其他是到目的地的旅费不足，被认为需要公私救助的人有 36 名；身份证明书上记载的劳动种类和官厅调查的职业不相同的人可计算出 25 名。身份不确实的人、身体不强健的人以及没有就业希望的人最多不过几人。

有关本年度发给身份证明书的劳工的各种统计如下表所示。

身份证明书发给状况以及入满劳工的实数

区分		受理人数	拒绝发给人数	发给人数	入满实数
一月	本年度	7243	382	6861	6197
	上年度	17482	1621	15861	16339
二月	本年度	42899	4257	38642	34789
	上年度	41748	3046	38702	34988
三月	本年度	69793	6232	63361	60184
	上年度	109792	3281	106511	98510
四月	本年度	83509	6180	77329	73874
	上年度	87742	2923	84819	86646
五月	本年度	56979	10518	46461	50388
	上年度	54726	1100	53626	54084
六月	本年度	28914	4564	24350	25202
	上年度	32569	272	32297	32482
七月	本年度	25849	3682	22167	21852
	上年度	31316	343	30973	30742
八月	本年度	22757	4164	18593	18795
	上年度	37709	730	36979	35641
九月	本年度	24723	4012	20711	20733
	上年度	37082	15988	21094	22165
十月	本年度	25975	3653	22322	21327
	上年度	34165	25781	8384	7708
十一月	本年度	18976	2676	16300	17312
	上年度	20743	12480	8263	8630
十二月	本年度	8094	1242	6852	7467
	上年度	8294	3136	5158	5259
合计	本年度	415711	51562	364149	358122
	上年度	513368	70701	442667	433194[*]

（引自《大东公司1936年度业务概况报告》，1937年1月，吉林省社科院满铁资料馆馆藏档案，档案号：22077号。）

---

[*] 1935年的实际入满华工数，另据《满州矿工年鉴》，统计为44.05万人。

3. 《抚顺煤矿统计年报》关于 1939 年—1941 年华工公伤及疾病状况的统计（注③）

（1942 年 12 月）

1939 年—1941 年抚顺煤矿公伤统计表（节录）

项目 年度	公伤总数（人）			死亡总人数			入院治疗人数			受伤率（%）		
	总计	日人	满人	总计	日人	满人	总计	日人	满人	平均	日人	满人
1939 年	10197	715	9482	324	19	305	991	82	909	14.71	9.16	15.41
1940 年	9694	675	9019	293	9	284	959	73	886	12.73	7.95	13.33
1941 年	8674	785	7889	244	5	239	898	72	826	11.50	9.08	11.81

原注：受伤率 $= \dfrac{\text{受伤人数}}{\text{平均在籍人员}}$ （1939 年度，满人平均在籍人员 61,527）

（据《抚顺煤矿统计年报》〈1941 年度上卷〉，1942 年 12 月，吉林省社会科学院满铁资料馆馆藏档案，档案号：04742，第 339、341 页统计表节译。）

4. 《抚顺煤矿统计年报》关于 1939—1941 年度华人劳工疾病及负伤状况统计（注③）

（1942 年 12 月）

类型	伤病名称 \ 年度	1939 年	1940 年	1941 年
流行病及地方病	肠伤寒	21	38	12
	副伤寒	3	20	4
	斑疹伤寒	20	333	988
	腥红热	—	4	—
	水痘	—	1	
	赤痢	14	138	206
	回归热	137	439	1209
	疟疾	9876	8241	1904
	麻疹	20	3	—
	流行性感冒	7305	6787	5601
	其它	2	23	3

类型	伤病名称 \ 年度	1939 年	1940 年	1941 年
全身	脚气	86	114	133
	糖尿病	—	—	—
	其它	167	270	408
结核性	肺结核	17	148	249
	肺浸润	725	683	826
	肺尖浸润结核	10	86	36
	其它	134	280	452
感觉器	神经系疾患	654	686	571
	脑出血脑软化	8	12	4
	脑膜炎	18	12	6
	中耳炎	406	369	307
	其它	384	200	188
呼吸器	肋膜炎	101	142	228
	肺炎	261	381	616
	气管支炎	3066	2739	4133
	其它	293	634	892
血行	心脏器疾患	63	52	50
	其它	703	498	601
消化器	胃的疾患	1979	2140	1808
	下痢肠炎	1160	1495	1156
	盲肠炎	20	26	14
	脱肠管闭塞	17	29	40
	腹膜炎	34	55	73
	牙病	716	732	580
	其它	668	928	654
泌尿及生殖	泌尿	69	105	99
	梅毒	385	432	486
	淋病	441	254	331
	软性下疳	580	445	487
	横痃	144	104	41
	其它	152	153	264
皮肤	皮肤病	12933	11576	11939
	其它	57	1	—
眼	结膜及角膜炎	2104	1795	1759
	砂眼	2301	1749	965
	其它	299	541	853
运动器	关节炎	145	126	112
	风湿病	299	491	644
	其它	312	368	398

类型 \ 伤病名称 \ 年度	1939 年	1940 年	1941 年
外科疾患 创伤	5718	5982	7458
火伤	647	603	715
骨折	172	139	160
冻伤	91	157	204
其它	32		
其它	1342	1698	488
合计	57269	55458	51355

（译自《抚顺煤矿年报》，1941 年度上卷，1942 年 12 月，吉林省社科院满铁资料馆馆藏档案，档案号：04742，第 485 页。）

说明：以上注③项下附的两个抚顺煤矿（1939—1941 年）华工伤病状况统计表，前者是日本矿方承认的因"公"伤亡人数，是矿方要给抚恤者；后者是该三年华工全部伤病人数及各类伤病详细统计，绝大部分是日本矿方认为是因"私"伤病者，是没有病假和抚恤待遇的。——作者注

5.《抚顺煤矿统计年报》关于满华人劳工流动状况统计（注④）

（1942 年 12 月）

抚顺煤矿满华人劳工 1941 年度流动状况统计表（节译）

单位：人

项目 \ 劳工类别	前月末在籍人数	增加					减少						本月末在籍人数	较前月末增减人数	平均在籍人数	平均流动人数	移动率（%）
		采用	转入	资格变更	称呼变更	小计	解佣	死亡	转出	资格变更	称呼变更	小计					
常佣方	23,937	11,673	634		1162	13,469	10,573	275	634	227	436	12,145	25,261	+1,324	24,221	11,260	46.4
常佣夫	39,041	43,719	2,073		434	46,226	39,777	264	2,073	31	1,195	45,718	39,729	+688	37,357	42,979	115

项目 \ 劳工类别	前月末在籍人数	增加					减少						本月末在籍人数	较前月末增减人数	平均在籍人数	平均流动人数	移动率(%)
		采用	转入	资格变更	称呼变更	小计	解佣	死亡	转出	资格变更	称呼变更	小计					
大把头	11	2	—		—	2	—	—	—	—	—	—	13	+2	12	1	8.3
小把头	124	6	1	—	14	21	19	—	1			20	125	+1	127	12.5	9.8
作业把头	256	6		2	22	30	79	4			1	84	202	-54	225	44.5	19.7
承包大把头	—	—	—		—	—	—	—	—		—	—	—				
承包小把头	—	—	—		—	—	—	—	—		—	—	—				
合计	63,369	55,406	2,708	2	1,632	59,748	50,448	2921	2708	258	1,632	57,967	65,330	+1961	61,942	54,297	81.5

原注：

1. 表中采用、解佣、死亡人数，经所规定的相应手续统计；

2. 所谓"转出、转入"，指在抚顺煤矿各单位间流动；

3. 所谓"资格变更"是指由见习生变为常佣方；常佣工与把头、大把头与小把头等正式员工之外的从业员变为公司员工；以及公司正式员工之外从业员之间资格的变动等；

4. 所谓"称呼变更"，是指劳工中常佣方（享受日薪者）、常佣夫（享受计件工资者）与把头之间相互变更；

5. "平均移动人数" =（采用人数+解佣人数+死亡人数）÷2

6. "移动率" =（平均移动人数÷平均在籍人数）×100%（小数点第2位以下四舍五入）。

（译自《抚顺煤矿统计年报》，1941年上卷，1942年12月，吉林省社科院满铁资料馆馆藏档案，档案号：04742，第363页。）

6.满洲煤矿株式会社劳务课关于 F 煤矿劳工患病状况的调查报告（节译）（注⑤）

（1942 年 9 月）

此次调查的 F 煤矿（从本文叙述的情况推测，F 煤矿应为日本统制的满洲炭矿株式会社中最大煤矿——阜新煤矿。——译者注）是满洲最有希望的一大煤矿，其所在地 F 市在近代城市发展计划的基础上近年来得到急剧发展，该市已居于 K 省行政中枢的位置。F 煤矿有八个采煤所，其中 A、B、C、D、F 五个采炭所位于接近市周围的地区，H、G 两个采炭所则散在距离较远的地区，更有 I 采炭所处于与整个煤矿地区完全隔绝的位置，莫如视为独立的煤矿。在这些采炭所所在地有并排的劳工宿舍。饮用水总起来说几乎都有上水管设施，煤矿医院的水质检查结果也被认为适合饮用。煤矿经营的医疗设施以经过整备的拥有各专门医科的中央医院为中心，在各采炭所所在地附设分院或诊疗所，有一二名医师从事为该采炭所劳工实施疾病诊疗的工作。与各分院及诊疗所管理和处置的患者人数众多相反，其设备总体上是不充足的。特别是对劳工患者的诊治，几乎处于完全放任各诊疗所随意处置的状况。鉴于这种现状，对这些现场诊疗所的整备，作为劳工所必要的福利设施，不能不作为当前主要问题来考虑。此次调查期间，该煤矿有劳工总数大概为 3 万人，担当这些劳工诊治责任的各个诊疗所在 1940 年度中处置患病劳工的病情分类状况，如第 1 表所示：

第 1 表　劳工患病类别及人数表

患病类别	患者人数	占患者%
全身病	40	0.04
精神病	86	0.09
神经系统病	776	0.83
循环系统病	391	0.41
眼及附属器病	1753	1.87
耳病	659	0.69
鼻咽喉病	238	0.25
呼吸器病	12885	13.68
消化器官病	11000	11.68
牙齿病	465	0.49

患病类别	患者人数	占患者%
运动器官病	887	0.95
皮肤及附属器病	7125	7.57
泌尿生殖器病	731	0.77
外伤	45120	47.89
慢性中毒	147	0.15
脚气	33	0.03
传染病	11823	12.55
其他	63	0.06
患者数合计	94222	100

在该表中，有少数的由总院及 I 采炭所诊疗所处置的患病劳工未计算在内。据此可以看出和了解该年度（1940 年）内劳工患病的概貌。表中显示的情况是：受各诊疗所医治的患病劳工中占最多数的是外伤患者，约占全体患病劳工总数的近半数。其次多的是患呼吸器官疾病、消化器官疾病及各种传染性疾病患者。这些传染性疾病患者人数中，除法定的传染性疾病之外，还包括结核、花柳病（性病）、流行性感冒、砂眼、疟疾等其他疾病；其中流行性感冒患者就多达 9388 人。现在仅就法定传染病患者来观察，如第 2 表所示：

第 2 表　劳工法定传染病患者分类表（1940 年）

项目 病名别	患者数	占%
赤痢	51	16
肠伤寒	1	0
斑疹伤寒	257	80
回归热	11	4
流行性脑膜炎	1	0
患者数合计	321	100

即患者最多的是斑疹伤寒，其他的传染病的一般发病率与之相比莫如说是很低的。然而该表中所统计的只是接受过治疗的重症患者数，实际上不能不考虑在此地有其他的潜在患者存在这一事实。类似的事实在观察一般疾病患者的统计时，也应如此。斑疹伤寒在当地日本人中间也多有流传，约占全部日本传染病患者数的半数。因此可以说该煤矿地区内，斑疹伤寒呈现弥漫性传播的状态。

（中略）

此次调查期间也搞清了在该矿劳工中疟疾病已呈现明显蔓延传播的状况这一事实。即在 B、D、C、F 各采煤所及 E 选煤场的接受检查和诊治的患者中，在 A、G、H 各采炭所检查和诊治的患者及更多的在正就业的被称作"健康人"的劳工中，更在 I 采炭所只在正就业的劳工中，仔细采集其血液的厚层标本努力于疟原虫的检出。关于在接受检查和诊治的患者中检验疟原虫的结果已由以上各表（包括第 1、22 表）展示，此处就正在就业中的被作为"健康者"的劳工中疟原虫的检验结果由第 28 表展示如下：

第 28 表　劳工中疟原虫检验结果（1940 年）

项目 采炭所	受检查人数	呈阳性人数
A	378	12（占 3.1%）
G	914	261（占 28.5%）
H	119	0
I	230	9（占 3.9%）
合计	1641	282（占 17.1%）

原注：该表仅就正就业中的作为"健康劳工"者检验结果

（译自满洲炭矿会社劳务课：《炭矿劳动者的疾病调查报告》，1942 年 9 月，吉林省社科院满铁资料馆馆藏档案，档案号：03317，第 2、17 页。）

7.满洲炭矿会社劳务课关于1939年度吉林省S煤矿劳工流动比例及实数的调查统计报告（节录）（注⑥）

（1941 年 2 月）

（上略）

又这个该矿（S 煤矿据其叙述状况推测，是吉林省西安煤矿。——译者注）劳工流动状况所显现的季节性的变化，如以下第 7—8 表所展示，其增减员最多的季节是冬季，而增减员的绝对数少，但减员比增员多的季节是夏季。这据说是因为这个季节恰好是土建及农业方面的繁忙期，劳工大多向这些行业流动的缘故。然而这些劳工中或是感觉到寒冷的时候，由于有宿舍等其他原因，也有又重新回到煤矿来的，从第 8 表即可大略观察和推断这种趋势。

第7表　S煤矿劳工1939年移动状况比例表

（以在籍劳工1000人为例计算）

项目＼月次	增员			减员					增减
	采用	职变更	计	死亡	公私伤解佣	职变更	其他的解佣	计	
1	204	45	250	4.5	0.4	47	165	218	+32
2	98	2	100	4.4	0.1	3	131	138	-38
3	264	4	268	6.3	0.2	6	236	248	+20
4	179	11	190	3.4	0.3	14	205	223	-33
5	108	14	122	4.6	0.1	15	162	182	-60
6	81	2	83	5.0	0.3	3	188	196	-113
7	117	3	120	8.8	—	4	113	125	-5
8	305	5	310	3.6	0.1	6	86	96	+214
9	288	3	291	3.6	0.6	4	342	350	-59
10	196	37	233	2.1	0.4	38	118	159	+74
11	291	116	407	2.2	0.3	117	109	228	+179
12	388	25	413	2.1	0.4	26	134	163	+250
计	226	25	251	4.0	0.3	26	162	192	+59

第8表　S煤矿1939年度劳工实际流动月别比较表

项目＼月次	增员				减员			
	新采用	再采用	职变更	计	死亡	解佣	变更	计
1	790	1151	1715	944	1094	1019	1687	1071
2	433	471	63	235	1125	863	98	726
3	1040	1299	155	994	1485	762	205	1200
4	712	864	417	793	808	1240	499	1077
5	364	589	492	413	990	898	475	803
6	237	500	51	263	996	966	100	806
7	269	941	94	365	1693	597	108	495
8	1357	1090	183	1194	886	541	220	481
9	1272	905	97	1092	861	2102	128	1715
10	804	1104	1438	918	521	759	1424	814

项目 月次	增员				减员			
	新采用	再采用	职变更	计	死亡	解佣	变更	计
11	1650	1395	5715	2015	700	877	5457	1468
12	3012	1630	1584	2636	834	1397	1583	1352

（译自满洲炭矿会社劳务课：《炭矿劳工卫生学的考察》，1941 年 2 月，吉林省社科院满铁资料馆馆藏档案，档案号：03316，第 7—8 页。）

8.满洲重工业公司研究室关于入满华北劳工1941 年前死亡率高的调查报告（节录）（注⑦）

（1941 年 8 月）

（B）"增强体力"，为了充分满足对劳力急剧增长的需求，劳工的素质就未必能得到严格的限制，体力薄弱的劳工越来越增加，使患病率、死亡率显著扩大。这种倾向特别在华北募集的劳工中更为突出，有的场矿一年间死亡率与在籍人员的比例有达到约 30%之多的事实。华北劳工的死亡率高的原因是因为去年（1940年）入满的劳工中很多是贫苦农民出身，因水患、饥饿大大消耗了体力，基于这些特殊事项，此后以这些事例来推断华北人的一般体力状况是危险的，但因他们的死亡率、患病率较满洲出身者一般还要高的事实，应对气候与生活环境的急剧变化大大消耗了他们的抵抗力的事实，对新采用劳工的适当处置、劳动时间上的适当调节、日常生活上的关心就不是可有可无的。

（译自满洲重工业公司：《劳务对策研究》〈上〉，1941 年 8 月，吉林省社会科学院满铁资料馆馆藏档案，档案号：03221，第 3—4 页。）

9.满铁调查局等日本调查机关有关在关东军军事土建工程中华工待遇及死亡状况的报导（注⑧、⑨）

（1942—1944 年）

"关特演"（关东军特种演习，1941 年夏）中，于苏"满"国境地带也大量修筑军用设施。因此，比以前更多地将土建工人运往国境附近和未开发的偏僻地区。例如进行"关特演"时，在 3 个月内竟向上述地区运送多达 25000 名中国工人参加作业，现场的情景惨不忍睹，即便造成巨大牺牲也不足为奇。《满洲国史》（各论）曾就当时情况叙述如下：

"由于是突击工程，所以当收容工人的设施尚未完全建成的情况下，便不得不进入工程。恰巧从8月末开始连续降雨，是历年从未有过的。不仅工程进展迟缓，由于中途联络断绝，粮食、药品一再出现匮乏现象，因而病人不断出现，甚至有人死亡。拥有数千劳工的工程现场宛如战场，（工程）处员工也有人病死，有时还出现冻伤者，付出了重大牺牲。"

在如此情况下，工人究竟蒙受多少损失，因从未公布过，详情不明，但是从当时关于营养问题的研究来看，灾难发生的比例绝不是很低的：

"数年前曾发生过以下事实。北满的××线施工时，在数千工人中，有20%以上因营养不良而死去。最近在南满××线的工程中，在近×万名工人中有数千人同样因营养不良而死亡。这些决非因粮食不足而死的，每天可以吃到能产生4000大卡的食物，热量并不严重缺乏，都是由于极度的偏食导致营养不良所造成的。"

此外，据说在北安省（今黑龙江省）铁丽县的土木工程中，因营养不良在半年内死亡10%，给工程造成影响。

（引自三浦运一：《满洲的民食的营养》，满铁调查局，1944年，第43页。满洲矿山管理研究会，前山报告，1942年，载解学诗，[日]松材高夫主编：《满铁与中国劳工》，社会科学文献出版社2003年版，第429—430页。）

10. 丰满水电站史志办刘桂琴"关于日伪统治下的丰满劳工调查报告"（节录）（注⑩）

（1995年7月）

丰满水电站，是日本帝国主义侵占东北期间修建的一座大型水力发电工程。在这一巨大工程的建筑过程中，日本侵略者和少数中华民族的叛徒，残酷奴役、迫害8万余名中国劳工，犯下了不可饶恕的罪行。数以万计的中国劳工在这工程中折磨致死，遗留在丰满江东的"万人坑"，就是日本侵略者铁蹄下丰满劳工苦难遭遇的历史见证。

（中略）

万人坑，位于松长输电线第十号铁塔脚下，距大坝6公里的一座东山上，鬼子叫它"中国人的墓地"。丰满工地上死亡的劳工日益增多，从1938年开始就集中往万人坑送死人了。

建坝初期，劳工死了还给一口薄木棺材，可慢慢地就用席子取代了，到了后来，连席子也没有了，就囫囵个地往万人坑送。冬天，把死人攒在一块垛成垛，用爬犁、马车往万人坑拉，一次可运几十具。开始时有坟，后来坟挨坟，埋不下了，就坟摞坟。这样也埋不下了，干脆，把坟都起出来，扔进万人坑的3条100米长、4米宽、2米深的大沟里。他们把劳工的尸体像卸柴禾一样的往沟里扔。据统计，埋进万人坑的死难劳工有1.5万多人。（下略）

（引自何天义主编：《日军枪刺下的中国劳工》（之二），新华出版社1995年版，第259、268页。）

11.华北开发公司庶务部劳务室关于1941年前入满华工离满、滞留、死亡率的报告（节录）(注⑪)
（1942年11月）

综合以上所述对满华工移动的动态，其统计如第四表所示：从大正14年（1925年）至昭和16年（1941年）的17年间，入满劳工（指华工、主要是华北劳工——译者注）总数为1161万人，离满劳工总数为701万人，残留者总数为460万人。显示出离满率平均为60%，滞留率平均为40%的惊人数字。应该指出的是，滞留者中，扣除30%连当地人也不可能正确知悉实际数字的死亡者等，仍尚有320万左右未归者存在。

（译自华北开发公司庶务部劳务室：《关于华北劳工的对外流动状况》，1942年11月，中国第二历史档案馆馆藏档案，档案号：2024—2—401，第9—10页。）

12.华北劳工协会关于华北地区剩余劳力行将枯竭的调查报告（节录）(注⑫)
（1942年11月）

由于华北地区没有确切的人口统计，所以对现存剩余劳力的计算和推定完全是件难事。而且，那还会因为从生活基准上看问题、从生产所必要劳力上看问题而产生相当大的不同和差距。毕竟，目前只能以各人的见解为基础从事计算和推定，别无他法。若以个人的见解从事计算推定的话，华北农村现存剩余的可供供出的劳力有多少呢？估计大约不超过华北总人口的3%。就是作为基础的人口不超过一千万人的话，立刻就产生30万人的剩余劳力；如果认为华北人口是九千万人的话，就可以推算出可能供出的剩余劳力是270万人的大体的界限。即是最近的向满洲移出华北劳工人数的约3倍。特别指出的是，上述确定的3%只是华北全部县的平均数，而具体到各地方县，应当供出的劳力应占总劳力的4%至5%，因为往往有约1%左右的无法供出者。在接近满洲、与其地缘、人缘关系浓厚的地区县，从统计上看，外出打工者往往不少于县总人口的5%左右。并且，那里多半是一年二回三回的往返满洲打工者，在统计数字上含有一定的问题。还有这些地方农家遗留守宅者有不少家庭都不得不仅有老人、妇女和儿童。从这个事情推断和观察，估计5%的比率可能还是勉强和偏少了。所以要强调指出，这个比率（即总体3%，与各地方县4%—5%）是以华北总体小农经济的现状及以往农业技术水平的状况为前提的一种认识和见解。

总之，华北现存可能供出的剩余劳力大体推定为270万人，在此之上，还要考察华北每年新增的劳动人口达到怎样的程度。华北的人口自然增长率大体被视为1%，华北总人口九千万人的自然增加人口为90万人。其中男女的比率假定为5：5，男子的年自然增长为45万人。另外，男子人口中的达到生产年龄人口的比率假设视为55%，则每年华北男子劳动人口平均增加为25万人。不用说这不是严密的动态计算。假定华北每年男子劳动人口的自然增加数是25万人，这对照每年对它的需要状况来看，每年华北对满洲供出劳力与归还者数相抵还差（即还需新增供出）约45万人，华北自身需求增加，向蒙疆、华中等方向输出劳力假定合计为55万人则总共需消耗劳力为100万人，对照新增人口，每年华北劳力将有75万人的缺口。即使现有剩余劳力为270万人，也仅仅在三四年内便将消耗殆尽。华北剩余劳力资源即将枯竭。

（译自华北劳工协会：《华北劳动时报》，1942年11月，第一辑，第4—5页。）

13.伪满国务院总务厅企画局制满洲第二次产业开发计划期间（1942—1946年）劳力需给对照表（注⑬）
（1942年5月）

如果说日伪在制定伪满的第一个产业开发五年计划之时，劳动力问题根本未被重视的话，那末到制定第二个五年计划时，劳动力问题就被作为最重要部门之一被纳入计划，成为仅次于煤炭、农业的三个最重点部门之一，明确规定"关于劳力的供给，在加强农业劳力的节用、城市浮游劳力的动员及商业劳务的抑制的同时采取工人的定居安定的措施等，企图劳动政策的高度化"的方针。按部门和事业计划其所必需的劳力，其综合表如下：

劳力需给对照表

需要	1941年度在册	1 所需数	1 计划补给数	2 所需数	2 计划补给数	3	3	4	4	5	5
A	50000	350000	350000	350000	350000	350000	350000	350000	350000	350000	350000
A（满铁）	130000	157000	107000	137000	97600	169400	118400	149600	104600	175900	123900
B	—	—	—	—	—	—	—	—	—	—	—
C（经济部）	418800	854200	540400	824200	530300	1021000	659600	873300	541200	102350	630700
（交通部）	7000	42600	42000	59100	59100	93200	93200	111400	111400	146900	146900
（兴农部）	82000	84300	84300	96200	96200	110700	110700	112400	112400	140500	140500
其他	—	41500	—	47300	—	26100	—	61300	—	54000	
D一般（民生）	10000	50000	—	55500	—	60500	—	66600	—	73300	
D（杂）	20000	100000	—	110000	—	101000	—	133000	—	147000	
计	—	1679600	967900	1679400	1133200	1931900	1331900	1857600	1219500	2111100	1392000
供给国内	—	1379600	667800	1379400	833200	1631900	1031900	1557600	917600	1811100	1092000
国外	—	300000（550000）	300000	300000（500000）	300000	300000（450000）	300000	300000（400000）	300000	300000（350000）	300000
计	—	1679600	967900	1679400	1133200	1931900	1331900	1857600	1219600	2111100	1392000

说明：

（括号内表示团体募集数。资料来源：满铁劳动对策委员会：《满洲的劳动问题和满铁的劳务事情》，1942年5月，第3表综合表。）

根据上表可以看出第二个五年计划中，（一）各年需要数和计划补给数都有很大差距，显示从总体上的劳力不足；（二）"国外"供给数即关内工人数稳定在30万人，只占总数的30%—21.5%，工人主要来源于"国内"；（三）使用工人最多的是工矿业（经济部所管），其次是军事工程[A项]；（四）对军事工程、道路工程（交通部）和土地开拓水利工程（兴农部）所需劳力优先保证，对铁路交通（满铁）和工矿企业（经济部）部分保证，对其他、一般民生及杂业则不予保证；（五）所需工人总数由 168 万上升为 211 万。计划补给数由 97 万上升为 139 万。

（引自苏崇民等主编：《劳工的血与泪》，中国大百科全书出版社 1995 年版，第 299—301 页。）

14. 伪满总务厅次长、企划局长古海忠之关于 1942—1945 年满洲劳工动员计划完成情况的供词（注⑭）

（1954 年）

其次，叙述一下每年劳工动员的概数。1942 年 100 万人（其中供出劳工 35 万人）；1943 年 120 万人（其中供出劳工 50 万人，勤劳奉公队 5000 人）；1944 年 130 万人（其中供出劳工 60 万人，勤劳奉公队 2.5 万人）；1945 年 160 万人（其中供出劳工 60 万人，勤劳奉公队 15 万人，截止 8 月 15 日是 8 万人，勤劳奉公队累计 14 万人）。1944 年劳工动员计划具体分配是：工矿业 20 万人，森林采伐 10 万人，土木建筑 60 万人（不包括道路、治水、农地造成、都市建筑等），关东军 30 万人，满铁会社 10 万人，共计 130 万人。1945 年度计划，工矿业 30 万人，森林采伐 10 万人，土木建筑 80 万人，关东军 30 万人，满铁会社 10 万人，共计 160 万人。

（引自《古海忠之 1954 年笔供》，载中共中央档案馆、中国第二历史档案馆、吉林省社会科学院合编：《东北经济掠夺》，中华书局 1991 年版，第 860—861 页。）

15. 华北劳工协会关于 1942 年至 1944 年华北向满洲、蒙疆、华中实际供出劳工及伴随家属统计表（注⑮）

（1945 年 2 月）

1942 至 1944 年度华北劳工入满、蒙、华中数额表

年度别	种类 / 出境地区	团体	个人	计	伴随家属
民国 31 年度	对满洲	331477	706999	1038476	529711
	对蒙疆	15835	24961	40796	2435
	对华中	7036	326	7362	1357
	计	354348	732286	1086634	533503

年度别	种类\出境地区	团体	个人	计	伴随家属
民国32年度	对满洲	243839	661056	904895	737360
	对蒙疆	43936	39157	83093	7003
	对华中	18370	677	19047	5505
	计	306145	700890	1007035	749895
民国33年度	对满洲	83650	278590	362240	265307
	对蒙疆	30923	16350	47275	677
	对华中	31322	1490	32812	8055
	计	145895	296432	442327	274039

（引自[日]《华北劳工协会1945年1—2月业务概况报告》第4号，1945年5月，天津市档案馆馆藏档案，档案号：1—3—9042。）

华北交通公司第一运输局关于1945年1至7月华北劳工入满离满人数统计表

（1945年10月19日）

区分\月别	入满				离满			
	团体工人	个人工人	家族	计	团体工人	个人工人	家族	计
1	37	5426	4583	10046	1472	6525	4430	12427
2	139	4051	3299	7489	1572	18863	11374	31809
3	915	2215	2065	5075	63	20775	10414	31252
4	657	4542	3270	8469	0	14088	11361	25449
5	23	3419	1998	5440	0	7277	9338	16615
6	31	3337	2859	5427	0	6474	4277	10751
7	0	4882	2287	7169	223	7619	5106	12958

（引自[日]东峰常二：《华北交通公司第一运输局旅客运输移交报告》，1945年10月19日，天津市档案馆馆藏档案，第19号全宗。）

16.伪满中央银行参事金田弘记制 1943、1944 年伪满劳工动员统计表（注⑯）

（1946 年 8 月）

表 2-1 伪满洲国"劳动动员"统计表（1943、1944）

单位：千人

需求	1943 实绩	1944 实绩	供应	1943 实绩	1944 实绩
建设关系	600	1120	勤劳奉公队	60	250
特殊工厂	500	300	紧急供出	480	700
军用工厂	50	300	"国内"一般募集	1300	1600
军建设关系	480	710	华北集团募集	300	200
各省政府	30	430	华北自由劳工	500	400
紧急农地造成	160	260	日人勤奉队	100	150
其他	980	180	其他	60	—
计	2800	3300	计	2800	3300

说明：此表系原满洲中央银行经理部用度课参事金田弘记于 1946 年 8 月 20 日所制，吉林省档案馆馆藏档案，档案号：282—41。载解学诗、[日]松村高夫主编：《满铁与中国劳工》，社会科学文献出版社 2003 年版，第 83 页。

17.日本"满洲国史编纂刊行会"关于 1944—1945 年伪满劳工动员状况统计表（注⑰）

（1945 年）

实施劳务新体制之后，被动员的劳动者人数，逐年累增，"据说 1944 年总动员数总计 250 万—260 万人（计划为 300 万人），其中关系到军方的最多，在 100 万人左右，满铁仅次于此。在有关军方当中，关系到'关特演'每年要征用 20 万人左右"。

1944 年度劳务动员计划

单位：千人

区分	一日平均在籍数	所需总数	男子					日本人	朝鲜人	女子	学校毕业者
			中国人								
			勤奉队	行政提供	国外募集	一般募集	一般募集外雇佣				
特官建设	481	481	56	425							
特官工厂	65	65				65					

区分	一日平均在籍数	所需总数	男子					日本人	朝鲜人	女子	学校毕业者
			中国人								
			勤奉队	行政提供	国外募集	一般募集	一般募集外雇佣				
土建	854	1352	162	164	103	923					
地方关系	600	302				176	88	1	8	29	
重要产业	1294	1111	20	128	79	440	344	18	49	33	12
合计	3294	3311	238	717	182	604	432	19	57	62	12

1945 年度劳务动员计划

区分	动员核定数	细目		在籍核定数
		行政动员	一般招募	
建设	542820	463180	79640	366930
交通通信	60280	60280		247085
林业	240400	120200	120200	161563
矿业	402427	402427		534178
工厂	168213	135921	32292	225621
特官	550000	550000		
预备	250000	250000		
合计	2214140	1982008	232132	1535377

（引自[日]满洲国史编纂刊行会：《满洲国史》〈各论〉，第十三编，第一章，第三节，第 1170 页，载苏崇民、李作权、姜壁洁主编：《劳工的血与泪》，中国大百科全书出版社 1995 年版，第 299、302 页。）

18. 《抚顺炭矿统计年报》关于 1942、1943 年常佣工移动、死亡状况统计表（节录）（注⑱）

（1943 年 5 月、1944 年 5 月）

（1）《抚顺煤矿统计年报》关于 1942 年度常佣工移动、死亡统计表（节录）

项目 常佣工类别	采用			解雇								死亡			平均在籍人员	平均移动人员	移动率(%)
	新采用	再采用	计	整理	依愿解佣	公伤	私伤	未呈报	惩戒	不良	计	公伤	私伤	计			
第一种佣员（常佣方）	12,725	3,052	15,777	197	2,728	17	32	9,038	141	90	12,243	74	430	504	27,616	14,262	51.6

项目＼常佣工类别	采用			解雇								死亡			平均在籍人员	平均移动人员	移动率(%)
	新采用	再采用	计	整理	依愿解佣	公伤	私伤	未呈报	惩戒	不良	计	公伤	私伤	计			
第二种佣员（常佣夫）	53,014	3,986	57,000	3,746	3,684	294	66	35,099	27	10	42,926	626	4,641	5,267	44,569	52,596	118.0
计	65,739	7,038	72,777	3,943	6,412	311	98	44,137	168	100	55,169	700	5,017	5,771	72,285	66,858	92.3

原注：平均移动人员=（采用人员+解佣人员+死亡人员）÷2

$$移动率=\frac{平均移动人员}{平均在籍人员}\times100$$

（译自《抚顺炭矿统计年报》，1942年度，1943年5月，吉林省社会科学院满铁资料馆馆藏档案，档案号：04745，第216—217页。）

（2）《抚顺煤矿统计年报》关于1943年度常佣工移动、死亡统计表（节录）

项目＼常佣工类别	采用			解雇								死亡		平均在籍人员	平均移动人员	移动率(%)
	新采用	再采用	计	整理	依愿解佣	公伤	私伤	未呈报	惩戒	不良	计	死亡人员	死亡率(%)			
第一种佣员（常佣方）	12,563	2,450	15,023	1,794	2,119	16		10,194	155	150	14,428	561		28,935	15,006	51.9
第二种佣员（常佣夫）	48,357	5,592	53,949	6,224	4,189	337		34,813	23	57	45,643	5,968		47,742	52,830	110.7
计	60,920	8,052	68,972	8,018	6,308	353		45,007	178	207	60,071	6,529		76,677	67,836	88.5

原注：常佣方：从事采矿的辅助工，享受日工资。

常佣夫：井下采煤工和杂役工，采用计件工资。

平均移动人员=（采用人员＋解佣人员＋死亡人员）÷2

移动率=（平均移动人员÷平均在籍人员）×100

（译自《抚顺炭矿统计年报》，1943年度，1944年5月，吉林省社会科学院满铁资料馆馆藏档案，档案号：04748，第78—79页。）

19.阜新煤矿矿志办关于该矿"万人坑"死亡劳工 的调查(节录)(注⑲)

（1982 年以后）

1936 年 10 月，满炭阜新矿业所成立后，日本侵略者对阜新煤炭掠夺步步加紧，对中国矿工的摧残日甚一日。矿工生活日苦，体质日衰，死亡频增。及至 1939 年，矿区内可供埋坟之处坟头爆满。矿业所于 1939 年 8 月设新邱兴隆沟墓地，占地 8 万平方米；1940 年 8 月设孙家湾南山墓地，占地 175240 平方米；1941 年设城南墓地，占地 45000 平方米。4 处占地总面积 504120 平方米，统称"满炭墓地"，立有石碑。

矿业所在夏秋两季雇佣专人挖掘坟坑，以备常年应用。日复一日，坑、坟俱增，积数过万。矿工称墓地为"万人坑"，不知"满炭墓地"其名。

前期被埋入万人坑的死难矿工，矿方尚给一具人称"狗碰"（狗一碰即散）的薄板棺材装殓。1941 年后，多数死者已无"狗碰"装殓。更有许多死者被暴尸地上，任野狗吞食。1942 年以后，日本侵略者掠夺煤炭加剧，强迫矿工"大出炭"，事故频发，加之传染病流行，矿工成批死亡。

1945 年 8 月，日本侵略者在战败后将档案尽行销毁，被埋入万人坑的死难矿工人数，无资料可考。1948 年阜新解放后，万人坑经多年雨水冲刷，多数坟头已无明显痕迹，加之开荒种地、建设工程占用或造林，万人坑原貌已毁，坟头无法核查。据一些老矿工回忆，当年城南万人坑埋坟较少，数不及万，其余 3 处坟均过万。孙家湾南山万人坑埋坟最多，有说 3 万有余者，有说多达 4 万者。

（阜新煤矿矿务局矿志办：《阜新煤矿万人坑》，载中央档案馆、中国第二历史档案馆、吉林省社会科学院合编：《东北经济掠夺》，中华书局 1991 年版，第 975—976 页。）

20.阜新煤矿档案关于 1940—1943 年该矿劳工统计表(注⑳)

(1943 年 4 月 4 日、8 月)

表 2：阜新煤矿矿工情况调查表

(康德 7—9 年度)

年度	上年末在籍人数	年内增加数		年内减少数						
		采用	其他	解雇:依愿	整理	无届	惩戒	伤病	死亡	其他
康德7年	雇员 2196	991	952	607	94	339	25	4	12	88
	常役方 8377	6698	738	3260	709	1933	73	20	56	1252
	常役夫 17252	43620	613	4021	1361	32220	15	143	1563	861
	合计 27825	51309	2303	7888	2164	34492	113	167	1631	2201
康德8年	雇员 2970	781	288	465	116	398	17	4	24	178+8
	常役方 8510	6857	765	2660	725	2758	49	24	70	614+49
	常役夫 21301	54075	658	4519	1826	34437	5	224	1541	3338+5
	合计 32781	61713	1711	7644	2667	37593	71	252	1635	4131
康德9年	雇员 2828	448	1116	283	113	326	20	8	20	904
	常役方 9183	5904	3042	2033	795	2850	41	35	68	3466
	常役夫 30139	54204	6896	3247	3348	35302	3	556	3192	14502
	合计 42150	60556	11054	5563	4256	38478	64	599	3280	18872

（摘自阜新炭矿株式会社：《劳务资料》，康德 10 年 4 月 4 日，第 16 页。该表中康德 9 年在籍人数与上一年结尾数稍有出入，其差额在原表用三角号注明。此表缀于"其他"之后用+号表示。）

（康德 10 年 8 月）

		前月末人数	本月增加			本月减少						
			采用	变更	计	依愿	整理	无届	惩戒	死亡	伤病	计
坑内	雇员	645	10		10	2	3	16		3		24
	常役方	672	19	43	62	3	11	12	3			29
	常役夫	15161	3811	5	3816	49	133	3573		377	24	4156
	合计	16478	3840	48	3888	54	147	3601	3	380	24	4209
露天	合计	5897	898	4	902	9	366	589	1	34	1	1000
坑外	合计	14005	1189	41	1230	121	81	783	2	50	1	1038
总计	雇员	2784	39	13	52	20	9	28		5		62
	常役方	7864	394	74	468	81	91	230	5	10	1	418
	常役夫	25732	5494	6	5500	83	494	4715	1	449	25	5767
	总计	36380	5927	93	6020	184	594	4973	6	464	26	6247

（摘自《阜新炭矿株式会社劳务统计月报》，康德 10 年 8 月。阜新矿务局档案馆馆藏档案。）

伪满中央银行业务部关于 1944 年伪满主要煤矿劳工统计表

（1945 年 7 月）

1944 年伪满各主要煤矿职工人数表

单位：人

	理监事	事务员	技术员	工人	其他	计
满洲炭矿	3	392	342	9818		10555
阜新炭矿	11	1656	2238	54918	198	59021
鹤岗炭矿	6	698	846	24259		25809
西安炭矿	3	641	1037	19469		21150
北票炭矿	4	478	498	14868		15848
密山炭矿	7	2604	5734	25172		33517
营城子炭矿	5	113	120	4673	191	5102
珲春炭矿	5	191	211	4465		4872

	理监事	事务员	技术员	工人	其他	计
穆棱炭矿	21	230	97	2256	22	2626
裕东煤矿	16	83	29	1676	8	1812
康德矿业	13	173	184	4968	10	5348
杉松岗炭矿	5	32	21	946		1004
福洞炭矿	2	8	13	650	35	708
南票炭矿	5	104	80	2196		2385
恒昌矿业	7	28	39	134	859	1067
哈蟆山炭矿	4	68	207	1087		1366
久和炭矿	6	78	114	846	150	1194
溪城炭矿	3	222	196	6310	13	6744
扎赉炭矿	2	126	86	3374		3588
富锦矿业所	2	164	256	2838	25	3285
总计	130	8089	12348	184923	1511	207001

（本表不包括满铁系统煤矿和本溪煤矿。在此表总数207001人中，日本人11425
人，朝鲜族1893人。此表摘自伪满中央银行业务部资金统制课：《满洲国矿工业主
要生产品原价调查（一）矿业》，1945年7月。吉林省社科院满铁资料馆馆藏档案。）

21.北票煤矿矿志办战丽珠、张涉任、张九英等
关于该矿日伪时期死亡劳工的调查报告（节录）（注㉑）
（1993—1995年）

日本帝国主义侵占北票煤矿以后，为满足其侵略战争的需要，疯狂地掠夺我
煤炭资源。当时，矿工人数较少，加上井下事故甚多，造成劳力严重不足。日本
侵略者和把头一齐出动，到处抓骗劳工。开始在北票附近和辽西地区境内抓骗，
但仍满足不了需要。进而深入关内招骗破产农民。以一骗、二抓、三逼的卑鄙手
段，从河北、山东、河南、江苏等省招来大批劳工。

一骗。所谓骗，就是以花言巧语骗人。说北票炭矿如何好，有饭吃，住洋房，挣大
钱，按月开支。就这样，被骗来的单身汉及带家属的农民，来到北票后，生还者甚少。

二抓。骗不来就以武力抓捕。一是在日本侵略者搞集家并村时，把无家可归
的农民抓来当劳工。二是将日本侵略者清乡、扫荡中抓的青壮年送来北票当劳工，
即所谓的"特殊工人"。

三遍。强行推广"地盘育成法"。1938 年（应为 1941 年——编者注），炭矿的日本人和当地吐默特中旗旗长沁布多尔济相勾结，炮制了臭名昭著的"地盘育成法"。其中规定北票炭矿周围农村年龄在 18 岁至 55 岁的农民，都必须到北票炭矿义务劳工 4 个月。

根据记载，从 1933 年到 1945 年间招骗劳工 56530 人，被折磨致死者在 32100 人。这是日本帝国主义在侵华史上抹煞不了的一笔血债！

（引自战丽珠、张涉任、张九英：《日伪统治时期的北票煤矿》，载孙邦等主编：《经济掠夺》，吉林人民出版社 1993 年版，第 362—363 页。）

日本帝国主义在侵占北票煤矿期间，以各种名义抓骗劳工 56530 多人。在不到 13 年的时间里，日本侵略者用北票矿工的血汗，采掘并掠走了 10518605 吨优质煤炭。据不完全统计，从 1933 年到 1945 年 8 月，日本侵略者在北票煤矿残害死矿工共 31200 多人。如从 1939 年搞的所谓"采炭报国"运动算起，日本帝国主义每掠走 1000 吨煤炭，就得有 4 名中国劳工被扔进"万人坑"。可见，炭矿也是日本侵略者屠杀中国人民的刑场！

（引自赵福瑞：《日本侵略者推行"人肉开采"政策大采炭》，载何天义主编：《日军枪刺下的中国劳工》〈之二〉，新华出版社 1995 年版，第 225 页。）

22.伪滨江省长于镜涛、吉林省长阎传绂关于两省供出劳工死亡率的供词（节录）（注㉒）
（1954.6—1956.6）

于镜涛证词
（1956 年 6 月 20 日）

1941 年，武部六藏和古海忠之等制定了《劳务新体制确立要纲》。我根据这个要纲，每年在滨江省强征劳工约 6 万人，分别送到工厂、矿山，或修飞机场、军用道路、部队营房。服劳役期规定半年，可是只有按期强征，从不按期轮换，服劳时间无限延长。经我在滨江省强征的劳工，共有 10 多万人，长期被迫从事无偿的苦役。

1941 年秋，我到北安、孙吴、逊河、瑷珲、山神庙等地视察劳工服劳役情形。北安、孙吴是修军用道路，聚集了三四千劳工。住在旷野中搭的草棚，天气已经非常寒冷，穿的破烂不堪，甚至用洋灰纸袋绑在身上御寒，多数光着脚，没有鞋。我亲自到五常、肇源县供出的劳工棚子视察，一个棚子中住了 100 多人，病倒的有 50 人左右，工棚子外面放着 10 多具劳工尸体。生病的人向我要求，尽快送他们回家，救救他们的命。工作是包工制，由日本人的包工组指定工作，限制当天完成，否则就不许休息，工地上有日本人监工，稍有怠慢就遭毒打。因为饥寒、劳累过度、缺乏卫生医疗设施，劳工死亡率达到 20%左右。

（中央档案馆、中国第二历史档案馆、吉林省社会科学院合编：《东北经济掠夺》，中华书局 1991 年版，第 874—875 页。）

阎传绂口供
（1954 年 6 月 16 日）

问：你在吉林省任内是怎样执行劳工政策的？

答：1941 年冬[秋]，伪满政府颁布了《劳务新体制确立要纲》，遂于 1942 年规定伪满全国要供出 60 万劳工。这一年吉林省分摊劳工约五六万人，由各市、县分别摊派，逐家强迫供出。供出的数量不足时，则由警察抓捕。吉林省供出的劳工，一部分到国境地带，一部分到厂矿或给关东军修道路等等。具体就劳地点，都是由劳工协会确定的。由于就劳条件不好，使劳工死亡很多。吉林省派出的劳工没有回来的约占 20%，5 万人当中就有 1 万人回不来。1942 年，吉林省勤劳奉公队约有 5000 人，大部分在长春、哈尔滨间铺设铁路。

（一）119—2，1149，5，第 1 号

（中央档案馆、中国第二历史档案馆、吉林省社会科学院合编：《东北经济掠夺》，中华书局 1991 年版，第 881—882 页。）

23.伪满总务厅次长、企划局长古海忠之关于 1942 年后劳工重大伤亡事故的供辞（注㉓）
（1954 年）

总之，日本帝国主义为了侵略东北，扩大对日本的支援，疯狂地掠夺中国的人力资源。不仅坚持低物价、低工资政策，延长劳动时间，还强迫劳工在恶劣劳动条件下从事繁重的劳动，各种事故频繁发生，给中国劳工带来了严重的灾难。太平洋战争爆发以后，也就是劳务新体制确立时期，上述对中国劳工的迫害大大加重了。勤劳奉公制和劳工供出制，两者实质上都是强制劳动。特别是征用劳工，农民占大多数，在

繁重的农忙期去支援日本帝国主义侵略战争。此外，矫正辅导院、国民手帐制、工厂勤劳奉公队等等，更加扩大了对中国劳工迫害的范围，终于在1943和1944年连续发生了多起重大事故。1943年在本溪湖煤矿，发生了瓦斯大爆炸，夺去了1800多名劳工的生命。1944年关东军直辖工程，即兴安岭筑城工程中，发生了死亡6000名劳工的事件。同年，伪满交通部直辖工程，即改修穆兴水路工程中，发生了死亡1700人的事件。这三大事件都明显地表明，太平洋战争中日本帝国主义侵害中国劳工的罪行。

关东军直辖工程，即兴安岭筑城工程的大惨案，是发生在1944年，地点是王爷庙。有一天我从武部六藏那里听说，关东军参谋长笠原幸雄在总务长官室向武部道歉说：满洲劳工死了6000人，很感遗憾。今后我们要注意，处罚了责任者，请你原谅。当时我没有追问，只知道这批劳工是从各县征用的，约有1.5万人到2万人。死因据说是因为极其恶劣的生活待遇，过度的劳动，加之寒冷的气候，结果陆续死掉6000人。老百姓中传说，这些劳工给关东军干完活被杀掉的。

伪满洲国交通部直辖工程，即穆兴水路改修工程，是根据关东军的要求，制定了三年计划，总工程费约600万元。这个工程是把流入兴凯湖的穆棱河河道加以修改，以便形成对苏作战上有利的阵地。这次惨案的起因和前面的一样，也是在恶劣条件下，因过度劳动，特别是因水中劳动损伤了身体陆续得病，死亡1700多人。时间是1944年9月。接到报告后，总务厅召开了惩戒委员会，惩处了交通部坂上技监、町田技正，以及现场主任大石技正等有关负责人员。仅仅是处以减俸、谨慎等处分，和所犯罪行不成比例，只是走走形式而已。这项工程使用的劳工，可能有7000人左右。

（一）119—2，19，8，第13号

（引自古海忠之1954年笔供，载中央档案馆、中国第二历史档案馆、吉林省社会科学院合编：《东北经济掠夺》，中华书局1991年版，第862—864页。）

24. 伪满鹤岗矫正辅导院主任张羽丰关于 1944—1945年该院劳工死亡状况的证明书（注㉔）

（1956年3月12日）

张羽丰证明书

（1956年3月12日）

我叫张羽丰，1944年至1945年8月，我曾在鹤岗伪矫正辅导院任辅导士，以后任辅导主任。据我所知和亲眼所见，鹤岗矫正辅导院迫害中国人民的罪行，证明如下：

鹤岗矫正辅导院于1944年5月间成立，在当时江崎喜藏是院长，另有3名日本科长。我到辅导院的时候，被囚禁的人有500多名左右，以后增加到1100多名。在鹤岗矫正辅导院内被囚禁的人，绝大部分是各地警察机关押送来的，他们都是作买卖的，或者上街办事的人被抓来。把抓来的人进行矫正，就是抓人采煤，每天给他们多干活，否则就受毒打。我到辅导院十来天，发生了逃跑事件，被抓回来了20多名，当时就打死了3名，还有7名送到佳木斯警察厅去了。又在1945年2月间一天夜里两点钟的时候，逃跑了7名被囚禁的人，当时被电网电死了1名。第二天一早就有日本科长重松挨个刑讯在押人，用的刑法是将人吊在房梁上，将身上穿的衣服完全扒下来，用胶皮管子作成的皮鞭子毒打，当时打昏过去用凉水浇过来再打，连着打晕两三次，就是这样挨打的有十几名，我亲眼看见有一姓刘的被打的最严重，三四天后就死去了，其余被打的人，全身都肿了，还强迫照样下炕做活，走慢了还打。1945年3月，在兴山矿干活时，在我班上逃走了4人，被追回来有2名，虽然他们手脚已冻坏了，但带回来的时候又用严刑拷打，几天就死去了。辅导院对中国人民手段十分毒辣，作业时间12小时，把抓来的人自己穿的衣服全扒光收入库内，另发给一套更生布的衣服，还很薄，风一吹就透了，根本不暖和，三个月发给一双胶皮鞋，一个月就穿坏了，就得光脚下坑。吃的更是提不起来了，每人都吃不饱，做活的人每人6两高粱米，做成饭团子，每顿一个，有病的每人每顿一碗稀粥，根本吃不饱。没有专设便所，就在监房内有一个木桶，作为大小便使用，臭气难闻。因此造成各种疾病发生。在病房内人死两三天，外边都不知道，发现后，由辅导士报给值班科长后，才准予抬到专装死人的仓库，积存有10余名，就用病号两人抬一个，送到东山有一个大坑扔在里面，就不管了，此坑人称为万人坑。辅导院就用这样毒辣手段，迫害中国人民的。辅导院自1944年5月成立到光复，我就知道死亡人数二百六七十名。江崎院长讲话说，被囚禁人员好好干活，矫正二年，如干得好，一个月就可以放出去。他说的是有期，可是没有放出去的，我是1944年9月去的，到光复我也没见到放一名。

以上事实全是长春矫正总局长中井久二领导的，完全属实，如有不确实，我愿负法律责任。

（一）119—2，21，3，第10号

（引自中央档案馆、中国第二历史档案馆、吉林省社会科学院合编：《东北经济掠夺》，中华书局1991年版，第923—924页。）

劳工郑连陞关于本溪湖矫正辅导院劳工
死亡状况的控诉书
（1956 年 5 月 27 日）

我叫郑连陞，今年 37 岁，住在通化市新开街。

伪满时，我是饭馆工人。1944 年 7 月，警察在街上把我抓住送到法院，说我没有职业，判了我 2 年矫正。同年 8 月，我被送到本溪湖矫正辅导院，和我同去的有 40 多人。到了辅导院以后，我看见里边还有 1000 多人。我们 40 多人都被编成号，由辅导士押着去挖煤。每天强迫我们劳动 10 多个小时，活非常累。我们吃的是高粱米和烂土豆子，根本吃不饱。在劳动中，辅导士经常用镐把、皮带和皮鞭子打我们。我们被折磨病了也不给治疗，还要继续下矿挖煤，一直到死亡为止。同年 11 月，我病倒了，一直病了 4 个多月。快要病死的时候，我给姐姐去了封信，让她来保我出去。1945 年 2 月，姐姐终于把我保出来了。辅导院病号室的病人，经常保持有 200 多人，每天都要死三四人，最多一天死了十七八个人。我在病号室 4 个多月，看见死了有 400 多人。

（一）119—2，21，3，第 53 号

（引自中央档案馆、中国第二历史档案馆、吉林省社会科学院合编：《东北经济掠夺》，中华书局 1991 年版，第 930—931 页。）

25.劳工幸存者武心田关于为日军修工事的战俘
劳工死亡状况的证词（注㉕）
（2000 年 6 月）

"1943 年 6 月下旬，我们这 1300 多人又被日本鬼子押出北京，坐上闷罐车又被拉走，当时我们谁也不知道又去哪儿。在车上他们发给我们每人一点面包和一点水。由于这趟闷罐车内拉的都是战俘，所以中间停车都不停在火车站的站台上，而是停在荒郊野外。我们乘下车大小便之机，薅两把青草带到车上吃。火车走了好几天，终于停在了一个小车站的南边。后来知道这里是黑龙江省的黑河。"

（中略）

"在黑河我们干的活是修靠近苏联的'国'防公路。由于吃不饱，劳动量大，饥饿、寒冷，有病也不给治疗，而且越是有病不能干活的人，越给吃的少，生病和死亡的人越来越多，有时一天就要埋葬20多个死人。日本鬼子还特别毒辣，让不能干活的病人去抬死人的尸体，让他们去'埋葬'死人，这对病人来说是一种精神上的折磨。一个病人，今天去抬同伴的死尸，明天就可能轮到别的生病的人来抬自己的尸体。对尸体的'埋葬'，只不过是在草甸子上挖一个2尺来深的大坑，10个甚至20来个尸体往里一扔，掩上一点土，死者的胳膊、腿都露在外边，就不管了。我参加过两次'埋葬'死尸，到那里一看，已埋的死尸都被狼啃得东一块、西一块，肠子拖得老长老长。让病号埋死人是非常不人道的，是对他们精神上和心理上的摧残。从6月下旬到9月下旬我们离开黑河，3个月的时间里，我们1300多人的劳工队，死得只剩下500来人。800多名难友死在日本侵略者的法西斯统治之下。同我一起被捕的李玉影同志也惨死在黑河。"

（引自武心田：《日军对修筑黑河军用公路"特殊工人"的残害》，载张凤鸣、王敬荣主编：《残害劳工》，黑龙江人民出版社2000年版，第152—153页。）

26.伪满总务厅次长古海忠之在给日本首相岸信介的公开信中揭露日军在修工事后秘密杀害筑城劳工（节录）（注㉖）

（1960年1月1日）

大批劳工除陆续被虐杀于苦役之中外，更有被集体屠杀者。

1956年，战犯、前日军中将藤田茂获释回日本，临行时，尚在抚顺战犯管理所服刑的古海忠之托他带给当时日本首相岸信介一封信。当藤田茂回到日本向岸信介递交这封信时，岸信介拒不接见。1960年1月1日，藤田茂遂将这封信公开发表在日本《赤旗报》第3132号上。其中有这样一段话：

"岸信介在伪满期间，为了给日本移民抢占土地和国境上制造'无人区'，而使数十万农民流离失所。为了修筑兴安岭工事，大批抓劳工，工程一完，为了保密，竟将5000余劳工杀人灭口。……岸信介，你对这些罪行不感觉痛心吗？"

这封信只揭了兴安岭一处的集体屠杀劳工事件，日本侵略者在东北各地修筑了大量军事工程，那些劳工的命运如何，还是个谜。

（引自陈平：《千里"无人区"》，中共党史出版社1992年版，第90页。）

27.劳工幸存者揭露 1945 年 8 月日军杀害东宁要塞庙沟筑城劳工的罪行（节录）（注㉗）

（1995 年 8 月）

1945 年 8 月 8 日的夜晚，苏联的探照灯突然由国境线射向了日伪统治森严的东宁县城，同时出动了数十架飞机在国境线上空盘旋。在坦克和大炮的掩护下，苏军向日本关东军的前沿阵地发起了攻击，双方展开了激战。与此同时，日本侵略者对劳工大队也开始了血腥的屠杀。为了无声地消灭人证，他们假惺惺地说：为了保证劳工的人身安全，防止被炮弹炸伤，所有劳工都要按工区迅速进入地下工程的巷道里去，并要在入口处堆集 3—5 米厚的砂石、泥土，以防毒气进入。就这样，在武装看押下，几千名劳工被迫进入了地下工程，然后又一段一段地用砂石、泥土隔绝开来，从此他们就永远地被埋葬在里边了。由地下工程里逃出来的这 30 名劳工，因为他们是最后进入"地下工程"的一部分人，靠入口处最近，又加上他们齐心合力地扒开了堆积在巷道里的砂石、泥土，才侥幸逃了出来。

（引自宋宪章：《东宁县庙沟惨案》，载何天义主编：《日军枪刺下的中国劳工》〈之二〉，新华出版社 1995 年版，第 454—455 页。）

28.伪蒙古联合自治政府的行政辖区（注㉘）

（1942 年 8 月）

（一）政府旗帜的制定：原蒙疆三个自治政权中的每一个自治政府，都分别挂有代表自己政府的政府旗。新政权诞生后，随即制定了作为这一地区整体或政权整体表征的政府旗帜。新旗帜以从上往下的黄、青、白、赤、白、青、黄之四色七条组成。黄色代表汉民族，青色代表蒙古民族，白色代表回民，而赤色代表的是日本人。旗以赤色为中心，即以日本人为中心，白、青、黄三色上下顺序并列。此旗帜象征的是，以日本人为轴心，形成回、蒙、汉各族大联合的政体。

（二）地方行政：蒙疆的地方行政以 2 个政厅及 5 个盟公署作为上级机关，指挥并监督在其署下的市、县、旗（蒙古人的自治行政集团及地域单位，盟是其上级行政机关）之行政。政厅有察南、晋北 2 个。察南政厅设在张家口市，辖有原察南自治政府所管地域，即张家口市与另外的 10 个县；晋北政厅设在大同，原晋北自治政府所管辖地域的 13 个县，在其管辖之下。

5 个盟公署，以察哈尔、巴彦搭拉、锡林郭勒、乌兰察布、伊克昭等 5 盟分别为各自的辖区。其所辖旗、县数目如下：

察哈尔盟公署辖 8 旗 8 县；巴彦搭拉盟公署辖 11 旗 5 县；锡林郭勒盟[公署]辖 10 旗；伊克昭盟公署辖 7 旗 4 县；乌兰察布盟公署辖 6 旗。与之平行的市制，有张家口、厚和、包头三个城市。

（引自[日]一宫房治郎编：《新支那年鉴》东亚同文会 1942 年 8 月版，天津市社科院图书馆藏，第 396—397 页。）

29.兴亚院华北联络部关于日本在蒙疆实施第一次产业开发计划期间所需劳力全部依赖从华北调集的报告（节录）（注㉙）

（1940 年 12 月）

与此次华北事变（指 1937 年 7 月"七七事变"——译者注）爆发的同时，陆续成立了察南、晋北、蒙古联盟三个自治政府，之后又统一上述三个政权设立了"蒙疆联合委员会"。并为了谋求蒙疆境内蕴藏丰富的[战略]矿产资源的开发，制定和确立了"蒙疆产业开发三年计划（1939—1941 年）"（即"蒙疆第一次产业开发计划"——译者注）如下：

蒙疆产业开发三年计划

年度产量 / 产业与资源类别	1939 年	1940 年	1941 年
大同煤矿	2,150,000 吨	3,150,000 吨	5,000,000 吨
龙烟铁矿	700,000 吨	1,200,000 吨	1,700,000 吨
石棉	2,000 吨	10,000 吨	20,000 吨
黑铅	10,000 吨	100,000 吨	150,000 吨
云母	7,000 吨	7,500 吨	10,000 吨
煤炭液化	1,000 吨	—	—
电力	15,000 吨	45,000 瓩	73,000 瓩
水泥	200,000 吨	—	—
羊毛	14,980,000 吨	—	—

原注：据《北支蒙疆年鉴》1940 年版，第 540 页制。

上述开发计划在此后执行过程中不得不进行修正，且不说为完成该计划，在调集资材的同时劳力的调集也成了重要问题。然而蒙疆人口密度十分稀薄（参看本书第一章——原注），上述所需劳力的调集几乎形成了不得不全部依赖于华北的事实。

（译自前引兴亚院华北联络部：《华北劳动问题概说》，1940 年 12 月，吉林省社科院满铁资料馆馆藏档案，日本国资料，第 235—236 页。）

30. 伪蒙疆联合委员会与华北新民会签署《关于蒙疆华北劳力分配协定》（注㉚）
（1939 年 5 月 29 日）

第一条　对已确定要进入蒙疆的劳工，在其入国前要发给按第一号样式制作的出国身份证明书。前项身份证明书应贴附本人的照片并按上骑缝印。但有不可抗拒的理由时，可以上述劳工的拇指印代替其照片的贴附。

第二条　蒙疆方面对已入国的劳工，在其患病的情势下得享受蒙疆劳动统制委员会的一切救助等设施。

第三条　在办理第一条的事务时所需经费，原则上确定由新民会劳动协会负担；但可征收发证手续费。

第四条　已在新民会劳动协会方面进行过劳动登录的劳工，可不管前项规定，以劳动票的检印代替出国身份证书的发给。

第五条　对以下所示各项劳工的募集，在未得到有关机关的谅解和准许时不得进行募集：

一、现正从事军事劳务及在监督机关从事必要劳务者；

二、现正从事赋役者。

第六条　华北方面军确认和批准的入国劳工募集人应完全与新民会管下的按新民会劳动协会章程确认的劳工募集人相同对待和管理。

第七条　本协定规定各事项，在新的劳动统制方针确定时，将服从新方针的统制。

第八条　按第三条征收的发证手续费，规定为 50 钱（分）。

但上项规定的手续费，在以往实施的劳动票发给手续费等征收不足时，也应按此规定征收以不使工作受到障碍。

第九条　本协定自即日起有效。

（译自前引兴亚院华北联络部：《华北劳动问题概说》，1940 年 12 月，吉林省社科院满铁资料馆馆藏档案，日本国资料，第236—237页。）

31. 蒙疆劳工协会1942、1943年主要理事长、理事、支部长等领导成员名单（注㉛）

（1943年1月、1944年1月）

（1）蒙疆劳工协会1941年的再改组

（1943年1月）

成纪七三五年，即1940年5月蒙疆劳动统制委员会改组为劳工协会，成纪七三六年，即1941年3月蒙疆劳工协会进行了再改组。与以前不同之处是，废除了劳工协会各支部方面的专任主事（主管），由蒙疆政府各政厅、盟的有关责任人兼任。使劳工协会既是劳务统制机关，又是政府的劳务行政机关，谋求使两者融为一体合理运作的前提下进行改组。[改组后的主要名单如下]：

理事长　内政部次长　武内哲夫

常务理事　内政部事务官　系井一

总部主事　内政部事务官　福原诚

监事　总务厅理事官　外山登一

监事　内政部理事官　山口德次

张家口支部长　察南政厅次长　泽田贞一

大同支部长　晋北政厅次长　森井雄次郎

厚和支部长　巴彦塔拉盟公署参与官　简牛耕三郎

包头支部长　包头市公署参事官　藤冈康治

北京派出所长　驻华办事处长　市村隆吉

（译自蒙疆新闻社编：《蒙疆年鉴》，蒙疆新闻社1944年1月，第200页。）

（2）蒙疆劳工协会1943年主要干部名单

（1944年1月）

现在（1943年）蒙疆劳工协会的主要干部名单如下：

理事长　内政部次长　久原明

常务理事　内政部事务官　福原诚

总部主事　内政部属官　赤木正

监事　总务厅参事官　外山登一

张家口支部长　宣化省次长　泽田贞一

大同支部长　大同省次长　森井雄次郎

厚和支部长　巴彦公署参事官　简牛耕三郎

包头支部长　伊克昭盟参事官　山口德次

北京派出所长　驻华办事处长　市村隆吉

（译自蒙疆新闻社编：《蒙疆年鉴》，蒙疆新闻社 1944 年 1 月版，第 251 页。）

32. 兴亚院华北联络部等关于 1939—1941 年日本向蒙疆输入华北劳工计划及实施情况报告（节录）（注㉜）

（1940 年 12 月、1942 年 11 月）

（1）兴亚院华北联络部关于 1939—1940 年日本向蒙疆输入华北劳工计划及实施情况报告（1940 年 12 月）

在蒙疆华北上述劳工协定（指 1939 年 5 月签定的《关于蒙疆华北劳力分配协定》）规定之下，当年（1939 年）下半年将执行向蒙疆输入约 6 万华北劳工的计划。但恰巧遭遇当年 7 月至 8 月的八达岭和天津地区的大水灾，使计划的实施完全陷入混乱。所有的统计数字都没有。如果依据政府所说，到当年末实施的结果如下：

大同煤矿	募集劳工数 7,000 人
	逃亡数 4,000 人
	实到数 3,000 人；
龙烟铁矿	募集数 2,000 人
	逃亡数少量
	实到数 2,000 人；
其他矿山	募集数 1,000 人
	逃亡数 500 人
	实到数 500 人；
土建工事	募集数 50,000 人
	逃亡数 10,000 人
	实到数 40,000 人；
合计	募集总数 60,000 人

逃亡数 14,500 人

实到数 45,500 人。

上述数字中由新民会签证发给身份证的劳工约为 4,000 人。

（八达岭水患的结果使华北劳工输入蒙疆陷入暂时中断。为修复水患灾害，必需要大量的劳力，从而引起当地大的劳动的异变。修复工事动员了当地劳力约 13,000 人，到 8 月 21 日基本完工。动员的劳力也有由大同煤矿和龙烟铁矿的劳工中强征。龙烟铁矿支援的劳力数为 2,630 人。——原注）

若据蒙古联合自治政府民政部调查，到 1939 年底蒙疆地区劳工数统计如下：

1939 年末蒙疆地区劳工数统计

大同煤矿	4,000 人	下花园煤矿	600 人
龙烟铁矿	4,000 人	蒙疆石棉	150 人
大青山煤矿	1,300 人	蒙疆云母	150 人
土木建筑	1,000 人	其他	500 人
合计	11,700 人		

以下，是 1940 年度期间所需劳力预期数：

1940 年度蒙疆地区所需劳工数

大同煤矿 30,000 人	蒙疆石绵	
龙烟铁矿 15,000 人	蒙疆云母	1000 人
大青山煤矿 30,000 人	其他	
下花园煤矿 6,000 人	土木建筑 50,000 人	
合计	132,000 人	

上述需要者数中，有 12 万期待由华北供给。

（译自兴亚院华北联络部劳务室：《华北劳动问题概说》，1940 年 12 月，吉林省社科院满铁资料馆馆藏档案，日本国资料，第 238—239 页。）

（2）华北开发公司庶务部劳务室关于 1940—1941 年日本向蒙疆输入华北劳工及就劳状况报告（节录）（1942 年 11 月）

三　入蒙劳工的就劳状况

在昭和 15 年（1940 年）度，反映基于三年生产计划的各项建设事业的盛况，土建业[用劳工]占 42.7%，占居首位；矿业（主要是煤炭、铁矿）占 31.1%，处于第二位。至昭和 16 年（1941 年）度，由于受到重工业部门增产计划的影响，矿业[用劳工]增到 36.7%；反之，土建业则由于资材方面等原因，降到 13.9%。

第 18 表　入蒙劳工按职业就劳状况调查

职业别 \ 年度别	昭和 15 年（1940 年）		昭和 16 年（1941 年）		合计	
	人员	比率%	人员	比率%	人员	比率%
矿业	15830	31.1%	11520	36.7	27350	33.3
土建	21696	42.7%	4380	13.9	26076	31.7
其他	13319	26.2%	15516	49.4	28835	35.0
合计	50845	100	31416	100	82261	100

（译自[日]华北开发公司庶务部劳务室：《关于华北劳工的对外流动状况调查报告》，1942 年 11 月，中国第二历史档案馆馆藏档案，档案号：2024—2—401，第 33—35、40—42 页。）

33.大同煤矿的劳务政策与实施（节录）（注㉝）

（1943 年 10 月 11 日）

所谓地域外募集，是从华北募集劳工移入的方法。山东最多，其次是河北、河南。

然而，这种地域外募集，需要巨额的各种经费，加上被募集来的劳工没有定居性，被临时性的工薪额所支配，流动的非常多。在煤矿方面，必须在克服这些不良条件，在劳工家属迁入以及增设宿舍设备等方面，付出极大的牺牲。由于努力于国家产业生产开发的结果，使得占劳动力整体 60%的从地域外即从华北（招募员工）确保的目标，得以变为可能。

（中略）

然而，在这样的现状下，为今后向更加增产方面迈进的大同煤矿的劳动力调整，带来了一大障碍，则是必然的。作为应付这种局面的持久的而又强有力的对策，蒙古政府为确保作为国家产业的矿山劳动力的调整，计划并提出了包括蒙疆整个区域在内的劳务统制，以及谋求增进居民福利的全蒙疆劳动统制，立即得到了执行。

五　劳动力的确保

为打开开发劳动力不足的瓶颈而被计划的劳动力确保对策是，在劳务处首先实施煤矿周边地区的爱矿工作；进而，取得军队和政府的协力，于昭和 16 年（1941年）末，从晋北、巴盟地区以 3 个月为一期，提供 1000 名人员，将其组成了勤劳报国训练队，用作采煤劳动力。这样做的结果，取得了出乎想像之外的好成绩。因此，将其增员扩大，在昭和18年（1943年）3月，以6个月为一期，人员增到3000名，名称也改为勤劳青年队。从大同县等10个县中进行了人员提供。

（译自《大同煤矿的战时重要性》，载[日]支那问题研究所：《支研经济旬报》，1943年10月11日，第224、225号。）

34.华北劳工协会关于1942—1945年1月华北劳工向满洲、蒙疆、华中输出发证统计表（注㉞）

（1945年5月）

1942年、1943年、1944年（即昭和17年、18年、19年）三年[华北劳工向外输出]实际发证数的变化如下表所示：

年度别	劳工类别 / 输出地区	团体供出	个人供出	合计	伴随家属
1942年	对满洲	331,477人	706,999	1,038,476	529,711
	对蒙疆	15,835	24,961	40,796	2,435
	对华中	7,036	326	7,362	1,357
	计	354,348	732,286	1,086,634	533,503
1943年	对满洲	243,839	661,056	904,895	737,360
	对蒙疆	43,936	39,157	83,093	7,003
	对华中	18,370	677	19,047	5,505
	计	306,145	700,890	1,007,035	749,895
1944年	对满洲	83,650	278,590	362,240	265,307
	对蒙疆	30,923	16,350	47,275	677
	对华中	31,322	1,490	32,812	8,055
	计	145,895	296,432	442,327	274,039
1944年9月至1945年1月华北向蒙疆行政供出劳工数					
时间		计划供出总数	完成概况		
			1945年1月份	上年9月以来累计	
1944年9月—1945年3月		37,000人	1,587人	17,824人	

（译自华北劳工协会：《业务概况报告》，1945年5月，第四号，天津市档案馆馆藏档案，档案号：1—3—9042，第4、8页。）

35.兴亚院华北联络部、华北开发公司计划局等关于1938—1945年大同煤矿产量统计（注㉟）

（1940年12月—1945年3月）

第2.28表　华北、蒙疆主要煤矿地区的煤炭产量

（单位：千吨，%）

矿区	1936	1937	1938	1939	1940	1941
井陉地区	1,909	992	634	1,430	1,428	1,744
（贝岛炭矿）	（100）	（53）	（33）	（75）	（75）	（91）
磁县地区	830	—	80	64	116	322
（明治矿业）	（100）	—	（10）	（8）	（14）	（39）
中兴地区	1,500	1,660	427	1,473	1,939	2,400
（三井矿山）	（100）	（111）	（28）	（98）	（129）	（160）
大汶口地区	120	136	63	50	134	376
（三菱矿业）	（100）	（113）	（53）	（42）	（112）	（313）
胶济地区	2,895	2,837	453	1,743	2,626	4,121
（山东矿业）	（100）	（98）	（16）	（60）	（91）	（142）
太原地区	1,700	181	416	690	698	1,482
（大仓矿业）	（100）	（11）	（24）	（41）	（57）	（87）
大同地区	542	523	1,000	935	1,335	2,101
（满铁）	（100）	（96）	（185）	（173）	（246）	（388）
其他	2,044	472	1,528	991	2,615	3,632
日本资本煤矿	（100）	（23）	（75）	（48）	（128）	（178）
小计（A） A/C	11,540	6,801	4,601	7,376	11,161	16,178
	（100）	（59）	（40）	（64）	（97）	（140）
	73.4%	63.6%	46.0%	53.3%	63.3%	70.8%
开滦煤矿（B） B/C	4,173	3,898	5,400	6,468	6,468	6,658
	（100）	（93）	（129）	（155）	（155）	（160）
	26.6%	36.4%	54.0%	46.7%	46.7%	29.2%
总计（C）	15,718	10,699	10,001	13,844	17,629	22,836
	（100）	（68）	（64）	（88）	（112）	（145）

根据《中国占领地经济的发展》第186—188页资料。

（[日]浅田乔二等著、袁愈佺译：《1937—1945日本在中国沦陷区的经济掠夺》，复旦大学出版社1997年版，第133页。）

华北开发会社煤炭关系会社事业目标与实绩累年比较表

（1945年3月20日　计划局，系华北开发社会计划局——作者注）

单位：千吨

	1941			1942			1943			1944			1945		
	计划	实绩	比率	计划	实绩	比率	计划	实绩	比率	计划	实绩（估计）	比率	计划	对44年计划比	对44年实绩比
中央煤矿	2200	2400	109	2500	2517	101	2800	2240	80	2605	2093	80	1900	73	91
大汶口煤矿	650	376	58	700	539	77	850	534	60	735	657	90	800	108	122
新泰煤矿	—	—	—	100	32	32	300	230	77	511	300	59	800	157	267
柳泉煤矿	350	489	140	600	469	78	600	355	59	337	250	72	300	89	120
磁县煤矿	240	320	134	480	357	74	600	502	84	733	478	65	600	82	182
焦作煤矿	1230	1263	103	1350	1364	101	1350	646	48	825	461	56	450	55	98
井陉煤矿	2050	1722	84	1827	1852	101	1800	1476	82	1998	1733	87	1800	90	104
山西煤矿	1100	1296	118	1550	1333	86	1700	1343	79	1742	1090	63	1200	69	110
山东矿业	4088	4023	98	4780	4355	91	5100	3406	67	4473	3415	72	2950	66	86
开滦煤矿	6550	6643	102	6850	6655	97	6850	6424	94	7774	5764	74	5600	72	97
山西产业	550	452	82	500	351	70	500	319	64	513	378	74	370	72	98
大同煤矿	2200	2214	101	2450	2517	103	2700	2272	84	2868	2300	80	2500	87	109
大青山煤矿	100	129	129	200	217	109	350	190	54	292	200	69	220	75	110
总计	21308	21327	100	23887	22558	94	25500	19937	78	25406	19119	75	19470	77	102

（三）57,56

（中央档案馆、中国第二历史档案馆、吉林省社会科学院合编：《华北经济掠夺》，中华书局2004年版，第643页。）

36.大同矿务局矿史征编办公室等关于 1938—1945 年大同煤矿产量与使用劳工情况的调查统计（节录）（注㊱）

（1989 年 7 月）

小注①　1937 年底到 1938 年初，满铁从劫夺多年的抚顺煤矿派入大同煤矿 317 名各类管理人员，并从各地抓骗来 5500 名矿工，他们首先利用晋北矿务局、保晋公司近代半机械化矿井永定庄矿、忻州窑矿、煤峪口矿开始出煤。1938 年 6 月下旬，满铁通过兴中公司，第一次将约 35 万吨大同煤供给日本大阪、神户的重化工业会社和电力会社。到 1938 年底，在满铁经营下，大同煤矿出煤 87 万吨。

（中略）

年份	日寇掠夺计划	实际掠夺煤炭	占计划的百分比
1941	300 万吨	221 万吨	73.6%
1942	380 万吨	251 万吨	66%
1943	500 万吨	227 万吨	45.4%
1944	630 万吨	226 万吨	36%
1945	760 万吨	169 万吨	22.2%

（引自大同矿务局矿史党史征编办公室编：《大同煤矿史》，人民出版社 1989 年版，第 129、154 页。）

小注②、③　兴亚院华北联络部关于大同煤矿 1939—1940 年在籍劳工及流动率的报告（节录）

（1940 年 12 月）

在蒙疆华北上述协定之下（指 1939 年 5 月《关于蒙疆华北劳力分配协定》），1939 年下半年应执行向蒙疆输入约 6 万名华北劳工的计划。但恰逢当年 7 月至 8 月八达岭和天津地区的大水灾，使计划的实施完全陷入混乱。所有统计数字都没有，若据政府所说，到当年末计划实施结果如下：

大同煤矿	募集劳工	7000 人，	逃亡 4000 人，实到 3,000 人
龙烟铁矿	募集劳工	2000 人，	逃亡少量，实到 2,000 人
其他矿山	募集劳工	1,000 人，	逃亡 500 人，实到 500 人
土建工事	募集劳工	50,000 人，	逃亡 10,000 人，实到 40,000 人

合计　　　　　募集劳工　60,000 人，逃亡 14,500 人，实到 45,500 人。

上述统计中，由新民会签证发给身份证的劳工约有 4,000 人。

（八达岭的水患的结果，不免造成华北劳工输入蒙疆的暂时中断。为修复水患灾害，必需要大量的劳力，从而引起当地大的劳动异变。修复工事动员了当地劳力约 13,000 人，到 8 月 21 日基本完工。动员的劳力中也有从大同及龙烟劳工中强征者。龙烟支援的劳工数为 2,630 人。——原注）

若据蒙古联合自治政府民政部的调查统计，1939 年末，蒙疆地区劳工数如下：

蒙疆地区劳工数（1939 年末）

大同煤矿	4,000 人	下花园煤矿	600 人
龙烟铁矿	4,000 人	蒙疆石棉	150 人
大青山煤矿	1,300 人	蒙疆云母	150 人
土木建筑	1,000 人	其他	500 人

合计 11,700 人

（中略）

（3）劳动

1.移动率

大同煤矿今年（1940 年）1 月至 6 月按计划新雇入劳工总人数 10,566 人，解雇劳工总数 12,228 人，在籍劳工人数平均 6,309 人，半年时间，显示劳工流动率达近 180%。

（译自兴亚院华北联络部：《华北劳动问题概说》，1940 年 12 月，吉林省社科院满铁资料馆馆藏档案，日本国资料，第 238—239、252 页。）

小注④　满铁华北经济调查所关于 1941—1942 年大同煤矿在籍劳工及伤亡人数的调查报告（节录）

（1941 年 9 月 15 日）

事故频繁，工人丧生　日寇为满足其掠夺欲望，经常用榔头、镐把殴打工人，强迫工人在恶劣的生产条件下出煤。至于井下的安全设施，则根本不予考虑。有些把头柜为了节约坑木开支，掌子面支护数量远远达不到要求，井下各类事故经常发生。日本满铁华北经济调查所在"大同煤矿劳动概要调查报告"中对这一事实亦有记载："大同煤矿作业环境恶化，为节省必要的坑木等，……根本谈不上采煤粗放化以至安全等考虑。另外，煤矿方面由于原材料价格高涨、对必要的设备等闲视之"。

由于劳动条件极端恶劣，工人伤亡惨重，死伤率高达 50%以上。据上述调查报告统计，1941 年，在籍人员为 6934 名，死亡 869 名，死亡率为 12.5%。负伤者 2983 名，负伤率达 43%。而到 1942 年，死亡人员增加到 1700 多名。

（引自满铁北支经济调查所：《大同煤矿劳动概要调查报告》，1941 年 9 月 15 日，吉林省社科院满铁资料馆馆藏档案，第 71—72、81—82 页。）

小注⑤　1943 年度大同煤矿劳动力状况统计表

项目 年月	所需在籍劳工人数	实有劳工人数	出勤率%	退散率%
1943 年 4 月	12630	10546	70	27
5 月	11804	9772	69	23
6 月	11663	9129	64	35
7 月	11196	8649	64	32
8 月	11181	7972	61	28
9 月	12151	7549	55	19
10 月	13400	6829	74	38
11 月	14471	11486	73	26
12 月	14805	13900	67	30
1944 年 1 月	12474	11542	61	53
2 月	12238	9699	65	36
3 月	13416			
全年月均使用劳工数	12619	9734	65	

注：据前引《昭和十八年度大同煤矿经营概况》，1944 年 3 月，有关统计表绘制，原件为中国第二历史档案馆馆藏档案，档案号：2024，2，165。

小注⑥《大东亚省华北蒙疆产业视察团》关于 1944 年
大同煤矿使用劳工状况报告（节录）
（1944 年）

第三是大同煤矿的所谓"挺身队"的问题，大同煤矿 1944 年 4 月需要正式矿工 14，807 人，而当时只有正式矿工 9 千人。4 月 16 日补充 68 人。由于这样的情况，不得不派"挺身队"前往。这一年预定分 3 次派遣 9 千人前往，这个数字只达到招募计划的 17%。实际派遣的"挺身队"人数不详。总之，劳动力缺乏已达到极点，显然已经接近彻底崩溃的边缘了。

（引自[日]浅田乔二等著，袁愈佺译：《1937—1945 日本在中国沦陷区的经济掠夺》，复旦大学出版社 1997 年版，第 160 页。）

大同煤矿 1944 年 4 月需要正式劳工 14807 人，而在籍者只有 9000 人，到四月末预计可接收挺身队员 4000 人，从华北地区募集劳工到 4 月 16 日止只有 68 人。然而通过这些方法也无法改变煤矿业已形成的上述劳工缺乏的状态。

（译自[日]中村隆英：《战时日本对华北的经济统制》，山川出版社 1983 年版，第 316—317 页。）

37.满铁华北经济调查所关于 1941—1942 年
大同煤矿劳工伤亡率的调查报告（节录）（注㊲）
（1941 年 9 月 15 日）

事故频繁，工人丧生　日寇为满足其掠夺欲望，经常用榔头、镐把殴打工人，强迫工人在恶劣的生产条件下出煤。至于井下的安全设施，则根本不予考虑。有些把头柜为了节约坑木开支，掌子面支护数量远远达不到要求，井下各类事故经常发生。日本满铁华北经济调查所在"大同煤矿劳动概要调查报告"中对这一事实亦有记载："大同煤矿作业环境恶化，为节省必要的坑木等，……根本谈不上采煤粗放化以至安全等考虑。另外，煤矿方面由于原材料价格高涨、对必要的设备等闲视之"。

由于劳动条件极端恶劣，工人伤亡惨重，死伤率高达 50%以上。据上述调查报告统计，1941 年，在籍人员为 6934 名，死亡 869 名，死亡率为 12.5%。负伤者 2983 名，负伤率达 43%。而到 1942 年，死亡人员增加到 1700 多名。

（引自满铁北支经济调查所：《大同煤矿劳动概要调查报告》，1941年9月15日，吉林省社科院满铁资料馆馆藏档案，载大同矿务局矿史党史征编办公室编：《大同煤矿史》，人民出版社1989年版，第71—72、81—82页。）

38.《晋察冀日报》关于1942年秋冬五个月间大同煤矿劳工因瘟疫流行被残害死亡者2400人的报导（注㊳）
（1943年1月29日）

大同煤矿五个月内敌寇处死矿工二千四百

易县讯：据从大同煤矿逃出来的一个十三岁的小矿工谈：他是山东博平县人，去年六月间，被敌人抓到大同煤窑当矿工，在五个多月里，被敌人毒打过二十多次，现在还满身伤疤，这个小孩子衣服单薄，面黄肌瘦，非常可怜，他谈到矿中情形时说，因为敌人设备不全，和逼迫的厉害，每天都有四、五个人砸死，最叫人愤[恨]的，是敌人和“把头”，害怕瘟疫在矿中流行，凡是得了瘟疫的，不论轻重死活，一律挖坑埋掉，五个多月来，被活埋、打死、砸死的，达二千四百余人之多，敌人残杀我同胞，竟如此野蛮！

（《晋察冀日报》1943年1月29日。）

39.大同煤矿矿史征编办关于大同煤矿“万人坑”及死亡劳工数的调查报告（节录）（注㊴）
（1989年7月）

“万人坑”和“烧人场”，大同煤矿在日寇的血腥统治下，大批矿工被摧残致死。八年来死难矿工六万多人。按日寇掠夺大同煤炭的数量计算，日寇每掠夺千吨煤，平均死亡四名矿工。当时在矿区的荒郊野外、河滩山谷、废旧矿井等地形成了一个个大大小小的“万人坑”。

大同煤矿究竟有多少万人坑，现在很难查出确切数字。仅据老工人回忆，比较大的万人坑就有二十一处。如忻州窑的杨树湾，同家梁的黄草洼，永定庄的大南湾，白洞的老爷庙，煤峪口的南沟等。

（引自大同矿务局矿史党史征编办公室编：《大同煤矿史》，人民出版社1989年版，第148页。）

41.兴亚院华北联络部、龙烟铁矿股份公司等关于1939—1945年该矿产量及使用劳工状况的报告（节录）（注⑩、⑪）

（1940年12月—1945年8月15日）

民国26年[1937年]10月，由兴中公司着手于矿区重开。12月20日，建成宣化至水磨间9000米铁道，并开始向日本输送矿石。民国28年[1939年]4月，庞家堡线着手建设；7月，以资本金2000万日元，设龙烟铁矿株式会社；11月，开设庞家堡采矿所。民国29年[1940年]12月，庞家堡线开通，开始向庞家堡输送开发用资材。民国31年[1942年]5月，着手建设烟筒山运矿干线及回线，11月完成。6月，将公司资本金2000万日元增资至6000万日元。12月，开始由庞家堡输送矿石；12月，遵照日本政府的命令，完成了制铁所建设计划。民国32年[1943年]1月，20吨熔矿炉10座开始施工；4月开设大同采石所，7月完成；7月，炼铁所20吨第一高炉开始操业；8月，着手庞家堡线延长工程；12月，20吨第10炉举行点火仪式，第一次计划中的小型高炉10座完成。民国33年[1944年]8月，着手建设地下式机器制造所（战争结束时完成90%）；9月，着手2座百吨熔矿炉的建设（战争结束时，基础工程完成）。民国34年[1945年]5月，因在高品位矿区庞家堡采矿所集中作业，烟筒山矿业所操业停止；8月15日，战争结束；8月31日，日籍职员（同家属一起）在八路军驱赶下，自现地全部撤离。

3. 会社设立后之实绩

A. 生产实绩

1. 矿石

年度别	生产吨数
28年度[1939.7.26—1939.12.31]	192166
29年度[1940.1.1—1941.3.31]	396047
30年度[1941.4.1—1942.3.31]	605164
31年度[1942.4.1—1943.3.31]	939000
32年度[1943.4.1—1944.3.31]	830000
33年度[1944.4.1—1945.3.31]	648228
34年度[1945.4.1—1945.8.20]	124000
合计	3734605

（龙烟铁矿株式会社：《龙烟铁矿概要》及《会社设立经过报告书》，1945 年 8 月 15 日，天津市档案馆馆藏档案，旧字 19 号全宗，载居之芬主编：《日本对华北经济的掠夺与统制》，北京出版社 1995 年版，第 461、464 页。）

小注① 兴亚院华北联络部有关 1939 年龙烟铁矿实有劳工的报告（节录）
（1940 年 12 月）

（与《证据史料剪辑》注㊱之小注②、③同）

小注② 劳动科学研究所藤本武关于 1941 年到 1942 年上半年龙烟铁矿实有劳工的调查报告（节录）
（1943 年 10 月）

第二节　关于矿工的疾病

（一）关于烟筒山的医疗设施及扶助规定

烟筒山的诊疗所，到目前为止（本书注明是 1941 年至 1942 年上半年——译者注）对大约有 4000 人左右的矿工劳动的矿山来说，是极为寒碜的。建筑物不过是 6 间房子。其中 3 间房子，作为病房。在那里，有 6 张床和一个炕，合计起来最多只能收容 9 名病人。仅有华人医生一名，护士 3 名。只能严格地收容重症的公伤者。

（[日]藤本武：《支那矿夫的生活》，大阪尾号书店，1943 年 10 月，第 191 页，载居之芬等主编：《日本掠夺华北强制劳工档案史料集》（上），社会科学文献出版社 2003 年版，第 327 页。）

小注③ 日本驻蒙疆使馆关于 1943 年龙烟铁矿劳工及流动状况报告（节录）
（1944 年 3 月）

工人大量逃跑，造成两个矿山劳力不足，大量亏产。1944 年 3 月，张家口日本驻伪蒙疆大使馆到龙烟铁矿调查亏产原因，哀叹："劳动力来源困难，劳工流动增加，大量离散。"报告表明，1943 年 4 月到 12 月，9 个月里，侵略者采用暴力诱骗来矿劳工 11949 人，而逃跑和死亡的劳工多达 13008 人，12 月比 4 月在矿劳工减少 1059 人。

（《日本驻蒙疆大使馆关于龙烟铁矿调查报告》，1944 年 3 月，载《宣钢志》编辑部：《悲歌在耳，浩气长存》，2005 年 7 月印行，第 6 页。）

41.《宣钢志》编辑部关于龙烟铁矿 1939—1945 年使用
劳工总数的调查报告（节录）（注㊷）
（2005 年 7 月）

劳工中也有不少矿山周围的农民，他们是日军强迫各县派到矿上的"挺身队"，每队百人以上，两三个月一轮换，他们同外地来的劳工一样，下井掘进、采矿或干其它粗重杂活。

侵略者在龙烟铁矿大量使用战俘劳动，在制铁所有二、三百名战俘专门砸矿石，他们干活时戴着脚镣，由荷枪实弹的日本兵看守。在烟筒山、庞家堡的战俘被编为二训组、三训组、四训组，由日本人直接管理。在烟筒山的四训组人数高达二千多人，专门从事矿石运输，干的活又重又危险。

当时，在两个矿山和制铁所劳工人数都分别达到八、九千人，按劳工大量逃跑和死亡的情况推算，八年间被日本侵略者驱赶到龙烟的劳工人数当在八至十万人间。

（《宣钢志》编辑部：《悲歌在耳，浩气长存》，2005 年 7 月印行，第 2 页。）

42.《宣钢志》编辑部关于龙烟铁矿 1939—1945 年
死亡劳工的调查统计（节录）（注㊸）
（2005 年 7 月）

日本霸占龙烟铁矿八年，究竟有多少劳工惨死在他们手里，已无准确资料可考。现存于南京第二历史档案馆日伪资料记载：1943 年 4 月至 12 月，龙烟劳工死亡率为 7.2%，据此计算，这期间龙烟两矿山在籍和逃亡劳工人数共为 19765 人。九个月劳工死亡达 1400 多人，但这只是被他们大大缩小了的数字。按庞家堡等处死亡劳工尸骨的情况推算，八年间，庞家堡、烟筒山和宣化片各厂，龙烟劳工死亡人数当在 15000 人以上。

（《宣钢志》编辑部：《悲歌在耳，浩气长存》，2005 年印行，第 6 页。）

43.中共张家口市党史征集办及宣化钢厂宣传科关于 龙烟铁矿八年中死亡劳工的调查报告（节录）（注㊹）

（1995 年 7 月）

据有人估计，"万人坑"乃八千二百具尸骨之所在。是一九四三年以前形成的。日"劳务课"头目猪野泰雄乃主要刽子手之一。

一九四三年初，宣庞铁路通车，矿山规模扩大。随着劳工人数的大量增加，敌我之间的斗争也日趋激化。旷工、破坏，特别是有组织的逃跑，更是层出不穷。但是，敌人也加紧了法西斯统治，杀人手段越来越狠毒，常常将那些力图反抗或逃跑的人集体杀害，并将领导者的人头割下来示众。沙子地，就是日军的一个大屠场。据老工人徐润回忆："记得有一次，我亲眼看到从沙子地风机房旁边的一个工棚里，日本兵将关押的三十六、七个人，一下子都给活埋了。"

日本侵略者的野蛮屠杀政策，再加上瘟疫盛行，工场事故累累和灭绝人性的生活待遇，矿工的死亡率直线上升。据有关资料记载：一九四四年，从顺德府抓骗来两千多名劳工，过了一个冬天，就只剩下一百来人了；一九四五年上半年，仅庞家堡矿就死亡八千余人；据统计，侵略者掠夺龙烟，平均每千吨矿石就要付出九个矿工的性命。

（赵辰禄：《嶙嶙白骨遍龙烟》，载何天义主编：《日军枪刺下的中国劳工》（之三），新华出版社 1995 年版。）

日本强盗霸占龙烟铁矿 8 年，被他们烧死、打死、活埋以及饿死、病死、冻死的矿工成千上万。仅 1945 年上半年，惨死的矿工就达 8000 多人。

（曹宝生、王云彪等整理：《矿山烟云录》，载于何天义主编：《日军枪刺下的中国劳工》（之三），新华出版社 1995 年版，第 206—207、242 页。）

44.中共张北县委党史研究室关于日军狼窝沟军事 工程残害中国劳工的调查报告（节录）（注㊺）

（1995 年 7 月）

1939 年秋，日本侵略者为确保张北县阴山山脉之要地，以掩护关东军的侧翼，在其驻蒙军司令官根本博、参谋长中川留雄策划下，由驻守野狐岭日军第二独立混成旅团长松浦丰一、渡边渡指等指挥，开始在黑风口两侧山脉构筑野战阵地，以防苏军的进攻……

……工程一直进行到1945年日军投降。每年约有数千民工在日本人的强压下，挖战壕、修碉堡、凿石洞。只在张北县境一段，东自韭菜沟，西至春垦村，长约八十多华里的坝头上，每年约有两千多人为其修筑宽达五米，深达四米的战防壕沟……

日军在修建明碉暗堡工程时完全由日本人亲自指挥，所用劳工工程没完工不得离开工地。为确保工程秘密，对于这些劳工都是在每完成一项工程后就处理一批。处理的方法有两种：一是挑选年轻力壮的人，有的拉到东北抚顺煤矿继续充当劳工，有的送到东北成了进行细菌试验的牺牲品。二是就地加以杀害。因此凡被拉去修碉堡工事的人逃出来的极少。

……日军为了镇压劳工的反抗，并实现杀人灭口，以保证军事工程绝对保密之罪恶目的，便改为秘密杀害劳工，在每年冬季进行。为了不走漏风声，一切行动完全由日本人亲自干，汉奸只有警长以上人员为其在外围站岗放哨。每次行动，将劳工捆绑推上汽车，由荷枪实弹的日军押车前行，后面车上架有多挺机枪押送。一直到安固里淖，将人先架下车来，关押在事先架设起来的帐篷里，后由冰窟推至水中，完全是在与世人隔绝情况下进行的。安固里淖是张北县最大的内陆湖。有水面积达九万多亩，水深三米多。到次年水暖冰消时，人们看到水面漂浮着尸体和衣帽等物，才使日军这种秘密杀人的罪恶暴露于光天化日之下。以后日军又改为用绳子捆绑随身坠石沉于水下。这种惨绝人寰的杀人行为，每年进行数次，每次少者一、两辆汽车，多者数辆汽车不等。1943年冬到1944年春，这种杀人达到登峰造极的地步。在安固里淖的冰上架设布篷十多个，一连数十日。仅从黑风口东山修筑工事的工地上，拉到安固淖杀害的所谓政治犯，就有200多名……

日本侵略者自1939年到1945年七年间，只修筑军事工事每年要杀害我中华同胞少则二、三百人，多则数百人，再加上劳累病冻死者，实是难以准确数计。日本投降后，在党和人民政府的领导下，为纪念中国人民解放事业而献身的苏蒙联军革命烈士和无辜被日军杀害的我中国同胞，曾先后三次在狼窝沟附近的野狐岭上建立烈士纪念塔，并立纪念碑。在刻写碑文前，多次找当地群众和从死牢里逃跑的幸存者，座谈了日本强盗的残酷暴行，七年间日军杀害的我中华同胞最少计有三千余名。

（中共张北县委党史研究室：《日军在狼窝沟的暴行》，载何天义主编：《日军枪刺下的中国劳工》（之三），新华出版社1995年版，第188—191页。）

45.1941 年初日本开始对华北境内劳力实施强制统制和计划供给（注⑯）

（1940 年 10 月 21 日—1941 年 3 月 21 日）

北京地区劳动统制分科会的设立及实施北京劳动统制暂行管理规则[日]

（1940 年 10 月 21 日至 11 月 1 日）

北京地区设立劳动统制分科会

劳工问题，根据周围的状况，决定首先从急于解决这个问题的地方开始，着手于以北京为中心的近邻 15 个县的统制。并且，为了实行对这 15 个县的统制，北京地区劳动统制分科会的设置工作正在准备当中，到本月中旬左右，可以看到它的建立。北京地区劳动统制分科会，是以实现对北京地区各种劳工及运输力量的实情调查、配给统制、工薪统制等各项调查统制为目的，由军队、政府及民间的特约人员组成专门委员会。分科会的领域及专门委员如下：

1. 铁道方面：铁路局、国际运输公司；

2. 土木方面（建筑、道路、治水）：华北土建协会、新民会；

3. 矿山方面（各煤矿、金矿）：日本矿业、日本高周波（日本企业名称。——编者）、石景山制铁所；

4. 工匠方面（木匠、泥瓦匠、铁匠）：华北电电、新民会、工商会议所；

5. 运输方面（卡车、马车、手推车）：新民会、国际运输公司；

6. 杂项苦力方面（洋车[夫]、水夫、清洁夫）：联银、新民会。

北京劳动统制暂行管理规则

北京物资对策委员会为了实行劳动力统制与劳动工薪的调整，从 1940 年 10 月 15 日开始，实施了"北京劳动统制暂行管理规则"。根据这个规则，凡是今后每天使用 100 名以上的自由劳工及车马 50 辆以上的场合，需要经物资对策委员会内的北京劳动统制委员会许可，违反者要受到严厉处罚。

第一条　在北京市内及其邻近地区，使用自由劳工及运输工具者，应按本规则的规定执行。

第二条　每天使用 100 人以上的自由劳工以及车马 50 辆以上者，应以下述事项摘要材料向上述委员会提交申请，并接受其许可。

1. 企业的目的、期限；

2. 劳工募集和运输工具的募集方法及其使用领域；

3. 每天使用劳工及运输工具的预计表。

但是，在上述事项中需要保密的事项，可进行省略。

军队所需部分，只进行申报。

第三条　委员会在接到第二条规定的申请时，对地区内的需给状态等进行考虑，在认为没有妨碍的情况下，给予使用许可。

但是，上述许可按如下顺序给予：

1. 有关作战的事业；

2. 与国策会社有共同利益的事业；

3. 一般民间自由企业；

4. 其他。

第四条　劳力及运输工具向管外地区移动时，应将下述事项的摘要向委员会提出申请，接受其许可。

1. 使用的目的；

2. 募集的方法及条件；

3. 使用时间。

委员会在认为没有抵触的场合，给予许可。

2. 华人苦力佣役工薪表

①运输苦力及土方苦力	
头儿	1.60（元）
一等（18—40岁）	0.80
二等（41—60岁）	0.75
②杂役苦力	
头儿	1.50
一等（18—40岁）	0.75
二等（41—60岁）	0.70
三等（61岁以上 17岁以下）	0.65

3. 华人车马运输力佣役工薪表

运输用马车	4匹马拉的	6.50（元）
	3匹马拉的	5.50
	2匹马拉的	4.50
	1匹马拉的	3.50
驮货马	大个儿的（日本马及俄国马）	1.60
	中个儿的（中国马、骡子）	1.40
	小个儿的（驴子）	1.20

大车	两轮运货车	1.60
中等车	货车	1.40
小车	独轮手推车	1.20

备考：本表规定的工薪率，以每天实际劳动10小时为标准。并且根据劳役的困难及危险程度，需要加以特殊考虑者，得在本规定三成以内的幅度增加。

再者，根据特殊情况，超过本规定的定率进行给予时，以及在其他难以按本规定执行的场合，要预先取得委员会的许可。

（[日]支那问题研究所：《支研经济旬报》第120号，1940年11月21日。北京图书馆藏。）

天津地区成立劳力统制委员会及实施"劳动统制细则"[日]

（1941年1月11日）

为了谋求天津地区劳力需给关系的调整，在9月28日成立天津劳力统制委员会，在天津管区的各个机构对有关各个地区内的劳工工薪、劳工需给关系等进行了详细的调查。在12月7日的第二次委员会上，决定了关于劳动力统制的细则，立即付诸实施。劳力统制的要点是：劳工的需给、劳力的分配、工薪的统制等。由于最近伴随物价额提高而来的劳薪的暴涨以及劳动力的不足，规定公正的工薪，既可以防止雇主之间的争夺，同时也可以对劳工进行保护。这种劳动统制，在天津、塘沽、唐山、秦皇岛、沧县地区也被立即实行。违反者，作为扰乱经济的行为，适用于提交军法会议，严厉处罚。

应该受统制者，仅在天津就有苦力约23万人；运输工具有卡车、货运马车、马车、手推车等。在本地区内，每天使用苦力50人以上以及车马20辆以上的事业者，需要取得委员会的许可。

并且，租金按车马种别划分等级，以直接付款与承包制付款两种方式，决定支持赁金的额度。搬运苦力直接付款额是：头儿2元30分；一等苦力1元15分；二等苦力1元10分；三等苦力1元零5分。其他大致以此为准。另外，车马运输力佣役的最高租金是，货运马车：4匹马拉的10元；3匹马拉的9元；2匹马拉的8元；1匹马拉的7元。马车：大的3元；中等的2元50分；小的2元。手推车：大的2元50分；小的1元60分。

通过这些规定，防止了事业者之间的不正当争夺战。对违反者，作为扰乱经济行为，采取严厉处分的方针。

（[日]支那问题研究所：《支研经济旬报》第 126 号，1941 年 1 月 11 日。北京图书馆藏）

开封地区设置劳工管理处[日]
（1940 年 10 月 21 日）

最近，伴随着开封各项事业的发展，各种建设事业逐步呈现盛况。由于急剧需要大量劳工，开封物资对策委员会作为解决所需劳工的对策，由开封市公署组织了开封劳工管理处，在协调对劳工的配给统制的同时，也从事改善劳工待遇、维持治安的工作。处长由市长兼任。

（[日]支那问题研究所：《支研经济旬报》第 117 号，1940 年 10 月 21 日。北京图书馆藏。）

保定设立劳动统制委员会与实施"劳动统制细目"[日]
（1940 年 11 月 21 日）

保定劳动统制委员会，根据 10 月 16 日举行的第一次委员会会议结果，对劳工的工薪及运输工具的使用统制方针开始了研究。最近，由于上述研究得出了成熟方案，11 月 7 日在特务机关召开了第二次委员会会议，在进行种种协商之后，决定了如下的实施细目，将从 12 月 1 日开始实施。

一　每天使用 100 人以上的自由劳工及 50 辆以上车马者；

二　将劳力及运输工具向管外地区移出者。

以上两项，全部需要经过许可。

三　每天使用 20 人以上的自由劳工及每天使用 10 辆车马者，要预先向委员会申报。

并且，从 12 月 1 日开始实施的华人工匠雇佣工薪及华人车马运输雇佣工薪规定如下：

1. 华人工匠使役工薪表

行业种别	工薪（元）
工厂职工、铁工：	
上等工匠	1.80
普通工匠	1.30
见习工匠	0.70
马口铁工匠、木匠、泥瓦匠、铁匠：	
上等工匠	1.30
普通工匠	1.10
见习工匠	0.70
砖工、瓦工、油漆工、石工：	
上等工匠	1.20
普通工匠	1.00
见习工匠	0.70

太原市劳动统制委员会的设立及其劳动统制[日]

（1941年3月11日）

　　成为悬案的太原市劳动统制，由于在这个过程中渐渐取得了成熟方案，2月18日在有关人员之间进行了最后决定。从3月1日起开始施行。根据这项决定，太原市和周边地区的劳工及各种车辆、骆驼、牛、马等运输工具，必须全部接受由××部队外军方面、省公署、市公署、新民会、土建组合等组成的太原劳动统制委员会的统制。在委员会登录的雇佣者，只能通过委员会的批准才能使用劳工及运输工具。此外，在这次劳动统制当中，为了提高劳工的生活，投入了相当的费用，举办了简易住房、简易食堂、免费诊疗所等福利设施，这是在其他地方看不到的特征。

　　（[日]支那问题研究所：《支研经济旬报》第131号，1941年3月11日。北京图书馆藏）

46.兴亚院华北联络部关于1941年度华北地区主要行业劳工需求与供给计划表（注㊼）

（1941年11月）

　　华北地区最近的劳力需求实况，因时局的原因需给予保密，从而无法详知。在可以了解和观察的范围内，获知其现在需要劳力总数约达400万人的程度，它按行业来划分时，大概如下表所示：（单位：千人）

煤炭业	山东省—淄川、博山、章邱、官庄 河北省—开滦、井陉、六河沟、磁县等	}230
矿业	山东省—金岭镇铁山 矾土、钨矿、铝矾土、采金等	}10
盐业	山东省—河北省沿岸地区	15
计划产业	碱、硫安等	7
交通业	华北交通、电信电话、国际运输 （华北运输）	80
土木业	道路、铁道建设、港湾建设等	200
一般工业	纺织、饮食料品、制造工业、 制织物业等	1,400
海运、水运		200
商业及户内使用		1,300
日佣劳工	包含军用劳工	500
其他		58
合计		4,000

（译自满洲铁道总局旅客课：《满洲国劳动问题与 1942 年度入满华工的动向》，1941 年 11 月 1 日，吉林省社科院满铁资料馆馆藏档案，档案号：22755，第 77 页。）

47. 华北劳工协会关于 1942—1946 年华北劳工动员分配计划表（注⑱、⑲）

（1941 年 11 月）

华北劳工五年动员分配计划表

单位：万人

动员分配计划 ╲ 年度	1942 年	1943 年	1944 年	1945 年	1946 年
预计可能供出总数	150	160	170	175	185
华北预计新增需求	35	45	50	55	65
预计可能向境外供出数	115	115	120	120	120
向国外（境外）供出内容					单位：万人
满洲国方向	100	95	92	85	79
蒙疆方向	12	15	20	24	27
华中方向	2	3	5	7	9

年度 动员分 配计划	1942 年	1943 年	1944 年	1945 年	1946 年
日本，朝鲜	1	2	3	4	5
合计	115	115	120	120	120

华北劳工协会推断 1942 年度华北地区需要新增劳力预计为 35 万人，实际综合各方面的情况考虑其最低需求应在 40 万人的程度；从而华北向国外（境外）供出劳力从现状观察，在最好条件下，也难于超过 110 万人。

（译自前引满洲铁道总局旅客课：《满洲国劳动问题与 1942 年度入满华工的动向》，第 110 页。吉林省社科院满铁资料馆馆藏档案。）

48.1943 年度华北重要产业预计新增劳力统计表（注㊿）

（1943 年 10 月）

地区别 产业别	河北省	山东省	山西省	苏淮地区	小计
煤炭	65,000 人	67,000 人	14,000 人	10,000 人	156,000 人
铁矿	—	[推]3,000	[推]4,000	—	[推]7,000
矾土	12,000	—	—	—	12,000
其他矿业	300	600	10,000	—	10,900
制铁	2,200	—	—	—	2,200
盐业	10,000	1,300	—	—	11,300
化学工业	300	—	[推]6,000	—	6,300
铁道	2,000	2,000	1,000	500	5,500
运输	35,000	25,000	4,000	4,000	68,000
港湾	8,000	3,000	—	—	11,000
电业	1,700	1,000	800	500	4,000
电信电话	1,000	800	400	300	2,500
土木业	127,000	8,500	—	30,000	165,500
合计	264,500 人	112,200 人	40,200 人	45,300 人	462,200 人

原备考：据 1943 年度华北劳力分配计划资料制。

据华北开发公司及华北建设总署提供的有关数字，另加以推定制成。

（译自华北综合调查研究所：《事变后的华北经济概要与矿工业及劳动事情》，1943 年 10 月，油印绝密报告，第 227—228 页。中国社会科学院近代史所图书馆藏。）

49.华北劳工协会等关于 1942 至 1945 年 8 月日本在华北强征输出劳工去向、人数统计表（注⑤1）

单位：万人

年度\去向	1942 年		1943 年		1944 年		1945 年		合计（实际）
	计划	实际	计划	实际	计划	实际	计划	实际	
满洲	85	103.8	80	90.5	70	36.2	41	4.9	235.4
蒙疆	3	4.08	7	8.7	10	4.7	7		17.08
华中	2.7	0.736	2.15	1.9	4.25	3.28	6.3		5.916
日本			0.1000	0.1420	3	3.455	5	0.2970	3.894
朝鲜		0.1187		0.0628					0.1815
合计	90.7	108.735	89.25	100.90	87.25	47.635	59.3	5.197	262.472

注：本表的计划数，依据（1）1941.12，1943.12，1944.12 第一、三次华满蒙劳务联络会、第一次东亚劳务联络会议密录，天津市档案馆、中国第二历史档案馆藏。华北综合调查研究所：《事变后的华北经济概要与矿工业及劳动事情》，1943 年 10 月未刊稿，中国社会科学院近代史所图书馆藏。（2）本表实际输出劳工数，依据华北劳工协会：《华北劳动时报》1942 年 11 月—1944 年 12 月，1—4 辑，输出劳工统计表；华北劳工协会：1945 年 5 月《业务概况报告》第四号；及东峰常二：《华北交通公司第一运输局旅客运输移交报告》，1945 年 10 月 19 日，表 9，天津市档案馆藏。（3）对日供出劳工数，引自陈景彦：《二战期间在日中国劳工问题研究》，吉林省人民出版社 1999 年版，第 110—111 页。其中包括从东北、华中输往日本劳工 3157 人。

（载居之芬：《1933.9—1945.8 日本对华北劳工统制掠夺史》，中共党史出版社 2007 年版，第 249 页。）

50.华北、满、蒙、华中及东亚劳务联络会议决定 1944 年、1945 年华北战备产业分配劳工计划（注⑤2）

（1943 年 12 月 18 日、1944 年 12 月 23 日）

华北、满、蒙劳务联络会协定 1944 年度华北所需劳工人数

（1943 年 12 月 17 日—18 日）

协议事项

一　民国三十三、康德十一、成纪七三九年度入满、蒙、华中劳工人数案（华、满、蒙、华中）

满洲方面要求数　　　　　　　　团体 250000 人　　　　　　　非团体 450000 人
蒙疆方面要求数　　　　　　　　团体 100000 人
华中方面要求数　　　　　　　　团体 42500
民国三十三年度华北之劳力对外供出预想数列表如左（下）：
供出可能数 1800000 人
华北内新规需要数 900000 人
实际对外供出可能数 900000 人
决定事项
满洲方面　　　　　　团体 250000　　　　　　个人 450000
蒙疆方面　　　　　　团体 100000
华中方面　　　　　　团体 42500
但满洲方面如需要女工时不在其内。
（《民国三十二年度华北、满、蒙劳务联络会议议决案》，中国第二历史档案馆馆藏档案，档案号：2005—1—1627，第 10 页。）

第一次东亚劳务联络会协定 1945 年度华北所需劳工人数

（1944 年 12 月 23 日）

协议决定事项

一　民国三十四年、康德十二年、成纪七四〇年、昭和二十年关于赴日本、满、蒙、华中劳务者数目之件（华、满、蒙、华中）
满洲方面希望数　　　　　　团体 110000 人　　　　　　散劳 300000 人
蒙疆方面希望数　　　　　　团体 70000 人
华中方面希望数　　　　　　团体 63000 人
民国三十四年度华北供出劳力预测数如左（下）：
可能供出预测总数　　　　1300000 人
华北境内需要预测数　　　　900000 人
其余对外可能供出数　　　　400000 人
决定事项
满洲　　　　　　　　团体 110000　　　　　　散劳 300000
蒙疆　　　　　　　　团体 70000
华中　　　　　　　　团体 63000
日本　　　　　　　　团体 50000
但赴满洲之散劳 300000 人，仍应以团体为优先。又，对于华中地场劳力之动员并养成应努力达成之。

（《民国三十三年度东亚劳务联络会议议事录》，中国第二历史档案馆馆藏档案，档案号：2005—1—1627，第 31 页。）

51. 大东亚省北京使馆及华北劳工协会关于 1944 年华北地区所需劳力计划及实施情况统计（节录）（注㊳）

（1944 年 7 月、1945 年 5 月）

（1）大东亚省北京使馆关于 1944 年华北煤炭业所需劳工计划（节录）

（1944 年 7 月）

首先是劳力确保的问题。由于机械化落后，所以只能大量地使用廉价的劳工。当时的华北各煤矿只有从所需的劳力入手，并加以确保，才是增产的关键所在。当时华北地区煤矿劳工一人平均日出煤量最高的是中兴煤矿为 0.5 吨，最低的是赤柴煤矿（又称大汶口煤矿）为 0.17 吨，平均达到 0.36 吨的程度，与日本的情况相比是相当低的。由于华北煤矿的出勤率也平均只有 72%，因此有必要确保与之相称的在籍劳工。根据[大东亚省]北京使馆的计划，劳工每人年均产煤仅有 122.9 吨，要完成年产 2650 万吨的产煤计划，必须要有 21.6 万人的劳力；又因为其出勤率仅有 72%，因此在籍劳工必须达到 29.86 万人。然而，当时华北煤矿在籍劳工只有不过 14.77 万人，所差的 15.09 万人必须要进行重新募集。其中除从煤矿周围乡村进行可能的募集等之外，还必须从煤矿周边以外地区募集劳工 7.18 万人。特别是为补充据说煤矿劳工每年平均高达 90% 的移动率所引起的欠员，形成每个月必须募集劳工 6780 人。

（译自[日]中村隆英：《日本对华北的经济统制》，山川出版社 1983 年版，第 316 页。）

（2）华北劳工协会关于战时重要劳力紧急动员计划完成情况表

（1944 年 9 月—1945 年 1 月）

区分	事业体名	分配数	（实供）概况	
			1 月份	9 月以后累计
合计		194000	8342	65147
日本		70800	3023	17725
蒙疆		37000	1587	17824
	龙烟铁矿	20500	861	8578

续表

区分	事业体名	分配数	（实供）概况	
			1月份	9月以后累计
	大同炭矿 大青山炭矿	16500	726	8459 787
满洲		3400		
国内		82800	3732	29598
（指华北境内）	北支那制铁	4000	7	288
	井陉炭矿	7000	1133	4398
	正丰炭矿	1000	165	1585
	武安矿山	4000	223	1569
	六河沟炭矿	1000	183	1370
	磁县炭矿	6000	606	1799
	冀东矾土	1600		1667
	天津制铁	2000		
	山东矿业	13200	135	3067
	青岛埠头	3000		303
	山东矾土	6000		800
	轻金属	2800		305
	日本钢管	4000		399
	新泰炭矿	6000	228	2364
	大汶口炭矿	5400	638	3515
	中兴炭矿	7000	414	5204
	青岛制铁	3000		303
	海州矿发	3000		965
	柳泉炭矿	2500		
	利国矿山	1300		
	连云港	1000		

（天津市档案馆馆藏档案，档案号：J1—3—6—9042，第4页。）

52．“华北开发生计组合”关于1945年上半年华北重要产业使用劳工统计（节录）（注(54)）

（1945年9月30日）

乙、特别配给之物品

特别配给物品者因配给对象以及配给目的之不同，其配给数量亦不同。然其所依据者，乃所从之事业之重要程度也。此种配给方法，依照下列所记之特配方式继续或临时施行之。

1. 对中日劳务从事员，依据一定之规准分别为重劳工、轻劳工以及其他从事员之三种。对于重劳工、轻劳工继续配给大米、酱油、盐、砂糖、烟卷等物品，其他之物品乃临时增加配给之。今将其配给人员数记于下面：

	重劳工	轻劳工	其他之从事员
中国人	586940 名	120220 名	61620 名
日本人	7950 名	19950 名	38370 名

2. 褒奖用之特配

充作奖励出勤、奖励增产增送之用。

3. 非常时用之特配

（引自[日]大岩银象：《开发生计组合业务概况》，1945 年 9 月 30 日，载居之芬主编：《日本对华北经济的掠夺与统制》，北京出版社 1995 年版，第 820 页。）

53. 华北产业开发计划设定委员会第六分科会关于1940 年 6 月华北主要产业实用劳工统计（注⑤⑤、⑤⑥）

（1940 年 6 月）

产业或行业类别	实有劳工数（人）	各业占总人数%
交运业	78,506	6.13
道路筑堤	47,912	3.74
盐业	15,250	1.19
电气业	745	0.06
产金业	636	0.05
矾土业	800	0.06
棉花打包业	4,909	0.38
土建业	108,700	8.49
纺织业	61,515	4.81
纺织以外工业	120,014	9.37
制铁业	7,134	0.56
煤炭业	104,052	8.13
小计	550,173	42.98
海员	200,000	15.62
洋车夫	180,000	14.06
自由劳动者	150,000	11.72

续表

产业或行业类别	实有劳工数（人）	各业占总人数%
小计	530,000	41.40
特殊用劳工 总计	200,000 1,280,173	15.62 100.00

（译自华北开发公司企划部：《北支那劳动事情概观》，1941 年 6 月，辽宁省档案馆馆藏档案，档案号：行政 2650，第 39—40 页，第二十八表。）

54.华北方面军 110 师团关于 1942 年 2 月末日军已在冀中修筑工事规模及用工量的报告（节录）（注(57)）

（1942 年）

冀中地区，历来属于第一一〇师团的负责地区（冀中东半部则属于第二十七师团），进行了如下的治安肃正工作，但为此次作战，变更了配备，并实行了特别训练。

（一）增强警备设施　加强各部队分驻地据点的设施，特别加强了碉堡工事。为了使少数留守部队能很好地完成任务，通过筑城工事以弥补其兵力不足的弱点。为了掩护铁路和主要交通道路，将其两侧的隔断壕（治安壕、惠民壕）加以延长。到 2 月末，此种隔断壕总长大约已达 3900 公里，碉堡工事约达 1300 座。

（二）加强经济封锁　沿京汉路以西山岳地带山脚下修筑了绵延数百公里的封锁线（由石墙和碉堡构成，石墙高 2 米，底厚约 1 米），用来隔断连接冀西与冀东的补给路线（构筑封锁线的工作量，以井陉地区中队所承担的正面封锁线约 90 公里为例，施工实用 70 日，共需 10 万人）。

[日本防卫厅战史室编：《华北治安战》（下），天津人民出版社 1982 年版，第 149—150 页。]

55.满洲铁道总局旅客课关于 1941 年度华北方面军修工事征用劳力状况的报告（节录）（注(58)）

（1941 年 11 月 1 日）

4．军需劳力

华北地区的军需劳动，属于难于确认的特殊劳动。包括道路的新修、铁路沿线及其他必要地区经济封锁沟或交通阻断沟的构筑等,可以看做是一种以修筑主要以军事为目的施设的劳动。这些劳动据说需劳力约 20 万人。主要由这些地区"爱护村"村民强制义务出劳。它对华北剩余劳力的直接需求,使农民虽在农忙期间,也须广泛地从事军需义务劳役,它所造成的间接影响,是无庸讳言的。

（译自满洲铁道总局旅客课:《满洲劳动问题与 1942 年度入满华工的动向》,1941 年 11 月 1 日,吉林省社科院满铁资料馆馆藏档案,第 80 页。）

56.华北方面军所属各部关于 1942 年在华北修筑工事规模及使用劳工状况的报告（节录）（注㊹）
（1942 年 9 月—12 月）

（一）

9 月 30 日华北方面军参谋长也以"华北军第二、四半期 （第二季度）"为题发表了以下谈话:

第一、四半期（第一季度）方面军的肃正作战,是以河北省及其附近地域为重点,展开全华北从未曾有的彻底的歼灭战,进行了一次治安肃正总演习。在本期内,一方面继续积极作战,一方面大力扩大治安圈并加以巩固。由于采取适当的措施和高粱茂盛期的攻势作战,彻底粉碎了敌人的企图,取得了很大的战果。本期的交战次数为 3180 次（与前一年同期相比减少 1843 次）,交战敌兵力 429119 人（与前一年同期相比减少 40220 人）,敌遗尸 113861 具,俘虏 16158 人（下略——原文如此）。

另一方面,华北治安圈的扩大和巩固工作正在稳步进展,由于协助作战的农民作出牺牲,提供义务劳动,在治安地区和非治安地区中间挖掘的隔断壕,总长达 11860 公里,而且封锁敌匪活动的碉堡阵地超过 7700 个,华北治安圈逐渐扩大起来。

[日本防卫厅战史室编:《华北治安战》（下）,天津人民出版社 1982 年版,第 149—150、191 页。]

（二）

有关中国驻屯步兵第二联队（中国驻屯步兵第二联队,指华北方面军驻冀东第 27 师团的下属部队。——译者注）在本作战中的情况,在该联队的"联队史"

中叙述如下：

如上所述，在规定的 11 月 6 日期限之前，完成了师团计划的和地区队自己计划的工事以及其他措施。构筑了隔断壕 245 公里，其他封锁线工事 74 公里，共计 319 公里；棚舍 132 个、碉堡 3 个；城寨 18 个、关卡 2 个，共计 155 个。此项工事共用 52 天，作业人员达到 1957000 人次。并新架电话线 258 公里，维修 153 公里，共计 411 公里。新建汽车公路 83 公里，补修 392 公里，共计 475 公里。长城无人区包括 76 个村、1235 户、6454 人；暂时无人村 28 个、2342 户、12036 人。

[日本防卫厅战史室编：《华北治安战》（下），天津人民出版社 1982 年版，第 213—215 页。]

57. 中共晋察冀军区关于日军在 1941—1942 年五次"治安强化运动"期间修工事征用劳力、破坏农业生产的报告（节录）（注⑥⑩）

（1942 年 12 月 8 日）

据不完全的统计，现时敌寇在华北修成的铁路至少占地一千八百方里，新修公路、汽路至少占地三万五千方里以上，铁路两旁的护路沟至少占地七千方里以上，公路、汽路两旁的护路沟占地至少有一万五千方里，铁路、公路与护路沟之间占地的面积至少有二万二千方里。封锁墙占地至少有五千方里。这六项合计占地至少有八万五千八百方里以上。其他如普遍建筑着的敌人的岗楼、堡垒、电线杆以及飞机场等占地面积，尚未计算在内。而这些土地大部分都是原来民间上等的好地，那是我们无数同胞的田产、房屋，现在都被敌寇所强占与毁坏了。在我们晋察冀边区的北岳区，周围地方据第四专区的统计，敌寇在两个月间就曾毁坏了我们老百姓的良田七万三千四百四十亩之多。在定县南部，敌人最近修筑的七十二座炮楼，连同周围的公路和新挖的封锁沟，就占去了当地农家良田一万七千八百八十亩，被毁的庄稼计算粮食约有二万一千五百余石，等于一万多人一年的口粮。敌寇强占与毁坏了这些肥沃的土地，造成了我们许多同胞的饥饿还不算，而且每天还有我们成千成万的同胞被敌寇强迫去修路挖沟，就是老年、幼童以及妇女有时也都难免这种强迫的劳役，白白的耗费去无数的劳动力，而且有无数的同胞就在这样的劳役中死去了。根据前面统计修路、挖沟等六项工事，总共耗费的人工至少在四千五百万人以上。

（引自聂荣臻：《敌伪五次"治安强化运动"的暴行与惨败》，载《晋察冀日报》1942年12月8日。）

58.华北方面军所部及伪昌平县知事关于1942年日军修工事耗时、用工状况的报告（节录）（注㊽）

（1942年6月—12月）

（一）

（与《证据史料剪辑》注㊼、㊾同）

（二）

伪昌平县知事纪肇斌为日军强征民夫挖"惠民壕"亟待赈济电（节录）

讵意今春亢旱，迄今未霈透雨，田苗干枯，麦秋无望。当此青黄不接之际，山乡百姓每日一餐不饱，民生恐慌已达极巅。本县正苦于无法救济中，复自五月二十七日起实施挖掘"惠民壕"，限于六月末日报竣。计三十五日间之工程，每日得征用民夫一万五千人，每人每日需小米一升，计日需一百五十石，三十五日共需小米五千二百五十石。案关防共，"惠民壕"要政军令所在，未容稍缓。本县时下对于一般民食尚不遑救济，况此大批工人更不能枵腹从公，兼以工期迫近，不容稍缓，不得已乃于五月二十七日依限兴工。但现在所征民夫均自备食物，其中最苦者闻有掺杂树叶、树皮为粥食，而努力于旷野荒郊炎热天气之下建设防共壁垒，勤劳精神殊堪嘉许。然沙土弥漫鸠形垢面饥溺之状，令人悯恻。

（引自中国第二历史档案馆馆藏档案，档案号：2005—1501，1942年6月5日，第2页。）

59. 北京、天津、青岛三市伪政府关于 1944—1945 年华北方面军抢修军用机场和秘密工事征用劳工报告（节录）（注⑫）

（1944 年 9 月—1945 年 9 月）

北京特别市筹募劳工委员会征募 5000 名劳工修日军机场会议录

（1945 年 2 月 23 日）

（上略）

2. 井原辅佐官说明供出意义

此次为整备郊区飞机场，决定勤劳奉仕计划，一因飞机场增强工事甚为迫切，希望各位努力筹划。在中国的美国空军时来空袭北京等地，直至现在京市虽无大损害，但保定、石门则或多或少时有损害。各位在报纸或其他方面即可见到敌机对无辜民众杀伤事件甚多。对于此点，我们应付之法固有如以高射炮射击，或以飞机在空中迎击，然对飞机战斗若无完备飞机场不足以应付。关于机场，往时如有宽广平地即可应用，但近代化之机场则需种种设备，各国亦均在积极研究改善之中。譬如夜间离陆着陆灯光、滑走路、诱导路以及飞机格纳库，均须完备。在以往恒将多数飞机置于一处，现在则应将其分散放置，并应做成地窖式。其他弹药、汽油等亦同。由于以上原因，飞机场设备非完善不可，否则战斗力必至薄弱。此次实施勤劳动员应在短期内使其完成。战局日趋紧张，飞机场整备工作极为重要，势须积极进行。至于工人报酬、食粮、慰安等项，军方定必设法使其妥善，才使被动员者安心工作。希各位多多协力。

3. 王干事报告动员计划详细内容及待遇办法

（一）动员总数四千四百名，除由新民会青少年团动员一千四百名外，本会选派三千名。

（二）勤劳地点：南苑飞机场三千名

西郊飞机场一千四百名

（三）集会地及日期：二月二十八日

（四）勤劳期间两个月，自三十四年三月一日至同年四月三十日。

（五）工作种类：土工或肩物工作

（下略）

（北京市档案馆馆藏档案，档案号：J14—1—1，第 10—14 页。）

北京特别市政府紧急动员 4000 名劳工
修日军西郊工事函及附件[日]
（1945 年 5 月 29 日）

奉市长交下北京陆军联络部公函一件，为请协力动员北京特别市市民劳工事由，饬交经济局、警察局会同办理具报等因。相应检同原函一件、附译文一件、勤劳动员计划一件，送请查照。俟办理完竣，原件随案交还具报。此致

经济局、警察局

北京特别市政府秘书处

民国三十四年五月二十九日

附件：

北京陆军联络部
"北京地区紧急工事勤劳动员计划书"（秘）

（上略）

三　动员

（一）期限

自昭和 20 年（1945 年）6 月 1 日至昭和 20 年 8 月底

（二）动员区分

如下表：

就劳地	动员区分	动员人员	作业队		所需人员	备考
甲地区	一般市民	1400	西本队 飞鸟队 波多江队	南寿村 万寿山里	400 200 800	新民会青少年团员及警防团员 2600；一般市民 1400
	计	1400			1400	
乙地区	新民会青少年团员及警防团员	2600	满洲土木队 大仓队 阅队		600 1300 700	
	计	2600			2600	
总计		4000			4000	

（下略）

（北京市档案馆馆藏档案，档案号：J14—1—11，第 4—12 页。）

北京特别市长许修直批准日军修西郊工事第二期
动员 4150 名劳工令及附件
（1945 年 8 月 3 日）

令经济局。

为训令事。案准北京陆军联络部北连第三五二号函开：案查前此实施之第一期动员将于七月底终了，兹动员本部拟继续按附件实施第二期动员，即希协力为荷。详细事项希拟与动员本部直接连络为盼等因。附勤劳动员计划一份。准此。除分令警察局令行[外]，抄同原附计划，令仰该局遵照办理。此令。

附抄件

市长　许修直

附件：

北京地区紧急工程第二期勤劳动员计划
（1945 年 7 月 30 日）

一　方针

继续上期工作，有效的运用勤劳动员，使北京市民从事香山地区工程及建设铁路，以资协力完成决战施策。

二　动员要领

1. 解除自六月至七月底动员于乙地区之警防团员、新民青年团之动员，分别使之归还。关于解散之详细办法另行计划。

2. 为使上次勤劳动员队归还，新设工程按左（下）开办理：

甲　乙地区：按工作进行状况及勤劳队之有效的运用，分派警防团一五〇名。

乙　甲地区：七月底工程大致告终，故自现在服务中之市民勤劳队一一五〇名中分配五五〇名。

丙　香山地区：市民动员六〇〇名。

将现在动员于甲地区之市民勤劳队一一五〇名中之六〇〇名，按其工作之适应性，于八月初转派本地区。

丁　铁路建设：分配城内新民青年团一五〇〇名。

3. 期间

警防团	八月初——九月底	西山
新民青年团	八月初——八月底	铁道建设
	九月初——九月底	西山

市民勤劳队　　八月初——八月底　　香山甲地区

（下略）

（北京市档案馆馆藏档案，档案号：J72—1—7，第15—18页。）

天津特别市警察局代日军强征 2000 名劳工
修张贵庄机场呈文
（1944 年 9 月 20 日）

为签报事。案准联络部嘱，为修理张贵庄飞机场代募劳工两千名，送交喜代吉队本部工作，除食宿供给外，每日给工资五元等因。当即按保分配数目，饬由各分局会同区公所各保分摊招募；为维持劳工家属生活计，各保筹给津贴，以资补助。兹据各分局先后报告，自九月十四日陆续招送，至十九日共计招送劳工一千九百二十九名。理合将办理情形并造具数目表，签报鉴核。

谨呈

市长张

附数目表一纸

天津特别市政府警察局局长　　阎家琦谨呈

九月二十日

天津特别市政府各区代喜代吉部队招送劳工数目表

区别	原定数目	实送数目	备考
第一区	150	150	
第二区	155	155	
第三区	215	215	
第四区	215	210	欠 5 名日内补足
第五区	90	90	
第六区	325	282	欠 43 名于日内补足
第七区	390	366	欠 24 人日内补足
第八区	460	461	
总计	2000	1929	

（天津市档案馆馆藏档案，档案号：J1—3—8233，第1—3页。）

天津特别市紧急劳工动员 1000 名中
第一批 300 名之就劳条件

（北支派遣甲一八二〇部队陆军主计少尉饭田泰司及天津陆军联络部特约人员梶山登二氏于十一月四日下午四时到社会局通知）

计开

一　就劳员数：三百名。

二　就劳名称：勤劳挺身队。

三　作业种类：运搬、装卸、推拉小车。

四　就劳处所：市内小孙庄甲一八二〇部队内。

五　就劳期间：一年。但如因期长，不妨由市政府负责，采取交代制，以不误作业为限。

六　就劳日期：民国三十三年十一月十七日上午十一时半，是日将动员之劳工按时交劳工协会，所有劳工及护送者均由劳协负责供给午饭。

（天津市档案馆馆藏档案，档案号：J1—3—6—8276，第17—18页。）

天津特别市社会局紧急强征 1500 名劳工
修张贵庄机场函及劳工摊派表
（1944 年 12 月 6 日）

案查关于本市紧急供出劳工一千五百名赴张贵庄飞机场工作一事，业经关系方面通达各区，并由本局招集各区区长于本月六日在市府商讨在案。兹查各区此次供出劳工人数，应即遵照市政府协甲字社贰第四一八号令发各区动员劳工数目表，比例摊供。所有募集劳工统限于本月十日以前分批由区派员监送张贵庄飞机场，交由关系方面点收。除分函外，相应检同各区招募劳工数目表，函请查照，务希按照表列人数于本月十日以前派员送齐。事关劳工紧急动员，幸勿延误为荷。此致

第四区公所

附送各区招募劳工数目表一纸。

天津特别市政府社会局　启

十二月六日

天津特别市各区招募劳工数目表

区别	招募劳工人数		合计	备考
	第一批	第二批		
一区	40人	80人	120人	
二区	40	80	120	
三区	50	100	150	
四区	35	100	135	
五区	20	40	60	
六区	80	130	210	
七区	105	210	315	
八区	130	260	390	
共计	500	1000	1500	

（天津市档案馆馆藏档案，档案号：J33—124，第2—3页。）

天津特别市政府关于每日仍须征派 2000 名劳工
修张贵庄机场令
（1945 年 2 月 20 日）

协乙字秘叁第七五五号。

令第五区公所。

本市张贵庄飞机场，仍须派工修建，各区每日应共派劳工二千名，由二月二十四日起至三月三十一日止。每工每日发给杂谷三斤、国币六元，并须于工作场所居住。兹检发各区应派劳工数目表一纸，仰即遵照办理。切切。此令。

附发各区应派劳工数目表一纸。

中华民国三十四年二月二十日

市长　张仁蠡

各区应派劳工数目表

区别	应派劳工数	备考
第一区	280 名	
第二区	180 名	
第三区	130 名	
第四区	120 名	
第五区	50 名	
第六区	330 名	
第七区	420 名	
第八区	490 名	
合计	2000 名	

（天津市档案馆馆藏档案，档案号：J34—327，第 61—62 页。）

青岛特别市政府市政概况报告之劳工事项（节录）
（1945 年 9 月）

三　劳工事项

年来本市协力工程浩大，劳工供给事务频繁，业由政府与地方团体组织机关专任管理，特设劳工事务所直接处理一切任务。兹将其概况分述于后：

（1）对外供出劳工虽经联络办理，迄未供出一名。去年七月奉华北政务委员会令，办理对外责任供出劳工三千名，经令由胶[州]即[墨]劳[崂山]三办事处分担，募集一千名，嗣向日方及北京关系方面联络，结果以青市劳工缺乏，准将此项劳工留青工作，未行供出（实际供出 100 名——编者注）。

（2）女姑口飞机场原定供出劳工二千名、大车三百辆，实际供出劳工四百七十名，大车一百四十辆，均由胶[州]即[墨]劳[崂山]三办事处自由募集，由事务所负责照料，自本年四月二十二日开始至七月十五日完工。

（3）募集船员，原定老大及水手共六百名，实际募集老大及水手共一百四十名，系由船帮专门家向薛家岛及石岛等处自由募集。上项船员除在青七十三名于八月底解散外，其余六十七名出航大连，已函知大连汽船会社速送回青。

（4）救济过境灾病劳工。本年三月间，华北劳工协会青办事处经办过青之劳工染病者约有千名，由该所协同社会局供给该劳工等之饮食、医药约两个月，得庆更生。本年八月，对华北劳工协会解散劳工流落街头者，由该所协同市商会及社会局查找集合，施行救济，并送还故里。

（青岛市档案馆馆藏档案，档案号：B23—1—1345，第5页。）

青岛特别市附设劳工事务所概况报告[日]
（1945年9月）

本市劳工事务所之设置，鉴于华北劳工协会办理数年成绩未著，故成立此居间机关，使需要与供给双方免生龃龉，以调剂事务之进行；换言之，采用雇工办法而不适用拉夫办法，所以需要满足而供给亦有条不紊也。成立以来，以办理城阳飞机场工程为最大，供给劳工多至万众，汽车、马车、推车各种类计数千辆，工人之住卧棚屋、饮食、厨具无一不备，概由事务所具办，以供其使用，而管理方法亦周到适宜。众工人每日得充分食粮、相当工资，莫不欢欣踊跃，竟能两个月期限内告成此措[诺]大工程。而市民若不知也者。此项工程为济南方面主办，而青市供给其劳力。至青方主办仅女姑口飞机场而已。此举其大者言之，至事务所办理方法，工由雇用主先议定工资、食粮待遇，责成把头招雇。凡来作工者，无不出于自然，非由勉强，故毫不惊扰市民。即在各部队工作，规定给与，因物价变迁稍有差额，亦由事务所补给。如此扩大繁杂之局，终能举重若轻，从容竣事，赖有此事务所之设置也。至其支付物资款项之实在状况，另有账簿可资查考。特将其概况略陈述之。

附录：

劳工事务所一年间办理劳工数目及款项食粮收支报告一览表

供出场所	工人数或车辆数	工作期间（民国纪年）	开支款项（元）	食粮消费（公斤）	附注
对外供出收容工	1060人	自三十三年八月十日至九月三十日	1555222.79	23813.50	实际供出100名，及介绍沧口制铁工厂305名，余655名解散返籍

供出场所	工人数或车辆数	工作期间（民国纪年）	开支款项（元）	食粮消费（公斤）	附注
码头运输工	800人	自三十三年八月十九日至三十四年八月二日		7379.00	年节补助食粮如上（左）数
介绍制铁工厂	305人	三十三年十一月			所用款项及食粮包括在收容工数内
募集海员工	140人	自三十三年十二月至三十四年八月十五日	1476355.00	65760.17	
女姑口施工	470人	自三十四年四月二十二日至三十四年七月	1908817.00	4997.00	
女姑口大板车	140辆	自三十四年四月二十二日至三十四年七月十五日			开支款项在女姑口施工开支款项内
女姑口汽车	20辆	自三十四年四月十二日至三十四年五月二日			同上
女姑口汽车	20辆	自三十四年五月十日至三十四年六月十日			同上
合计			4940394.79	101949.67	
附注	1. 食粮计划收到食粮管理局杂粮100吨，除加工折合78085.67公斤，收军部拨杂粮23884.00公斤，共收101969.67公斤，支出101949.67公斤，尚余20.00公斤。 2. 款项计收到市商会4946158.79元，除开办经常及上列事业等费，实支4940394.79元，尚余5764.00元。 3. 以上两项，除随时呈报备案外，谨此注明。				

（青岛市档案馆馆藏档案，档案号：B23—1—1345，第11、48页。）

60.华北劳工协会企划科长吉田美之关于华北煤矿劳工来源的调查报告（节录）（注⑥³）

（1943年5月）

华北煤矿劳工的占主导地位的性格是半农半工这一事实，如今已无庸置疑。大部分[华北]煤矿地区的劳工都来自其周围十公里以内可以早出晚归村庄的赴煤矿通勤打工者。唯有京汉铁路沿线的煤矿：井陉、正丰、磁县等各煤矿地区，现存的住集体宿舍的收容工的比率较高。例如磁县、六河沟煤矿的劳工几乎全部是收容工。这是由其附近的地形及治安状况的原因决定的。由于这一原因，煤矿的负责人必须因此而采取特别的收容管理方针。即使是不存在所谓的周边供给的劳力也毫无意义，因为这些所谓的收容工并非近代意义上的专业劳工，而几乎全是离开农村却并未与之隔断关系的半农半工的劳动者。

（译自华北劳工协会：《华北劳动时报》，1943年5月，第二辑，第30页。）

61.满铁华北经济调查所及井陉、正丰煤矿股份公司关于1938—1945年煤炭产量及劳工就业状况表（注㉔）

（1941年9月12日、1945年10月）

（一）井陉炭矿之沿革与生产就业状况表

事变前后之出炭量如下表所示：

年度	出炭吨数	入坑人员（人工）	一人之能率	备考
1932	643245			自7月7日至9月30日
1933	706081			
1934	753445			
1935	782406			
1936	882236			
1937	722395			（自民国25年10月1日至26年10月31日）
1937	89905	100083	0.89	（自民国26年11月1日至27年3月31日）
1938	224413	428287	0.62	（每年自4月1日至下年3月31日）
1939	683619	1010614	0.66	
1940	339345	797123	0.43	
1941	632690	979502	0.65	
1942	958263	1575748	0.61	
1943	855134	1489185	0.56	
1944	910735	1234629	0.74	
1945	252799	342801	0.77	（自民国34年4月1日至8月31日）

注：自民国26年[1937年]11月1日至34年[1945年]8月15日之采煤量共9497719吨。

劳动者就业情况：

年度别	劳务就业人员				一日平均
	里工	坑内工	坑外工	计	
1937（10月—下年3月）		100082			
1938（4月—下年3月）		428287			
1939（4月—下年3月）	396303	1010614	447461	1854378	5080
1940（4月—下年3月）	486262	797133	555209	1838604	5037
1941（4月—下年3月）	482951	979502	493878	1956331	5360
1942（4月—下年3月）	513726	1575748	536179	2625653	7193
1943（4月—下年3月）	489299	1487185	450594	2427078	6649
1944（4月—下年3月）	461011	1234629	358423	2054063	5600
1945（4月—下年3月）	211729	342801	125274	679804	4443

（二）正丰炭矿之沿革与生产就业状况表

项目 / 时期	年度别	出炭量（吨）	入坑夫1人当出炭量（吨）	送炭量（吨）	在籍从业员数				
					日人社员	华人社员	佣员	坑内外包工	临时工
事变前	民国23年[1934年]	317208							
	民国24年[1935年]	353331							
	民国25年[1936年]	431899							
	民国26年[1937年]（上半期）	272022	0.79		78	624		2000	

项目 时期	年度别	出炭量 （吨）	入坑夫 1人当 出炭量 （吨）	送炭量 （吨）	在籍从业员数				
					日人社员	华人社员	佣员	坑内外包工	临时工
军管理	民国 27 年 [1938 年]	102000	0.64	57900	12	55	549	3000	
	民国 28 年 [1939 年]	452000	0.70	378000	18	124	572	4281	220
井陉公司	民国 29 年 [1940 年]	693276	0.665	667000	31	136	812	7396	491
	民国 30 年 [1941 年]	745506	0.685	691091	62	160	1064	5139	300
	民国 31 年 [1942 年]	304778	0.64	220150	67	139	1128	2649	193
	民国 32 年 [1943 年]	414036	0.556	351729	67	149	1254	4834	34
	民国 33 年 [1944 年]	520110	0.606	437908	74	150	1407	4972	35
	民国 34 年 [1945 年] （8月15日）	99829	0.485	96812	69	174	1277	2383	26
	民国 34 年 [1945 年] （8 月末）	107039	0.483	101144	69	174	1248	2637	24

（引自[日]乃美：《井陉煤矿股份有限公司移交总册》，1945 年 10 月，天津市档案馆馆藏档案，旧字 19 号全宗。）

（三）满铁华北经济调查所关于井陉、正丰煤矿扩大招募收容工的报告（节录）（1941 年 9 月 12 日）

关于试行必要的更具体的增产对策方面，井陉、正丰两煤矿可谓拥有大体应具备的设施，现在的情况是，要完成这一五年增产计划，必须解决的最紧要的问题是劳动力的确保。从而去除上述对劳力确保的各种障碍，就当然成为目前应当考虑的主要对策。即，从各县内附近农村募集劳工，由于已达到因治安关系和农村剩余劳力的原因可移出劳力的极限；就必然不得不令其转到县外——主要是平山县——去募集和移入劳工。为此，劳工（指收容工）的宿舍问题，又不能不放在第一位考虑。上述两煤矿劳工宿舍的收容能力，井陉是 400 名，正丰是 1000名；本年度期间，前者计划增加 2000 名收容力，后者也增 2000 名收容力。向来劳工都由把头募集，因此支付费用越来越高，煤矿方面有关劳工事项始终是必须伤脑筋的。由于事变后（指 1937 年 7 月 "七七事变" ——译者注）当地劳力不足，就不得不到外县逐渐扩大募集范围；又因为治安方面的原因，造成必须增加修筑劳工宿舍等事项。

（译自满铁华北经济调查所：《井陉、正丰煤矿劳动概要调查报告》，1941 年9 月 12 日，辽宁省档案馆馆藏档案，档案号：工矿 2509，第 83 页。）

62. 井陉矿务局委员会关于抗战期间井陉矿劳工死亡状况调查（节录）（注⑥）

（1987 年 2 月）

工人收入甚微，物品昂贵。一年四季都吃日本人配给的杂粮面。他们除了给些发霉变质的粗粮外，还有豆饼、棉籽饼、草籽面等。在日本侵略者的铁蹄下，矿工们过着牛马不如的痛苦生活，许多矿工被残酷折磨冻饿而死。

矿工死后，开始一人给一个薄板棺材，后来死的人多了，就两个人装一个棺材。有时一天一连死去几个矿工，日本兵索性把尸体往野地里一扔了事。天长日久，暴尸遍野，尸骨成堆。仅南大沟方圆数十亩的地方，就堆积了上万名矿工的尸骨，成了触目惊心、闻名遐迩的南大沟 "万人坑"。像这样的 "万人坑"，在井陉矿区就有新井、岗头、红土梁等六个。

（引自中共井陉矿务局委员会：《井陉煤矿工人斗争史》，1987 年 2 月，载《中共石家庄党史资料》，第 5 辑，1987 年印行第 45 页。）

63. 井陉煤矿股份公司关于 1939 年—1945 年井陉、正丰两矿使用劳工总人数统计（注⑥）

（1945 年 10 月）

（与《证据史料剪辑》注⑥同）

64.郭长明、严秀珍关于 1939—1945 年日军在山西富家滩煤矿奴役中国劳工，迫害劳工死亡状况调查（节录）（注⑥⑦）

（1995 年）

1937 年 11 月，日军侵占太原后，对山西 44 个主要工矿企业全部实行军事管制。1938 年 1 月 27 日，富家滩煤矿（桃钮煤矿股份有限公司）被日军正式定名为"军管理山西工业第四十二工厂"，受日军统治山西工业的"兴中公司"管辖。同年 2 月，日军侵占富家滩矿区后，即派 20 余名军方人员接管煤矿，由池田、渡边任正副厂长，调来一支 20 余人的日伪矿警队，以武力强迫当地居民修复矿井，修筑营盘、碉堡，并用欺骗、利诱、强制等手段从阳泉招来 70 余名工人，于年底正式开始生产。1943 年 6 月 1 日，日军"解除"军管，将四十二工厂改为富家滩采矿所，受日军专门掠夺山西煤炭资源的"山西炭矿株式会社"直接管辖，由所长渡边率日方职员 47 人和日伪矿警队 110 人（其中日军 11 人）统治全矿。为了加大生产和掠夺，日军一方面不断用强制手段从各占领区招收工人，甚至强迫被俘中国军人下井挖煤，使矿工人数逐渐增多（1939 年为 350 余人，1941 年为 570 余人，1945 年 7 月达 1700 余人）。一方面在煤矿实行法西斯统治，疯狂推行"以人换煤"政策，用刺刀、皮鞭、棍棒强迫工人在恶劣的生活和生产条件下冒着生命危险采煤。残酷镇压工人的反抗和斗争，使大批工人惨死于事故、疾病和刀枪、酷刑之下。

（中略）

1945 年 5 月，天大旱，矿区闹流行性伤寒，80％的工人染上此病，工人出勤率大减，出煤量骤降。日军为维持生产，对患者进行了残忍的"隔离"和"治疗"。他们把所有患者都集中在用木板制成的"隔离所"里，每天用石炭酸水普浇一次，进行"特效消毒"。结果患者全身腐烂，病情加重，每天死亡 10 余人。在瘟疫日益严重的情况下，日军又使出"根绝疾病"的办法，设立死人把头和拉尸队，在患者未死之时，就以"特殊急救"的名义拉到专门为埋"病人"挖掘的红苗谷地"万人坑"活埋。不到两个月时间，就有 500 余名工人病死、被活埋，富家滩煤矿退休老工人梁治发就是当年因患伤寒病被活埋后遇救的幸存者。

（中略）

从 1938 年 2 月至 1945 年 8 月，日军在这里掠夺煤炭 1030600 吨。富家滩煤矿先后有 1200 余名工人惨死于日军"以人换煤"的血腥政策和屠刀之下，形成了红苗谷地、东山、南头 3 个"万人坑"。

（郭长明、尹秀珍整理，选自《侵华日军暴行总录》，河北人民出版社 1995 年版；载何天义主编：《日本侵略华北罪行档案（8）奴役劳工》，河北人民出版社 2005 年版，第 114—118 页。）

65.安兵子、杨狗子关于 1943 年 10 月到 1945 年 8 月日军在河北平山县黄金寨等地筑碉堡群残杀劳工证词（节录）（注⑱）

（1995 年）

日军在河北平山筑碉堡群

1943 年 10 月，日军为蚕食晋察冀抗日根据地，从石家庄周围各县抓来四五千民夫，同时在"扫荡"中从平山西部抓来大批群众，用屠刀威逼着，在平山县黄金寨、北顶、王母观山等地，筑起了三组碉堡群，共建碉堡 20 座。日军为修建这 3 组堡垒，残杀我同胞 1800 余人。当地群众说："日军的 3 组堡垒是在我同胞的尸骨上筑成的。"

（引自安兵子、杨狗子、延辨尘：《日军在河北平山筑碉堡群》，载何天义主编：《日本侵略华北罪行档案（8）奴役劳工》，河北人民出版社 2005 年版，第 133 页。）

66.华北方面军与新民会中央总会及关东军签署协议从1941年6月起向满洲"国策企业"和军事工程输出经过训练的"特殊劳工"（注⑳）

（1941 年 6 月 11 日）

华北方面军与新民会中央总会关于
特殊工人劳动斡旋一事的协定

（1941 年 6 月 11 日）

宗　旨

在此时局下，由于劳动力不足，拟将特殊工人动员到国防产业线上，借以保证其生活安定，进而还有助于治安对策与思想善导。为此，决定斡旋他们为入满劳动者，通过确实就业，俾便有利于掌握人心。

工作要旨

（一）特殊工人系指下列人员而言，以特殊人为工作对象：

（1）因犯罪嫌疑现正拘押于当地部队、宪兵队、县公署及警察分局等处者；

（2）通过清乡工作捕获的通匪嫌疑者；

（3）讨伐作战中的俘虏；

（4）有害于社会工作实施者；

上项人员中品质不太坏并有劳动能力者。

（二）同各机关联系

冈村部队参谋已通令各部队调查截至九月末的现地各机关所有的特殊人员数。必须同有关机关进行密切联系。

（三）特殊人员以 10 名左右编成一班，以班员中的优秀分子为班长。

但应尽可能采用同乡编组的办法。

班长被赋予防止输送当中逃亡和在就业地（作业现场）进行统辖指挥之责。

（四）输送

应尽可能联系县公署，使令巡查（或乡长）护送到交接地点。

（五）移交对象

移交对象原则为在满国策事业者并经中央指定的满铁、抚顺煤矿。

移交时必须按下开样式制成特殊工人移交名册，在所定地点进行移交。

名册必须送交中央总会及有关机关。

（六）与中央及现地的连络

按照第一项方针达到一个班时，应迅即报告中央总会。中央根据报告，同所定事业者协商后，部署领取事宜。

但在不得已时，可直接移交驻在现地的抚顺煤矿人员（事后应向中央报告）。

（七）就业期限

义务就业期限为一年，如经过一年仍愿继续劳动时，即应认为是有意定居者，须同业者协商后给以特别照顾。

宣抚工作

使本人怀有恐怖心理，是造成输出当中逃亡的原因。因此，必须在出发前做好宣传抚慰工作。总之，必须说清新民会保证生命这一点。具体说有以下几点：

1. 可以得到解放；

2. 帮助确实就业；

3. 保证生活；

4. 可赚到正当工资；

5. 不适用满洲国国籍法和国兵法（注意毋为敌方反宣传所利用）；

6. 可往家乡寄钱；

7. 能成为真正的人；

8. 应成为具有新东亚观的新民；

9. 对就业地如有不满之事应向会上联系；

10. 应相信新民会是中国群众的慈母；

11. 新民会将充分协助留驻眷属。

必须使特殊工人认识以上各点，并能很好地掌握体会。

特殊工人的待遇

（一）管理：除从现地前来的旅费、食费外，举凡就业地之工资、食物、居住、娱乐及其他福利方面，完全按一般工人看待。对有家属者，应劝其携带，并随时发给宿舍。

（二）无衣服、行李者，由业者在北京及济南发给。

工作费（经费）

工作费按会直接招募同样处理。

有关详情由中央另行指示。

注：本工作是基于华北军、冈村部队同新民会中央的协商，规定为包括整个华北地区的一项会务工作，因此，必须从十月一日起积极实施。

原编者注：日本帝国主义从华北等地运送到东北的所谓"特殊工人"日益增多。1942 年 6 月 30 日，由伪满民生部次长源田松山主持，召开了由日伪军政部门参加的会议，决定将"特殊工人"分为辅导工人和保护工人，并通过了《辅导工人使用要领》。辅导工人与保护工人略有区别。前者是华北和内蒙地区八路军和抗日武装被俘人员；后者是日军清乡扫荡时抓捕的和平居民。但是，二者处境并无明显差别，都遭受法西斯军警统治，负担沉重劳役。

（吉林省社会科学院满铁资料馆馆藏档案，档案号：5，17。）

关东军司令部关于在筑城工程就劳的特殊工人
处理规定（节录）
（1941 年 6 月 11 日）

第一章　通　　则

第一条　本规定就关东军将从华北方面军接管的特殊工人用于筑城工程劳动时的特别事项做出规定。

第二条　本规定所称特殊工人，是指华北方面军获得的俘虏（含投降兵）而移交与关东军者。

第三条　接受特殊工人配属的军司令官、关东军筑城部长，就特殊工人的管理、就劳、警备等细节事项做出规定，并报告关东军司令官。

第四条　特殊工人对外保密，其处理准据一般俘虏进行。

第二章　收容与管理

第五条　对特殊工人的处理妥善与否，进而亦将对帝国的大陆国策的推行产生影响，故须将其压伏在军纪之下；同时亦须注意尊重道义，爱护善导，恩威并施，以有助于皇道的宣扬。

第六条　军司令官、关东军筑城部长在就劳地点设置特殊工人收容所，进行管理。

收容设施与一般工人隔离，设施与一般工人基本相同，周围设以外栅（必要时，设铁丝网），以进行监视。

第七条　特殊工人收容所造成并保存特殊工人名簿。

该名簿中记载特种工人的姓名、年龄、身份、阶级、原籍、本国所属部队以及其他必要事项，附以照片，采取指纹。

第八条　对特殊工人的防谍须特别严格。

为此，特配以宪兵、间谍，以监视其平时的起居和作业时的言行。

特殊工人所收发的电报和邮件，预先进行检阅，允许其无妨者，有暗号或其他嫌疑者，禁止其发送，或予没收。

第九条　特殊工人在上衣易于看到的位置上，附以标识。

第十条　特殊工人收容所特别注意预防火灾，禁止滥行饮酒吸烟，并对照明、取暖予以特别考虑。

第十一条　特殊工人如有不服从行为，得以监禁、绑缚和其他惩戒上必要的处分。

发生企图逃跑的场合，以兵力防止，不得已时得以杀伤。

第十二条　军司令官和关东军筑城部长每月末向关东军司令官报告一次特殊工人管理状况。

第三章　就　　劳

第十三条　就劳于筑城工程的特殊工人，在工程全部期间就劳。

第十四条　特殊工人的就劳地点，避开国境线附近，选择得以集结使用的作业地点。

第十五条　禁止特殊工人与一般工人共同作业。

第十六条　就劳时鉴于其素养，限制阵地内外的运输道路和通道，并选择适当的作业地点和作业种类，注意保守机密。

为此，使用特殊工人进行作业的范围，原则上以采砂、碎石、运输材料和道路工程等阵外作业为主，或者使用于构筑各种障碍物等非重要工程。

第十七条　严禁在使用危险品（炸药、火器）的工程中就劳。

第四章　警　备

第十八条　特殊工人收容所和作业地点的警备须特别严格，以期防止逃亡等万无一失。

第十九条　军司令官将监视特殊工人所需的兵力，增配给作业（工程）部队。

第二十条　使之多数集团地携带土工器具进行作业时，特别增加警备部队。

又，在向作业地点行动时，或者根据工人的素质和作业种类，得适当地加以绑缚。

（下略）

（中国第二历史档案馆馆藏档案，档案号：135—2056—227。）

67.何天义关于华北方面军和华北劳工协会设置的主要劳工集中营调查（节录）（注⑰）

（2005 年 7 月）

1　前　言

1　一　石家庄集中营

1　（一）本次调查报告

36　（二）受害者揭露与控诉

82　（三）报刊档案文献资料

92　二　济南集中营

92　（一）本次调查报告

104　（二）受害者揭露与控诉

120　（三）报刊档案文献资料

137　三　太原集中营

137　（一）本次调查报告

148　（二）受害者揭露与控诉

180　（三）报刊档案文献资料

191　四　北平集中营

191　（一）本次调查报告

197　（二）受害者揭露与控诉

223　五　青岛集中营

223　（一）本次调查报告

232　（二）受害者揭露与控诉

247　（三）报刊档案文献资料

262　六　塘沽集中营

262　（一）本次调查报告

269　（二）受害者揭露与控诉

311　七　洛阳集中营

311　（一）本次调查报告

316　（二）受害者揭露与控诉

322　（三）报刊档案文献资料

332　八　保定集中营

332　（一）本次调查报告

336　（二）受害者揭露与控诉

340　（三）报刊档案文献资料

347　九　其他集中营

347　（一）天津集中营的调查报告

348　（二）徐州集中营的调查报告

351　（三）张店集中营的调查报告

355　（四）运城集中营的调查报告

357　（五）临汾集中营的调查报告

359　（六）开封集中营的调查报告

362　（七）郑州集中营的调查报告

364　（八）郾城集中营的调查报告

（何天义主编：《日本侵略华北罪行档案（7）集中营》，河北人民出版社 2005年版，目录。）

68. 中国军事科学院及日本防卫厅等关于1941—1945年华北方面军主要战役战俘和特殊劳工统计（注⑦）

（1982年6月、1992年7月、1995年7月）

华北方面军1941—1945年主要战役战俘统计表

单位：万人

时间	战役名称	俘战俘	掳平民	合计	备注
1941年5月	中条山战役	3.5万		3.5万	国民党军
1941年8—10月	对北岳、平西"铁壁合围"战役	0.38万	2万	2.38万	八路军
1941年11—12月	鲁南战役（包括山西晋南汾西战役）	0.6万	1万	1.6万	国民党军
1942年4月	"五一大扫荡"前的作战	1.6万		1.6万	国民党、八路军
1942年4—5月	对冀南"四二九大扫荡"	0.3万		0.3万	八路军
1942年5—6月	对冀中"五一大扫荡"	0.5万	3.6万	4.1万	八路军
时间	战役名称	俘战俘	掳平民	合计	备注
1942年9—11月	对冀东一号终战	1.45万		1.45万	八路军
1942—1943年	对八路军、国民党军历次战役	3万		3万	国民党军
1944年4—5月	豫中会战	3.5万		3.5万	国民党军
1941—1945年合计		14.83万	6.6万	21.43万	

　　此外，为阻止冀热辽地区的八路军进入"满洲国"境内活动，从1942年秋（9月起），华北方面军还在伪满边境的长城沿线，强行推行"集家并村"，制造了东起九门口，西抵独石口，北起热河围场，南至长城南侧，涉及长城沿线19个县，总长约850公里的"千里无人区"。在烧毁1.7万个村庄，将140余万平民强行驱赶到日军制造的集中营似的"人圈"的同时，还把数万青壮年劳力连同家属举家强掳到满洲充当"特殊劳工"。

　　（引自居之芬：《1933.9—1945.8日本对华北劳工统制掠夺史》，中共党史出版社2007年版，第174页。）

69.华北方面军及华北劳工协会的主要"集中营" "收容、训练所"收容战俘及劳工统计（注⑫）

（1943 年 11 月、1995 年 7 月、1999 年 6 月）

小注① （一）石家庄集中营的战俘与劳工

据说 1942—1943 年南兵营送到东北各地当劳工的有 15000 人，死亡的约有 6000—7000 人。1944 年我到劳工训练所时，劳工教习所里还有 3000 余人。1944 年敌人俘虏共产党和八路军干部约 3000 余人，俘虏国民党军官兵 13000 余人，俘虏李佩玉等杂牌军 7500 人，从 1944 年到 1945 年日军投降大约关押 26500 余人，一年多后送往日本 20 个劳工大队约 7500 人，送往北平 1000 人，送往南京国民党部 1000 余人，送往各地安排工作和释放的老残人员 500 余人，一年当中死亡的约有 11000 余人，日本投降时南兵营还有 5000 人。

（引自张子元：《南兵营拾零》，载何天义主编：《日军枪刺下的中国劳工》〈之一〉，新华出版社 1995 年版，第 66—67 页。）

4.对外供出内容

[石家庄集中营]自设立以来到去年末（1942 年末），累计收容[战俘劳工]12,477 名，其中向外供出经过训练者 11,094 名，详细去向如下：

本溪湖	2,304 名
东边道开发	900 名
本地煤矿（井陉、正丰）	1,000 名
满洲煤矿公司	2,200 名
抚顺煤矿	2,600 名
昭和制钢所	300 名
确实转向归国者	400 名

（译自[日]前田一：《特殊劳务者的管理》，山海堂出版部 1943 年 11 月 30 日发行，第 228—229 页。）

小注② （二）济南新华院集中营的战俘与劳工数（节录）

1945 年 8 月，日本宣布无条件投降以后，国民党接管了济南新华院，并于同年 11 月将其解散。据统计，从 1943 年 3 月至 1945 年 8 月，"济南新华院"先后关押我抗日军民和爱国志士约 3 万 5 千余人，除接管的 2000 余名外，被酷刑和劳役折磨致死者 1 万 5 千余人，被抽血致死者 100 余人，被注射毒药致死者数百人，被注射细菌致死者数百人，被押送到东北和日本国内充当劳工者 1 万余人。另据我被俘人员等揭露，仅在 1943 年 5 月至 1944 年 8 月的短短 15 个月内，被囚死在这里的抗日军民和爱国志士就有 1 万 7 千余名。

（引殷汉文：《人间地狱——济南新华院》，载何天义主编：《日军枪刺下的中国劳工》〈之三〉，新华出版社 1995 年版，第 155、158 页。原文注明根据《日寇济南驻军司令部所属特务组织资料汇编》整理。）

小注③ （三）北京西苑苏生队集中营战俘与劳工人数（节录）

我在这座集中营里整整关押了半年，直到 1945 年 8 月日本帝国主义无条件投降"释放一切政治犯"时，才被释放出来。据出狱时狱长公布说，几年来这里共关进政治犯三万七千人，现在释放时是三千四百人。我们这些活着出来的人真是万幸啊！

（引张策政等：《历尽磨难，九死一生》，载何天义主编：《日军枪刺下的中国劳工》〈之三〉，新华出版社 1995 年版，第 74 页。）

小注④ （四）太原集中营战俘与劳工人数（节录）

太原集中营收容的主要是共产党领导的八路军、决死队员，国民党领导的中央军和阎锡山的晋绥军，还有不少平民百姓。上述人员都是在被抓捕当地经过日军审讯，造具名册，送入集中营的。集中营关押人数少时 1000 多人，多时达 9000人，经常保持在 3000 人左右。

集中营设指导部，部下设队和班，被俘人员按照中央军、晋绥军、八路军、老百姓等类别，用"天、地、人、财、春、夏、秋、冬、甲、乙、丙、丁"等字编号分班。每字 1000 人，设一名队长，队长由日军从被俘人员中挑选。队下设有班，每 100 人编一班，设班长一人，由队长指定。班下又设 3 个小队，各设小队长一人。战俘劳工一进集中营，就发给一个白布胸章。上边写着自己的类别号码，此后就只叫号，不呼名，如同囚犯。

（引自何天义：《太原集中营调查报告》，载何天义主编：《日本侵略华北罪行档案（7）集中营》，河北人民出版社 2005 年版，第 138—139 页。）

小注⑤　　（五）洛阳西工集中营战俘劳工人数（节录）

洛阳战役是整个豫中会战中，国民党军防守抗击最顽强的战役，也是损失最大的一个战役，仅守城部队第十五军战后统计，军直和六十四、六十五两个师，参战官兵 15980 人，伤亡损耗就达 13869 人，伤亡占 86%。配属十五军作战的第十四军第九十四师，没有看到统计，从战役报告估计，伤亡损耗也在 6000 人以上。加上洛阳战役前后的龙门、嵩县、伊川、偃师、新安、渑池、洛宁、陕县作战，国民党军被俘达数万之多。除战场上被杀害者，洛阳集中营关押的战俘达两三万之多。开始占据西工兵营的三处营房。因为指挥一号作战的第十二军原驻济南，参加洛阳作战的主力师团——〇师团原驻石家庄，在洛阳集中营俘房人满为患、无地容纳时，日军即把洛阳战俘向石家庄、济南的战俘劳工集中营转移。据石家庄劳工训练所副所长张子元回忆，仅 1944 年夏天几个月时间，就从洛阳集中营向石家庄集中营转送战俘 13000 多人，其中营以上干部 2000 多人又转送南京，交汪伪政权。在大批战俘转送的同时，日军还把大批战俘押解出营，拆洛阳以西的陇海路，修洛阳以东的陇海路。之后，洛阳集中营的战俘来来走走，经常收容的战俘约 1000 多人。集中关押在西工兵营原炮二营营房内。1945 年 8 月 15 日，日本投降时，洛阳俘房收容所还剩下不到 300 人，因祖国光复而被释放。

（引自何天义：《洛阳集中营调查报告》，载何天义主编：《日本侵略华北罪行档案（7）集中营》，河北人民出版社 2005 年版，第 312 页。）

小注⑥　　（六）塘沽劳工收容所，青岛劳工"训练所"收容战俘与劳工人数（节录）

中国劳工经过俘房收容所和中国陆运过程中的痛苦折磨之后，在日伪军警的森严警备下，被押往去日本的乘船港口。按《外务省报告书》的统计，在塘沽乘船的中国劳工最多，其次是青岛。此外 4 处依次是上海、大连、吴淞和连云港。由于从塘沽、青岛乘船的中国劳工人数和批次太多，不便一一列举，现仅将这两处的乘船总人数与上海、大连、吴淞、连云港乘船的中国劳工每批人数、去向及总数列举如下：

塘沽　　20686 人

青岛　　14174 人

（下略）

（田中宏等：《强掳中国人资料——〈外务省报告书〉全五分册及其它》，第 279—317 页；陈景彦：《二战期间在日中国劳工问题研究》，吉林人民出版社 1999 年版，第 69—70 页。）

70. "石门劳工训练所"副所长、中共地下党员张子元确认石家庄战俘劳工集中营死亡劳工人数（节录）(注⑦3)

（1995年7月）

（与《证据史料剪辑》注⑦2小注①同）

71. 日军济南驻军司令部档案确认济南新华院集中营战俘与劳工死亡人数（节录）(注⑦4)

（1995年7月）

（与《证据史料剪辑》注⑦2小注②同）

72. 何天义《济南集中营调查报告》及日军战犯难波博、芳信雅供词确认济南"救国训练所"与"临时战俘收容所"囚禁与死亡战俘劳工人数（节录）(注⑦5)

（1954年12月、1955年2月，2005年7月）

（一）

济南集中营是日军收容监禁中国抗日军民，实行法西斯奴化教育，强制从事各种奴役性劳动，以及虐杀中国抗日军民的罪恶场所。济南集中营分前后两个阶段，前一阶段叫救国训练所，成立于1940年5月。后一阶段叫济南新华院，设立于1942年9月。同时，在济南火车站附近的原济南美孚洋行的汽油仓库，还设有一个临时战俘收容所。名称虽有不同，但都是关押、输送、奴役、残害战俘劳工的集中营。

一、济南集中营的设施及管理机构

1. 救国训练所

救国训练所地址设在济南市南郊千佛山下的原华北中学内，由驻济南的日军第十二军（代号仁字第4221部队）管理。所长樱井荣章，下设日籍、华籍两个办公室，还有负责庶务、经理、教化、授产的各系指导官。经常关押的人有数百人，多时上千人。主要是对所谓的战俘、囚犯和抗日军民，进行"宽大怀柔"、奴化教育、分化瓦解，培养汉奸爪牙，为其侵略战争效劳。对愿意为其服务的，被送到日伪政权机关和特务机关。对其表示敌对的，则被送到华北、东北各地去当劳工。后来，敌人看到这种"故意瓦解"、"政治争取"收效不大，便把救国训练所的人员迁到济南市堤口路官扎营街西头路北，改名为济南新华院。

（何天义：《济南集中营调查报告》，载何天义主编：《日本侵略华北罪行档案（7）集中营》，河北人民出版社2005年版，第92—93页。）

3. 临时战俘收容所

临时战俘收容所设在济南火车站附近的原济南美孚洋行的汽油仓库，主要关押各地劳工协会抓来的劳工，或是由石家庄、北平、塘沽集中营经济南转车去青岛，短期停留的战俘劳工。1942年11月末，由难波博担任所长。

（何天义：《济南集中营调查报告》，载何天义主编：《日本侵略华北罪行档案（7）集中营》，河北人民出版社2005年版，第94—95页。）

（二）

难波博口供
（1954年12月27日）

问：你在侵略中国期间犯了什么罪？具体的讲一讲。

答：我犯的罪行有，虐待、杀害俘虏及和平居民，参与侵略作战的阴谋计划及搜集情报，为侵略作战提供资料，亲自参与及指挥侵略作战，放火烧毁民房，掠夺居民财产等罪行。

问：现在你先把虐待、杀害俘虏的罪行讲一讲。

答：1942年11月末，我担任济南俘虏收容所所长时，最初在收容所里关押的俘虏约有900名，其中最多的是八路军，还有100名以上的农民及一部分抗日军。我把这些人关押在济南一个美国的石油仓库里，让俘虏睡在地上，只给一条破毯子和一些干草，到冬天仍是穿着破烂的夏衣，没给冬衣，也不给柴火取暖，每天只给二次小米饭，每次一人能分到的是约3两小米饭和咸白菜，没有开水喝，只让俘虏喝生冷井水，卫生设备和医疗条件可以说没有。由于这样的虐待，这些俘虏普遍生虱子。病者增多，回归热也流传起来。因此病人愈来愈多，而我们只是看着这些俘虏中的病人死去。死后由济南市公署用俘虏用的毯子包去埋掉，也不通告家属，这样虐待而患病死亡的俘虏约有十七八名。到1943年1月间，在俘虏收容所里流行着回归热病时，我接到第十二军司令部的命令："把重病患者挑选去杀掉……"我想能够多杀掉几个可以防止传染，因此我欺骗所里的中国医生说："把俘虏中之病者挑选出来，准备送到医院去。"于是挑选了 80 名俘虏，由司令部小岩井部队杀掉了。我听说小岩井部队是强制这些俘虏站在坑前，进行齐射，没有射死的也踢进坑里活埋了。

（中央档案馆馆藏档案，档案号：119—2，1058，1，4）

芳信雅之笔供
（1955 年 2 月 6 日）

关于俘虏收容所的屠杀事件。

在济南俘虏收容所里被收容的俘虏之中，为了把有彻底抗日思想的、思想没有转变的抗日爱国者加以暗害，曾作过大量的屠杀。军直辖中队曾于 1942 年的 8 月中旬及 1943 年 5 月，都曾杀害了约各 30 名俘虏。又曾于 1943 年 4 月上旬，杀害了约 25 名（立花孝喜直接参加）。又于 1943 年的四五月间，曾每隔 10 天屠杀 20 至 30 名。

（何天义：《济南集中营调查报告》，载何天义主编：《日本侵略华北罪行档案（7）集中营》，河北人民出版社 2005 年版，第 124—125 页。）

73.战俘劳工幸存者景云祥揭露日军在洛阳西工集中营残害战俘劳工的证词（节录）（注⑦⑥）
（1995 年 7 月）

日军设在洛阳西工的战俘营，简直就是一座杀人魔窟，在半年多的时间就有一万多名国民党战俘被折磨致死。从景云祥的苦难经历中即可看出日军在这个战俘营所干的罪恶勾当。南召县铁牛庙村的景云祥被抓壮丁在国民党第八十五军第一一〇师第三二八团一营一连一排当下等兵。1944 年 5 月，河南战役中在渑池县被俘，和他一起被俘的 1000 多人被关在一个土窑洞里，6 天不给东西吃，第 8 天日军令他们到洞外集合，只有 400 多人能走出来，另 600 多人已不能站立起来。日军用机枪向洞内扫射一阵，然后炸塌洞口。日军将剩下的 400 余人押到洛阳西工战俘营，里面被关押的战俘已达 2 万多人。西工四周是一丈多高的围墙，墙内架设了能报警的铁丝网，墙外挖了壕沟，四角筑有碉堡，可组成控制整个战俘营的火力网，只有北边一个大门供进出，防卫森严。

景云祥回忆说："6 月中旬，日军把所有战俘都押出去扒陇海铁路，从渑池西的观音堂车站一直扒到洛阳车站。在挖钢轨时，每根钢轨两头各站一个日本兵监工，见谁不顺眼，就用枪托打，刺刀捅。钢轨挖出来后，由 12 个战俘扛一根。那时大家饿得头晕腿颤，实在扛不动这么重的东西，完全靠求生的本能勉强挣扎。有时，一个人摔倒，其他人也都被压在钢轨下。日军不由分说，就用刺刀捅人，有的人虽然连忙爬起来，也不被放过，许多战俘就这样死在日军的刺刀下。每天收工时，那些被折磨的跟不上队列的同胞，全被日军捅死在路上。有一天傍晚收工后，有三个日本兵来到我们住处，拉出原来在我们营当勤务兵的一个小战俘，叫他两臂平举站成一个'大'字形，两个日本兵一人拉着他一只手，另一个日兵站在他的身后，举起寒光闪闪的东洋刀'嗨，嗨'大叫两声，将这个小战俘的两只胳膊砍落在地，第三刀从头顶上劈下去，一直劈到腰部。然后，三个日军大笑着扬长而去。还有一次，一个被俘的学生兵在刨枕木时，砸飞一个石子，不巧将监工的日军官的眼镜片打碎了。这个日军官拔出东洋刀，只听'嚓！'的一声，那个学生兵的头就骨碌碌滚到我的脚下。由于日军砍得又凶又狠又快，我看到那颗人头上的眼睛还在惊恐地眨动，嘴巴一张一合地痉挛。这一幕，我至今想起来还毛骨悚然啊！当铁路扒到新安车站时，住在我旁边的一个工棚里的战俘集体逃跑了几百人，其中有两个胆小老实的人，呆在工棚里不敢跑，结果被日军抓了起来。第二天清早，日军把我们全部集合到一个广场上，把两个没逃走的战俘的衣服全部扒光，绑在事先埋好的木桩上。有两个日军各牵一只高大的东洋狼狗，哇啦说了一句什么话，两只狼狗一下子扑到被绑的两个战俘身上，直起前爪往上一伸，只听一声惨叫，俩人的腹腔已被撕开，狼狗的嘴巴熟练地伸进热血喷流的胸腔里，掏食内脏。不一会儿，两个人的内脏被狼狗吃光。日军头目指着两个被难同胞的尸体，对我们恐吓道：'谁敢再逃跑，就象他们两个那样，死了死了的！'

"扒完洛阳西边的铁路，日军又押着我们把钢轨和枕木运到洛阳东，修复洛阳到郑州的这段铁路。这段铁路是河南战役前我们自己扒掉的，那时是想防止日军运兵力和辎重，想不到没有防住日军。反而又轮到我们这批俘房兵来修铺这段路。修铺这段路比扒洛阳西那段铁路死人更多。我们在数九寒冬，忍饥挨饿，卧冰踏雪当苦役，每天都有成批的人倒在雪地里死去，我干活时常常会踩到埋在雪地里的死尸。到 12 月底，这段路才修复完工。短短几个月，一万多名战俘的生命就这样惨死在日军的魔掌下，铁路两旁尸骨累累。回到洛阳西工，战俘已不足三分之一了。我看到每天都有拖尸队从各个因房往外拖死尸。拖尸队也是由战俘组成的，每人拿一根绳子，绳子两头拴着铁钩，用铁钩勾进死者的脚踝骨，背起绳子往外拖，雪地上尽是拖尸留下的痕迹，十分恐怖。1945 年初，日军把洛阳战俘往外地运。1 月中旬，我和另外 500 多人一起被日军运往山东济南，关在济南日军集中营（对外称'济南新华院'），据统计这个集中营从建立到 1945 年 8 月，共杀害中国抗日军民 10 万余人。抗战胜利我从济南日军集中营出来，一打听，得知我们这批从洛阳西工押来的 500 余人，除一人听说被送到东北下煤窑外，就只剩下我和郭永志 2 人，郭在狱中还被日军打瞎了一只眼睛，其余的人全死在这座魔窟里了。"

（引自贺明洲：《日军残害河南劳工战俘的罪行》，载何天义主编：《日军枪刺下的中国劳工》〈之三〉，新华出版社 1995 年版，第 282—284 页。）

74.日本在华中的经济"开发"掠夺政策和计划（节录）（注⑦）

（1938 年 10 月）

（3）华中振兴公司和华中矿业资源

日本对华中矿业资源的掠夺是在 1938 年 10 月占领汉口以后正式着手进行的。但是，承担"华中经济工作"的核心机关华中振兴公司却是占领汉口之前和华北开发公司同时成立的。该公司的成立经过和前述第 2.19 表的情况相同，筹备委员会委员长和委员八十名由乡诚之助等兼任。

华北开发和华中振兴这两个公司不只是承担的地区有差别。"华中振兴公司"从它的名称就可以表示一种特殊的典型。因为华中是中国政治、经济、文化的中心地区，而且存在着其他各国错综复杂的"权益"。因此，关于华北开发的规定是"促进华北经济的开发"（华北开发公司法第一条），（而华中振兴的规定则是"华中经济的复兴和开发"（华中振兴公司法第一条）。——原注）"着眼于华中的是战后的经济复兴"，把华中振兴公司放在"经济建设先驱者"的地位。

此外，华北方面如前所述，主要由日军特务部主持制订"产业开发政策"，而华中方面却不同，"并没有特别制订综合性开发计划的方案"。按照华中振兴公司成立时制订的《事业计划书》的规定，该公司承担的事业"计划在大约三年内恢复事变前的水平"。当时之所以采取这样缓慢的步伐，主要是由于前面已提到的华中复杂的因素，同时也是由于日军规定了华中的地位不同于华北。例如主持制订华北开发公司筹备计划的"华北经济开发综合计划委员会"在举行第一届委员会时，委员长、陆军步兵中佐石本五雄指出："华北的地位在于补充日满两国的不足，并站在从侧面援助日满枢纽的立场，再有不足的物资当求之于华中。因此，关于资金调度及其他工作必须（按照上述方针，根据日本、满洲、华北、华中的顺序进行，一切必须——原注）以日本国内为中心，并不得对满洲有所阻害"。由此看来，资金、物资极其紧张的日本帝国主义对于"开发"华中所必需的资金和器材，显然无力供应，所以只能以复兴经济放在第一位。

（华中经济研究所：《华中经济复兴建设概要》，载[日]依田熹家编：《日中战争史资料（占领地区支配〈1〉）》，1975 年刊载，第 626 页，转引自[日]浅田乔二等著、袁愈佺译：《1937—1945 日本在中国沦陷区的经济掠夺》，复旦大学出版社 1997 年中文版，第 127—128 页。）

75.淮南煤矿及日本国内档案关于 1938 年—1945 年 淮南煤矿产量的统计（注⑱）

（1944 年—1945 年）

从一九三八年六月至一九四五年九月，日寇从淮南总共掠夺煤炭四百二十九万吨，断毁丢弃的煤炭达一千二百三十万吨之多。

八年来，日寇每年掠夺淮南煤炭数：

1938 年	22,632 吨
1939 年	143,798 吨
1940 年	435,057 吨
1941 年	771,485 吨
1942 年	895,554 吨
1943 年	878,350 吨
1944 年	882,046 吨
1945 年	265,901 吨
合计	4,294,823 吨

（中共淮南矿委宣传部：《淮南煤矿史》1960 年未刊稿，载安徽省档案馆、蚌埠市档案馆编：《日本侵华在安徽的罪行》，1995 年印行，第 165—166 页。）

（单位：千吨）

年度	第一次计划	第二次计划	实际产量
1934	—	—	405
1939	82	—	144
1940	430	—	431
1941	830	750	776
1942	1,200	925	896
1943	1,600	1,100	878

1．第一次计划是军管理时期制订，第二次计划是 1941 年 2 月制订。

2．根据前引《中国占领地经济的发展》第 196 页，华中振兴公司"华中振兴公司事业内容概说"第 588 页，1944 年，前引《日中战争史资料（占领地区支配 1）》刊载资料。

（[日]浅田乔二等著、袁愈佺译：《1937—1945 年日本在中国沦陷区的经济掠夺》，复旦大学出版社 1997 年版，第 129—130 页。）

76．淮南煤矿档案关于日军掠夺淮南煤炭主要用途的统计报告（节录）（注⑦⑨）

（1960 年）

日寇掠夺的煤炭，除少数在矿山就地出售外，主要用于侵华战争的铁路、船舶运输上。附日寇掠夺煤炭使用情况表，如下：

使用单位	百分比		
华中水电	25%		
船　　舶	24%		
华中铁路	27%		
民　　需	24%		
其　　中		上海民用	46%
		汉口民用	10%
		日铁大冶	15%
		华中矿业	15%
		其　　他	15%
合　　计	100%		

日寇强盗式掠夺，严重破坏了淮南煤田，大大缩短了煤矿的服务年限，给以

后的开采造成极大的困难。

（摘自《淮南抗日史料》）

编者注：资料来源，主要是 1960 年中共淮南矿委宣传部编《淮南煤矿史》（初稿）和 1960 年中共淮南市委革命斗争史资料办公室：《关于淮南市党的革命史材料综合整理》。这两份材料至今未正式公布过。同时又参考大通万人坑展览馆和有关同志提供的部分资料，进行整理编写。

（载安徽省档案馆、蚌埠市档案馆编：《日本侵华在安徽的罪行》，1995 年印行，第 166 页。）

77. 淮南煤矿档案关于 1941—1945 年该矿劳务状况统计报告（节录）（注⑧）

（1943 年 10 月—1945 年 3 月）

（一）

2. 工人在册人数

从 1942 年秋季起，在册的工人总数保持在一万七千至一万八千人，自今年 5 月下旬开始，由于经济领域的激烈变化，工人频频离散，在册人员急减，目前已导致缺乏约四千五百人。

10 月 17 日（即现在）在册人数如下：

坑内采矿工	9,410
坑外采矿工	1,072
其　　他	2,455
合　　计	12,937

再按工人的籍贯来分，今年八月时，工人整数 13,458 人的籍贯如下：

山东省	2,830 名	21.0%
淮北地区	4,273 名	31.8%
淮南地区	3,795 名	28.2%
江苏省	1,482 名	11.0%
河南省	1,011 名	7.5%
河北省	67 名	0.5%

二、作业状况

1. 作业时间

坑外工	九小时半	从八点到十七点半
		（中饭时休息一小时）
坑内工	八小时	三班交替制
一班		六点——十四点
二班		十四点——二十二点
三班		二十二点——次日六点

2. 工作效率

以前工人的工作效率，由于旧历正月、农忙期、暑期等季节原因或恶劣天气等原因而激烈降低，效率在50%以下。最近随着工人宿舍和其他福利设施的充实、劳务管理的加强，各种设备的完善、效率显著提高，一般地说，坑内工可维持在70%至75%，坑外工为80%至90%。

今年九月份全月平均作业状况如下：

（职别）	（在册）	（一个月作业累计）	（工作效率）
坑内采矿工	8,722	192,615	69.0
坑外采矿工	1,072	24,448	85.7
职工	1,251	30,106	81.9
杂役工	1,095	28,837	88.1
合计	12,140	276,006	73.1

三、工人在册人数与出煤的关系

在册工人总数13000人，其中坑外工约3000人，一般变动不大，能确保所需要的人数。坑内工以华北工人为主，经常有变动，是影响出煤的重要原因之一。

另表（A表）表示全体在册工人数与出煤的关系，（B表）仅表示坑内工与出煤的关系，（C表）直接表示两者的总平均关系。

（中略）

	产煤量	月底在册	采用	解雇	增减	离散率
1942年 1月	77369.1	13069	803	1634	（-）831	11.1%
2月	58282.1	12769	597	897	（-）300	6.9%
3月	78527.2	15601	3679	847	（+）2832	5.1%
4月	80290.9	14848	556	1309	（-）753	8.1%

	产煤量	月底在册	采用	解雇	增减	离散率
5 月	77721.9	14064	1110	1894	（-）784	11.8%
6 月	64302.3	13678	1475	1861	（-）386	11.9%
7 月	67189.8	14227	2218	1669	549	10.5%
8 月	62909.7	15414	2561	1347	（+）1187	8.2%
9 月	68907.8	17207	3394	1601	1793	8.5%
10 月	79144.9	17389	1954	1772	（+）182	10.3%
11 月	82377.2	18996	2869	1262	（+）1607	6.2%
12 月	65110.1	18626	1717	2087	（-）370	9.9%
1943 年 1 月	80147.4	18328	1556	1854	（-）298	9.1%
2 月	57839.7	17988	1849	2187	（-）340	10.8%
3 月	81147.0	16751	1418	2655	（-）1237	13.7%
4 月	79940.9	16227	1353	1877	（-）524	10.4%
5 月	77644.3	13510	876	3593	（-）2717	21.0%
6 月	58770.9	13010	1079	1579	（-）500	10.8%
7 月	71347.2	12495	1867	2382	（-）515	16.0%
8 月	71727.0	13456	2995	2032	963	13.0%
9 月	61612.5	12140	1360	2678	（-）1318	16.1%
10 月	85000.0	17109	3880	1950	1930	9.2%
11 月	88000.0	17680	3520	1750	（+）1770	6.2%
12 月	96000.0	18238	3630	2200	（+）1430	10.1%
1944 年 1 月	96000.0	18308	2250	2650	（-）350	12.4%
2 月	85000.0	17618	2250	2600	（-）350	13.0%
3 月	100000.0	17294	2650	2050	（+）600	10.2%

四、招工

1．招工地区

（a）事变前的劳务情况

事变前淮南煤矿使用劳务人员一万五千人，除坑外杂役工是当地人外，与采矿、机械有关的熟练工人大部分来自华北方面。

原因是山元附近的工人在农忙期间缺勤多或逃亡多，另外技能拙劣、体力差、工作效率低，只能用于非生产性劳力补充。因此必须用素质优秀的华北籍工人。

随着事变爆发，这些工人全部回华北原籍务农去了。主要回乡地区如下：

安徽省——涡阳、蒙城、太和；

江苏省——铜山县；山东省——泽县、滕县、曲阜；河南省——柘城、归德。

（b）事变后的劳务情况和招工地区的变迁

（1）招工地区

1938 年 10 月淮南煤矿着手恢复工程，其后约一年的时间内，未达到正规的采矿状况，需要的熟练的工人也很少，简便地使用了当地苦力。后来伴随作业的逐渐进步，产煤计划一再增大，努力召集回归华北的原来淮南煤矿的工人。从 1940 年初以来，就着手有计划地召募熟练工人。

原有采煤工人，在事变前以华北特别是山东籍的工人最优秀而且丰富，可是在事变后华北煤矿业迅速复兴，使战前在华中工作的熟练工人，大半在务农后或者应召到华北各矿山、工场就职，或者由于交通不便被迫再次移到华中地区工作。这样一来，非常熟练的工人就偏向于华北地区，使得华中方面的劳力中缺乏采煤工人。

淮南煤矿需要补充很多劳力，随着军用煤炭要求急烈增产，而从华中索求熟练工人困难，因此计划召集回归华北原籍的原有淮南工人，特别是召集归省纯务农的工人，使它们移到华中，达到弥补当前劳力不足的目的，所以在 1940、1941 两年中，每当召募华北劳工之际都考虑到了这一点。

（a）由于包工头大都来自泽县、滕县，所以由包工头召募工人应是容易的。

（b）专事矿业的当地劳工占 60% 以上，到达山元后也应直接作为采矿工使用。

根据上述主要理由，从下面两个地域招募劳工：一个是包含泽县、滕县在内的徐州东北方各地区；另一个是有地区势力范围意思的淮北地区。

然而在最重要的徐州东北方地区，有中兴、柳泉等煤坑，从这些地区招募工人时，就象是拉走与其相关的煤坑劳工。所以自 1941 年底开始便将这些煤坑方圆十平方公里内定为禁区，只能在禁区以外召募劳工。

可是工人仍是陆续不绝地从这些煤坑外移，这样一来，包括上述两县的徐州东北地区都被定为禁止招募区域。本公司除上述地区外，得到许可在山东省西南部（主要是曹州道、兖济道）、淮北地区、苏北地区（关于淮北、苏北，请参阅华北简图）召募，1942 年度专门从这三个地区招工。

1943 年度，山东省原指定的郯城临沂（兖济道）地区由于治安、交通和募集余力等原因，以新得到许可的济宁、金乡、钜野地区代替。并且在山东省的一部分招募地区，从陇海线归德方面进行招工是方便的，同时目前在本公司工作的河南省柘城、永城、鹿邑等籍的工人又很多，意图在这些方面开始，最近向河南省提出的申请获得了许可。根据实绩来判断，现在召募的工人中，徐州东北禁召地区的工人作为采矿工的素质最好，他们之中专门从事矿业的占 60%以上，半农占 30%，其他为 10%。河南省开封地区次之，以宿县为中心的淮北地区工人更次之。在禁区以外的地区，一般地说专事矿山工作的不到 30%，农业 60%，其他为 10%。上述三个地区，一般地说素质不好，作为土建工人可以，作为采矿工可以说完全不适合。

所以自 1944 年以来，由于徐州东北地区禁止招工，就计划以下列三个地区为主召募工人：山东省的兖州及其以北的以宁阳、汶上、泗水、曲阜为中心的地区；河南省以柳河、封丘、开封附近及新乡为中心的地区；以及过去的重要招工地——以宿县为中心的淮北地区。将来意图进一步将手伸到尚未得手的陇海线以北的济南道，以西的以新乡为中心的地区，努力确保势力范围。

（2）招工方法

去年，在华北劳工协会对工人强化统制之前，方针是利用工人的封建团结防止走散，主要着重于以包工头为中心的召募方法（即"关系召募"）。

然而去年夏天由于劳工协会对华北劳工强化管理统制，以及设定禁区，占有了本禁区出身工人的大半。本公司再用关系召募的方法已几乎不能了，不得已只好采取通过劳工协会的直接招工方法。

这样一来，1943 年度的以包工头为纽带的关系召募就完全不实用了，召集优秀工人颇有困难，而且不得已而为的召集闲散劳工□□恶化，导致劳力明显不足。

利用这里包工头管辖的小工头所指挥的工人等到上述召募地区的广范围内活动，也没有什么成绩。

（《淮南煤矿劳务管理概况》，1943 年 10 月 29 日，载安徽省档案馆、蚌埠市档案馆编：《日本侵华在安徽的罪行》， 1995 年印行，第 142—148 页。）

淮南煤矿劳务月报关于 1941 年 11—12 月、1945 年 1—2 月劳工出勤状况统计（节录）

（1942 年 1 月、1945 年 3 月）

1941 年 11 月劳务月报：

（五）月底在职华人从业员：

矿 别	坑内工	坑外工	各职工	总　计
东 矿	1,839 人	162 人	68 人	2,069 人
西 矿	2,268 人	335 人	79 人	2,682 人
大通矿	6,578 人	795 人	395 人	7,768 人
总 部		682 人	365 人	1,047 人
下 窑				195 人
合 计	10,685 人	2,169 人	907 人	13,761 人

1941 年 12 月劳务月报：

（五）月底在职华人从业员：

矿 别	坑内工	坑外工	各职工	总　计
东 矿	1,948 人	163 人	67 人	2,178 人
西 矿	2,093 人	306 人	86 人	2,485 人
大通矿	6,773 人	814 人	389 人	7,976 人
总 部		721 人	345 人	1,066 人
下 窑		195 人		195 人
合 计	10,814 人	2,199 人	887 人	13,900 人

1945 年 1 月劳务月报：

（六）月末从业员人数：

从业员类别	月末登记数	较前月之增减
坑内工	20,878 人	748 人（增）
坑外工	4,409 人	506 人（增）
各职工	1,160 人	76 人（增）
合 计	26,447 人	1,330 人（增）

1945 年 2 月劳务月报：

六、月末华人从业员人数：

从业员类别	月末登记数	较前月之增减
坑内工	19,024 人	1,854 人（减）
坑外工	4,476 人	67 人（增）
各职工	1,154 人	6 人（减）
合 计	24,654 人	1,793 人（减）

（译自《淮南煤矿劳务月报概况〈1941 年 11—12 月、1945 年 1—2 月〉》，中国第二历史档案馆馆藏档案，档案号：2012—7195，第 1—2 页；2012—7193，第 1、3 页。）

78.日铁大冶铁矿资料关于 1940—1945 年该矿生产计划，实际产量及输日量统计（节录）（注⑧1）

（1945 年）

若考察一下资料、矿山工程状况等，就会使人相信下表中的目标是大有希望的。

（单位：万吨）

年＼类	露采	坑采	合计
1940 年	60		60
1941 年	100		100
1942 年	120	30	150
1943 年	120	50	170
1944 年	120	70	190
1945 年	120	90	210
1946 年	90	120	210
1947 年	70	130	200
1948 年	50	150	200

用于开发的所有材料从日本运送。1941、1942 年度基本实现按年度计划增产。但从 1943 年度起，由于建设材料、机械难以及时供应，特别是坑采地下坑道挖掘更与材料供应有关系、加之露采方面劳工与凿岩机械也严重不足，因此不可能达到所期待的增产目标。

1944 年度，矿石运输船的运力告紧，无法运走的积矿递增。为此，对原出台的生产计划不得不作根本性修订，决定中止竖井开凿，导致露采逐渐减产。

具体说，1944 年 6 月，把本年度目标由原定一百九十万吨减为一百三十五万吨。接着 7 月 21 日又根据公司指示，1945 年以后改为露采为主，年计划全部削减为一百三十五万吨。1944 年 12 月 28 日，鉴于海上运输能力剧减和储矿场地容量的现状，进一步压缩产矿量。1945 年 4 月以后，月产矿仅五万吨。与此同时，还需进行大量设施的坑采及储矿场地等方面的调整。

更且，1945 年 2 月因战局恶化，首次对运营方针进行修订，采矿全面停止，准备确保治安所需必要人员，只从事选矿及最低限度的剥土作业。已采储矿尽力转运江岸旁或下游地段堆放。根据公司指示，职员、雇员以减半为目标予以清理。1945 年 5 月 18 日，对运营方针又作第二次修订，剥土、选矿作业均全面停止，调整压缩剩余人员。6 月 1 日，又指示作第三次修订，压缩编制，只组成事务、作业两个科运作。6月7日，在现场的领导集体提出了恳求，作为公司则给予了大力协同。同月22日，公司发出指示，要求采取以下处理办法：

（一）在兵器生产及其他直接军力事业方面应保持齐心协力的态势。

（二）停止矿石方面的作业，组建成第二类军需品工厂。

（三）石灰窑地区已成过剩的人员，转向其他重要部门，合理安排使用。

上述举措所需费用从军费支付，其他开支转成中支振兴融资负担（根据这一精神，7月27日作为特定项目单独清理）。另外，在6月1日，又对运营方针作第四次修订，废止中支总局的监督权，扩大了所长权限，所长可独断一切总务。据统计，1943年9月至1945年2月，敌机对铁山设施的空袭多达十七次。

表1 大冶铁矿石生产及运输量

（单位：吨）

项目 年	产量		运输	
	计划	实绩	计划	实绩
1938 年度				36947
1939 年度		77321		190775
1940 年度	600000	399795		293695
1941 年度	1060000	1100886		873909
1942 年度	1300000	1454828		1412586
1943 年度	1400000	1103565		992972
1944 年度	1350000	882750		337417
合计	5710000	5019145		4138301

（"日铁大冶会社友好访中团"：《日铁大冶回忆录》，武钢矿业公司大冶铁矿矿志办 1998 年中文版，第 375—376、379 页。）

79.日铁大冶铁矿资料关于 1943 年 10 月、1945 年 1 月该矿各单位日、华从业员工人数统计（节录）（注⑧）

（1943 年 10 月、1945 年 1 月）

大冶矿业所工作过的日本人、中国人总人数在 1943 年 10 月底统计为一万一千六百一十八人。其中，日本人的从业人员占百分之九，此外退役人员为 41 人。具体分类如下：

一、日本人

职　员　　　　　173 人

准职员	221 人
雇　员	243 人
工　人	411 人
合　计	1048 人

　　二、中国人

职　　员	29 人
工　　人	2958 人
常雇杂工	2688 人
承包杂工	3687 人
雇　　工	1208 人
合　　计	10570 人

　　三、日本人中国人总计　　11618 人

七、从业人员

（1945 年 1 月）

　　日本从业人员超过一千人。百分之四十六在石灰窑新厂区，百分之三十在铁山，其余的分别在下陆、铜鼓地、铁路沿线及沈家营等地执行公务。

　　另外在汉口、九江两办事处也配置了若干人。

　　中国从业人员，有职员、准职员三百五十人，雇佣人只一千人，工人三千七百人，杂役人员七千三百，哨兵五百人，合计约一万四千人。

　　（"日铁大冶会社友好访中团"：《日铁大冶回忆录》，武钢矿业公司大冶铁矿矿志办 1998 年中文版，第 386—387、395 页。）

80. 日铁大冶铁矿资料关于该矿劳工出勤率及劳工来源的报告（节录）（注⑧）

（1945 年 1 月）

7. 铁山工人杂役每天	约 5000 人
实际出勤率	70%
其中：当地人	约 1500 人
外地招募	约 3500 人

（"日铁大冶会社友好访中团"：《日铁大冶回忆录》，武钢矿业公司大冶铁矿矿志办1998年中文版，第389页。）

81.华中矿业股份公司档案关于属下铁矿所及其生产能力介绍（注⑭）

（1945年）

	组织区分	所在地	主管业务	备考
作业所	马鞍山矿业所	安徽省当涂县	铁矿采掘年产80万吨。硫化铁矿采掘年产三万吨	铁矿山：南山、大凹山、东山、梅子山。硫化铁矿山：向山
	铜官山矿业所	安徽省铜陵县	铜矿采掘年产12万吨，铜矿采矿选矿未完成	铜矿山：铜官山
	桃冲矿业所	安徽省繁昌县	铁矿采掘，年产15万吨，无烟炭采掘年产1万吨	铁矿山：桃冲山
	棲霞山矿业所	江苏省江宁县	铁锰采掘年产3万吨	铁锰矿山：棲霞山
	中央工作所	江苏省江宁县	机器制作及修理	
	凤凰山矿业所	江苏省江宁县	铁矿采掘年产30万吨，铁锰矿采掘年产2万吨	铁矿山：凤凰山 铁锰矿山：玉山
	太平矿业所	安徽省当涂县	铁矿采掘年产15万吨	铁矿山：钟山、小姑山
	湖州矿业所	浙江省吴兴县	萤石采掘年产1.5万吨	萤石山：胧山
	象山矿业所	浙江省象山县	萤石采掘年产4万吨	萤石山：破后山
	义乌矿业所	浙江省义乌县	萤石采掘年产3万吨	萤石山：南山区、云黄山区
	武义矿业所	浙江省武义县	萤石采掘年产6.5万吨	萤石山：唐里、石龙岗、蒋马塘
	上海选矿场	江苏省宝山县	萤石选矿年产2万吨	
	研究所	上海沪西中山路	矿物高度处理研究及矿物分析	

（引自安徽省档案馆、蚌埠市档案馆编：《日本侵华在安徽的罪行》，1995年印行，第102页。）

82. 华中矿业股份公司档案关于该矿所属矿山 1938—1944 年生产计划及实际产量统计（注⑧⑤）

（1942 年—1945 年 2 月）

1938—1942 年生产状况比较表*

种别	年度别 / 矿业所别	1938	1939	1940	1941	1942	计
开矿量（吨）	马鞍山	75,721	437,602	516,303	764,559	796,857	2,591,042
	太平		48,135	166,850	279,445	227,107	721,537
	桃冲		1,463	38,137	91,402	77,080	208,082
	凤凰山			32,289	339,269	377,669	749,227
	计	75,721	478,200	753,579	1,474,675	1,478,713	4,269,888
运矿量（吨）	马鞍山	112,683	378,866	513,682	742,541	777,235	2,543,007
	太平		19,565	149,213	247,173	201,199	617,150
	桃冲		1,070	41,324	85,236	67,100	194,732
	凤凰山			21,587	299,976	343,436	664,999
	计	112,683	399,501	743,806	1,374,928	1,388,970	4,019,888
对日供给量（吨）	马鞍山	91,075	390,630	514,949	714,103	785,822	2,496,579
	太平		12,718	119,833	235,552	224,953	593,056
	桃冲		17,220	37,140	72,160	70,750	197,270
	凤凰山			18,647	248,492	305,125	572,264
	计	91,075	404,018**	690,569	1,270,307	1,386,650	3,859,169

* 本表是根据华中矿业股份有限公司原始档案"创业以来各年度生产状况比较表"和"昭和 17 年度铁矿石生产预定实绩对照表"综合编制的，原件为日文，以昭和纪年。

** 原文有误，应为 420568。——原注

1944 年度上期事业概况速报表

码头	种类 矿山	采矿量 1944 年上期累计	山元贮矿量	运矿量 1944 年上期累计	江岸贮矿量	运 出 量 1944 年上期累计 对日运出	向当地运出
开源（马鞍山）	南山	246,421	153,993	215,575.7	96,172.2	189,528	2,598.5
	大凹山	44,526	54,485	41,226	30,374.7	11,070	0
	黄梅山			0			0
	东山	39,454	65,021	23,497.3	34,397.5	3,150	0
	梅子山	0	6,658	0	0	1,000	0
	小计	333,401	279,257	280,290	160,894.4	204,758	2,598.5
陈家圩（太平）	钟山	42,883	45,025	26,575.305	24,594.837	5,300	5,470
	小姑山	9,674	3,501	7,459.36	13,771.144	4,050	0
	小计	52,557	48,626	34,034.775	38,365.981	9,350	5,470
获港（桃冲）	桃冲	42,902	4,424	4,300	4,300	0	0
	昌华	8,076	8,081			0	0
	板子矶	2,290	739			0	0
	小计	53,268	13,244	4,300	4,400	0	0
凤翔（凤凰山）	凤凰山	43,021	10,081	38,565	18,714	17,410	6,900
	牛头山	0	0	0			
	小山	402	0	1,035	3,000		
	静龙山	2,715	0	2,715	3,390		
	龙旗山	0	0	0	675		
	牛首山	11,056	1,377	10,419	12,266		
	扁担山	0	0	0	0		
	樱桃园	0	5,645	3,270	3,270		
	小计	57,194	17,103	56,004	41,315	17,410	6,900
扫把井（铜官山）		0	1,008	1,299	3,691	0	0
总计		493,420	359,238	375,936.775	248,566.381	231,518	14,968.5
备注							

1944年度下期事业概况速报表

（1945年2月28日）（单位：吨）

码头 \ 矿山 \ 种类		采矿量 1944年下期累计	山元贮矿量	运矿量 1944年下期累计	江岸贮矿量	运出量 1944年下期累计 对日运出	向当地运出
开源（马鞍山）	南山	172,116	170,724	154,104.5	171,186.7	62,243	856
	大凹山	10,990	64,043	1,439.5	31,804.2	0	0
	黄梅山						
	东山	8,035	73,057	0	34,397.5	0	0
	梅子山		4,119	2,530	2,530		
	小计	191,141	311,943	158,074	239,918.4	62,243	856
陈家圩（太平）	钟山	22,055	46,019	22,503.865	31,539.26	0	17,216.5
	小姑山	8,278	3,048	88,542	15,234.79	0	7,310.2
	小计	30,313	49,067	23,389.225	46,774.05	0	24,526.7
获港（桃冲）	桃冲	13,029	815	16,638	（21060）62,446	0	880
	昌华	5,385	9,492	3,974	12,667	0	0
	板子矶		774	0	3,466		
	小计	18,414	11,081	20,612	（21060）80,573	0	880
凤翔（凤凰山）	凤凰山	37,660	24,355	23,387	21,471	0	20,630
	牛头山						
	小山		620	0	3,000	0	0
	静龙山			0	3,390	0	0
	龙旗山			0	675	0	0
	牛首山	5,075	1,188	5,563	17,829	0	0
	扁担山					0	
	樱桃园		3,233	4,372	7,642	0	0
	小计	42,733	29,396	33,322	54,007	0	20,630
扫把井（铜官山）		1,312	65	2255	5,940	0	0
总计		233,913	401.554	217,652.286	（37010）427,218.45	62,243	46,892.7
备注							

（安徽省档案馆、蚌埠市档案馆编：《日本侵华在安徽的罪行》，1995年印行，第106—111页。）

第2.26表　华中矿业矿石生产量及对日输出量

（单位：千吨，%）

年份	第一次计划	第二次计划	第三次计划	实际产量（A）	对日输出量（B）	B/A（%）
1934	—	—	—	480	—	—
1938	—	—	—	89	91	102.2
1939	—	—	—	486	404	83.1
1940	930	—	—	755	691	91.5
1941	1,490	1,680	1,580	1,461	1,270	86.9
1942	1,920	—	2,500	1,290	1,367	106.0
1943	2,430	—	（7月生产指标）	1,160	986	85.0

1. 第1次计划是1940年6月制订的华中矿业铁矿3年计划，第2次计划是铁矿紧急增产计划，第3次计划是日本中央要求的计划数量。

2. 根据《中国占领地经济的发展》第208—209页资料，《华中振兴公司事业内容概说》第585页资料。

（[日]浅田乔二等著、袁愈佺译：《1937—1945日本在中国沦陷区的经济掠夺》，复旦大学出版社1997年版，第131页第2.26表。）

83.华中矿业股份公司档案关于下属马鞍山和太平山铁矿在籍员工报告（节录）（注㊏）

（1945年10月）

马鞍山矿业所

民国28年，日本三井矿山株式会社授权中岛东助"行使福利民公司所属太平府全部铁矿矿业权"，对当涂各矿进行了频繁钻探、调查以及矿床测量，始大规模开采。年采矿能力80万吨，为"华中诸矿业所中最大者"。矿业所组织系统全部为日式建制，分设总务、运输、工务、采矿等课以及医院、自卫团机构，全所在册员工计5202人，其中事务人员153人，技术人员149人，技工1900人，小工3000人。主要采掘设施有空气压缩机、钻眼机、凿岩机、卷扬机、运矿车及竖井、水泵、探矿机械等，设备总值4552.46万元（伪币）。

（中略）

根据 1942 年的统计，当时的钟山、小姑山事务所最多时拥有工人和小工 4024 人，其中小工 3075 人，工人 947 人，工人不足全员的四分之一，小工全部担任运输、装卸及其他繁重杂役，而工人则大部分为采矿工，在运输装卸两工种中，无一是工人。工人住工人宿舍分单身、家属两种。宿舍一般都是瓦屋（土墙）。按月领定薪，每月储备券 20 元左右（依工作日数计算）。小工集中住草棚（人称苦力小屋），睡连铺，每铺 12—15 人，多时达 20—30 人。以铺为单位食宿、劳动，大柜上的职工拿固定工资，折合大米每月 1—2 担不等，小工没有定薪，以吨数、车数、工数等计酬。开支时，先统一发到大柜，数目多少，单价多少，只有大柜知道，日本人也为之保密，小工无所知。每铺工资由小工头统一[领取]。

（引自马钢史志办公室编：《马钢史志》，2005 年印行，第 2 期，第 12、20 页。）

84. 安徽省档案馆档案关于桃冲矿业所 1941—1945 年正式采矿工人数统计（注⑧⑦）

（1945 年 10 月）

使用工人数（与铁矿石有关系者）

年度别	一年	一个月延工数（工）			一人平均生
	总工数（工）	最大	最小	平均	产量（吨）
民国二十年	不明				
民国三十年	330,997	52,313	23,538	27,583	0.26
民国三十一年	340,938	40,665	13,886	28,411	0.220
民国三十二年	331,459	34,282	14,050	27,621	0.206
民国三十三年	270,632	33,201	13,837	22,552	0.271
民国三十四年	23,473	12,622	4,813	7824	0.104
计	1,297,499			25,441	0.262

备考：本表所记载之使用工人，仅属与采矿有直接关系之矿工、搬夫、选矿夫，余概不列入。

（引自安徽省档案馆、蚌埠市档案馆编：《日本侵华在安徽的罪行》，1995 年印行，第 124—125 页。）

85.华中矿业股份公司档案关于下属马鞍山制铁所及金家庄江岸码头劳工人数及来源的报告（节录）（注⊗⊗）

（1945 年 10 月）

马鞍山制铁所属于军事管制性质的工厂，它除调运生铁至南京兵工厂生产武器外，还在制铁所铸造车间制造癞葡萄式手榴弹外壳和迫击炮弹壳共 120000 余枚，当时的制铁所的工人来自鲁、豫、赣、苏、皖一带逃避战祸的难民，以及上海招来的中国员工。中国人有 3700 人，日本人有 331 人，"苦力"临时工近 3000 人，总计约 4000 余人。

（中略）

马鞍山矿业所成立后，在金家庄江边设置大柜、班主任，有监工 20 余人，当时港口有码头工人数百人，大多是被逼骗而来的江苏、安徽等地区的农民。

（引自马钢史志办公室编：《马钢史志》，2005 年印行，第 26、33 页。）

86.华中矿业股份公司桃冲矿业所 1941—1945 年采矿工数额表（注⊗⑨）

（1945 年 10 月）

（与《证据史料剪辑》注⊗同）

87.华中矿业股份公司各矿年均使用劳工总计（注⑩）

（1942—1945 年 2 月）

（据注⊗、⊗、⊗⊗、⊗⑨提供史料绘制）

88.《铜陵市志》关于抗战期间华中矿业公司铜官山矿业所使用劳工人数调查（节录）（注㉑）

（2006 年 5 月）

在勘测的基础上，1940 年正式成立华中矿业公司铜官山矿业所，下设 10 系一课，即：劳务、警备、用品、用度（成本核算）、采矿、选矿、运输、电气、港务、石锥（钻探）、土木及总务课。当时，在铜官山的日军和日籍技术人员、家属计 800 余人，他们收买了一批汉奸、工头，先后从荻港、安庆、合肥、芜湖、南京、常州、上海等地胁迫大批工人来矿，并大量征用民夫，最多时达 3000 余人。

（引自《铜陵市志》第 12 页，载中共铜陵市委党史研究室：《抗战时期日军对铜陵铜矿资源的掠夺专题调研报告》，2006 年 5 月 18 日，第 1 页。原件存于铜陵市委党史研究室。）

89.上海档案馆档案揭示抗战期间日军在上海等地强征民夫修工事并输往满洲、海南、日本、东南亚服苦役的罪行（注㉒）

（1939—1946 年 2 月）

伪上海特别市社会局呈文一（1939 年 6 月 12 日）

为呈报事。案查前由日本海军陆战队部通知，谓在公共租界北四川路、北江西路之间海宁路中，有难民数百人搭棚群居，密集如蝟，夏令炎暑，深恐疫疠滋生，请为设法救济等由。即经派员切实办理，旋据报称，勘定虹镇临平路严姓未遭全毁房屋，为该难民移居之所，正在布置迁移手续间，忽有附近"日支劳工同人公会"出面接洽，要求将该批难民由该会登记管理等情前来。查职局并未有日支劳工同人公会呈请立案，当经另行派员前往调查去后，据报称：窃奉命派往调查上海日支劳工同人公会一案，遵于本月三日午前十一时三十分搭连络车到浙兴里转雇人力车赴临平路，遍觅该日支劳工同人公会不得，至本局虹镇施疗所探询，亦不知悉，后见路旁毁余之屋壁上均贴有"如欲租赁，请向日支劳工同人公会接洽"之纸条，知该会会所必在近处，经再三探询，方悉该会各办事人员暂住临平路三十二号，即前往调查，与周徐二职员接谈，据称该会令所已勘定同路十四号房屋，现方从事修葺，故会务亦尚在筹备之中，该会系海军复兴班所许可组织，约再迟一星期可以正式成立，主持会务之大西先生系由海军复兴班所委派，正式成立后，复兴班方面必有通知到局，此时则无负责答复之可能等语。继至十四号房旁隙地，见竖有木牌上书"日本海军武官府复兴班许可济日支劳工同人公会用地"等字，证诸其言或属非虚。又十四号对面火场内有工人数十名，正在整理砖瓦，或即该会所招之工人。奉派前因，理合将前往调查情形，报请鉴核。等情。据此。理合将上海日支劳工同人公会内容情形，并检同招工通告一纸具文呈报，仰祈鉴核备查。

　　谨呈

　　市长傅

　　附呈上海日支劳工同人公会招工通告一纸。

　　　　　　　　　　　　　　　　社会局局长　吴文中（印）

中华民国二十八年六月十二日（印）

　　附件：

　　招工通告

　　工人登记地址　公平路临平路口

　　本公会　宗旨　自沪地发生战事迄今已届二载，市面萧条不蒸，以致失业者日渐增多，且有日常生活难以维持者而悲惨之事时有发生。本公会有见于斯为失业工人谋幸福利益及复兴市面计，组织该会救济失业工人。

　　本公会　登记章程

　　一、凡年在十六岁到五十岁以内者；

　　二、凡能刻苦耐劳而无嗜好者；

　　三、诚实而品行端正者。如具有以上资格者，不论何行工人均可来本公会登记。

　　本公会设备自建巨大宿舍以供工人居住。

　　本会备有一切卫生设备以供工人需用。

　　　　　　　　　　　　　　　　上海日支劳工同人公会启

　　　　　　伪上海特别市政府训令（1939年7月15日）

　　政字第44号　令社会局

　　为令知事。案据警察局呈称：案据市中心警察署报称：窃据职署虹镇分驻所巡官孙耀山报称：查辖境临平路十四号于五月二十四日设立日支劳动工会，经复兴班许可，闻系为救济难民情事，由日人大西一荣承办。除饬属保护并协助进行

　　　　　　　　　　　　　　　　　　　173

外，理合报情鉴核。等情前来。据此。除饬该巡官随时将该会办理情形具报外，理合具文呈报，伏乞鉴核备案。等情前来。据此。理合据情呈报，仰祈鉴核备案。等情。据此。除指令外，合行令仰该局知照。此令。

市长　傅宗耀（印）

中华民国二十八年七月十五日（印）

伪上海特别市警察局呈文（1940年9月4日）

案据南市警察署署长王芝章呈称：八月十五日，据特务班长巡官张维新声称：查辖境蓬莱路三八九号门牌内有日本人南坚设有南市苦力总工会，经往探询，据称本会成立系呈准南市宪兵队许可，登记之工人约有一千余名，专供友军修理道路及捡拾砖瓦之用云，为特报请察夺等情。除报告指导官外，理合备文呈报，仰祈鉴核。等情。据此。除指令外，理合据情备文呈报，仰祈鉴核备查。谨呈
市长傅

上海特别市警察局局长　　卢英（印）

中华民国二十九年九月四日（印）

伪上海特别市社会局呈文二（1941年2月26日）

案奉钧府沪市字第二〇八五号训令内开：案据警察局呈称：略以为蔡家宅六号成立浦东劳务调查部，主任为日人村上直一，成立目的，在谋工人福益，及调查失业工人，设法救济。等情。据此。查所谓该调查部，其组织内容如何，已否办理登记备案手续，合亟抄发原呈，令仰该局迅即查明核办具报。此令。等因。奉此。遵即派员会同社运分会派员前往调查，晤及该部主任日人村上直一，及翻译沈家骧，据称本部为田村部队委托成立，缘有杨树浦底，昭和岛、陆军田村部队，雇有工人一千名左右，内除五百人有固定工作外，其余均为短工。本部职责，即在办理此项工人之登记，并谋其发展，凡无固定工作之短工，遇有机会，当设法恢复其原有工作，以裕其生活，至一切登记费用，概由田村部队拨给，对工人不收分文。本部之目的，完全在措置部内之工人，并无对外性质等语。奉派前因，理合报请核示。等情。据此。综核据报情形，该部组织似与普通劳工团体性质不同。奉令前因，理合具文呈复，仰祈鉴核示遵，实为公便，谨呈
市长陈

社会局局长　凌宪文（印）

中华民国三十年二月二十六日（印）

（引自上海市档案馆编：《日本帝国主义侵略上海罪行史料汇编》（上），上海

人民出版社 1997 年版，第 547—550 页。）

报道一（《申报》2 月 18 日）

虹口拉伕风炽，居民深居简出，三日内被拉去一千余人，分批驱往各战场充苦役。

虹口一带日军，突于十五日（星期日）晚间起，开始强拉民伕，至昨日为止，被拉居民已逾十人，故近日虹口区域华人，均深居简出，而租界居民，亦均不愿蒞此冤窟。昨据被拉后而逃脱之某君语大光社记者，被拉者多劳苦阶级。

余（被拉者自称）于十五日晚九时出外访友，行至杨树浦路底，突被日宪兵三名挟住，拉至北四川路底日军司令部六楼，该处已有民伕五百余名，均属劳工阶级。是日气候奇寒，并有数人尚未晚餐，故在饥寒交迫下，状极可惨。然要求翻译（日人雇用者）出外买食，均遭拒绝。并据该翻译告余曰："你们不可在日人面前表示饥寒之状，否则定遭痛殴。"后余询问拉往何处，答曰，派赴前线充当夫役。大致均派之各战场充当夫役，或第一道防线。余听后，极为惊恐。迨至十时左右，见有日军一队十余人，手持刺刀，进内拉去一百余人。余之出发时间，在深晚十二时。十二时甫过，即见日军一队进内，迫余等下楼，乘卡车出发。迨至蕴藻浜附近，余决谋待机逃脱，因思即使前去，亦无生还，不如从死中逃生，故俟卡车稍停时，即从车中跃出，跳入河浜，甫游至对岸，即闻枪声一响，但余已避入破穴中，随后即闻车声远行而寂然无声。次晨三时，始告返家，但家人已受惊匪浅矣。

报道二（《申报》1941 年 2 月 20 日）

苏州河北拉夫猖獗，华人壮丁绝迹，押赴华南迫充日军苦役

字林报云：迭传日军强迫华人壮丁为其工作之说，昨日（十八日）已获确切证实，盖记者闻诸极可靠方面，日陆军在苏州河北尤其是杨树浦区，强拉民夫已有日也。

[深夜清晨拉夫活动]日军皆在深夜，及清晨天色黑暗时拉伕，结果已有大批华人被强迫拉去。上海电力公司、博德连制造厂，及杨树浦区其他工厂之数百工人，近已请厂方准其夜间留厂中，盖恐大黑后离厂被拉也。据曾被拉去而设法逸出之四华人声称，多从海宁、峡石与嘉兴等沿铁路区拉来之苦力数百人，曾在虬江码头将供应品忙碌装上运输舰一艘，旋此辈苦力亦被押登舰，从之南行。若干脱险工人谓彼等系在杭州"被捕"。

[突然失踪绝无踪迹]日兵告民夫谓将送他等至香港附近某地，为日陆军从事建

筑工作。关于此点,闻苏州河以北杨树浦汇山与虹口各区内工厂之华工与华仆皆恐被强迫拉去,故夜间不敢往来街头,致杨树浦等处入夜静寂如死。昨日清晨,日军又在杨树浦拉伕,沿路拦阻汽车与卡车,日军控制区内虽已有大批华人被拉,但截至昨日为止,租界当局仅接一次报告,其余许多被拉华人,皆突然失踪,绝无踪迹。

报道四(《申报》1941年2月24日)

日方强拉夫役　集中永安纱厂　颇多来自杭嘉湖一带者　杨树浦入夜已杳无人影

字林报云:昨日(廿二日)闻诸可靠方面,日方拉伕队在日方控制之苏州河以北区域赓续活动,并用其在沪战时没收之西湖路永安纱厂为会集地。闻日方恒于夜间或清晨,藉天色黑暗时,出发拉伕,时或拉至午前七点三十分始已。又闻拉伕事并非如前所传者,始于上星期六日,实则二月十四日已有拉夫队活动。

[逃逸苦力不敢声张]关于此种活动之情报,正继续搜集中。但被拉而逸出之苦力,大多恐遭报复,故不愿诉述其在日军掌握中之经过情形,且被拉之男子,颇多一家老幼,皆赖其为生者,当今生活费用日高,此哺养合家之人,竟被拉去。或家无余粮,其惨状不难想见。

[日军竟允贴补家用]日方虽已否认在其控制区内强征华人,但闻日方数军官已调查华人壮丁之须赡养全家者亦遭强征之说,且赴此辈壮丁之家,允许若有其事,日陆军将出资补助其家用。闻被禁于西湖路永安纱厂中之华人,共逾五百人,内颇多在平湖、嘉定与闵行被拉,用卡车载来者,余者系从海宁、硖石、嘉兴与杭州押来,其逸出日军之拘禁者,颇不乏人,但恐一旦复遭强征,将受重罚,故对被拘经历缄口不语。

[浜北工人夜不敢归]然杨树浦入夜杳无人迹,而卜居浜北,昼间在浜南工作者,入晚皆留浜南,不愿北归。此属事实。查去岁二月,闻日方亦曾在浜北强征劳工,日大使馆发言人则加否认。谓拉伕之说,乃因浜北拘捕罪犯事而起。

[车客骤减硖石停市]沪杭路沿线各地日军,自在此统制区域内强拉民夫以来,此风迄未止戢。据甫于昨日抵沪之来客谈称,沪杭路日军,于十六日起,开始强迫征拉民夫后,壮年华人被迫拉去者一千余人,此中以硖石一地为最多,统计达六百余人。全镇商店全体停市,居民蛰居不出,至五日后始渐恢复。而长安、嘉兴、海宁、嘉善等地被逮居民,均被迫登火车北驶,迄今音讯杳然。现均深居简出,商店亦颇多停业,情况顿呈萧条,连日搭乘火车之旅客,亦已骤形减少。

(引自上海市档案馆编:《日本帝国主义侵略上海罪行史料汇编》(上),上海人民出版社1997年版,第551—554页。)

（4）日军秘密征用监狱囚工
（1944年12月8日—22日）

伪上海特别市警察局呈文（1944年12月8日）

案准友邦上海方面根据地队司令官机密第三〇号函请征用囚犯约五百名，实施海军土木工事，征用期间从十二月廿日起约三个月等由。理合备文呈请钧府转行上海监狱办理，实为公便。谨呈

市长陈

兼上海特别市警察局局长　陈公博（印）

中华民国三十三年十二月八日

伪上海特别市市长令（1944年12月16日）

密指令　令市警察局

呈乙件，"照录原由"。呈悉。除函请上海监狱核办见复外，仍仰派员迳与上海监狱洽办为要。此令。

市长陈公博（印）

中华民国三十三年十二月十六日

伪上海监狱代典狱长呈文（1944年12月22日）

案准贵府本年十二月十六日机字第七一号公函，以据市警察局密呈，准友邦部队密函请求征用囚犯五百五十名，实施海军土木工事，转请查照办理见复。等由。准此。除照函准备囚工，并与友邦部队迳行洽商办理外，相应函复查照。此致

上海特别市政府

代典狱长沈关泉

中华民国三十三年十二月二十二日

（引自上海市档案馆编：《日本帝国主义侵略上海罪行史料汇编》（上），上海人民出版社1997年版，第555页。）

（5）日军在徐家汇抓夫
（1945年3月27日—4月7日）

伪上海总联保会徐家汇分会呈文（1945年3月27日）

徐家汇区分会呈　委字第八号

卅四年三月廿七日

查本区裕德路徐汇桃园东华皮辊厂，于本月廿三日驻有盟邦警备队"枪部队"二百余名，由队长中尉宫之首大壮率领。自来驻本区后，连日迭向本区征供民夫，暨应用器具，嗣经总联保方面迭与该部队队长折冲，并召开紧急会议，讨论应付办法。业自本月二十六日起，就本区内按日轮流抽调民夫四百七十名，遣往服役，并为购办该部队内部应用物品及向德兴旧板厂借用木板、水缸供给应用。又该部队携带华人情报员十三名，要求供给每月白米六石一案，其经过详情业经总联保于本月廿六日保警字第三十四号呈文报请鉴核在案。查盟邦军队驻扎本区，当非短期，其已经代办及须继续供应之物品，开具各点，敬请钧处核示。

（一）已经代办物件计垫款拾叁万四千九百念拾元应如何着落。

（二）向德兴旧板厂借用之木板大小柱共壹百七十七件，估计价格约在壹百伍拾壹万五千元左右，并水缸贰只，估计贰万元，将来如有遗失或全部不予归还时，应如何处理。

（三）每日供应之民夫约五百名，按日杂支约须壹万元（至完成日为止），此款应如何着落。

（四）华籍工作人员每月须供给白米六石，应如何办理。

（五）嗣后该部队继续供给物件，如何办法。

（六）华籍情报工作人员应如何联系。

综上各点，均为本会当前之紧要问题，究应如何办理之处，本会未敢擅专，理合备文呈请钧处鉴核，迅赐核示，俾资遵循。谨呈

上海特别市警察局保甲处处长顾、副处长大川

徐家汇区分会主任委员　徐声扬

伪上海徐家汇总联保办事处报告一
（1945年3月28日）

第一号　卅四年三月廿八日

本区徐汇桃园东华皮辊厂，于本月廿三日驻有盟邦军队"枪部队"二百余名，并带有华籍情报工作人员十三名。该部队自来驻本区以后，至本日为止，先后请求本区征供民伏及代购物品与供用物品等数量开列如下：

（略）……

戊、自本月廿六日起至廿八日止，每日由各联保抽调派往服役之总数如下：

三月廿六日　　　计四百六十五人

三月廿七日　　　计四百五十六人

三月廿八日　　　　计四百五十六人

（中略）

伪上海徐家汇总联保办事处报告七
（1945 年 4 月 7 日）

第七号　卅四年四月七日

一、（略）

二、队长宫之首大壮前曾声述，拟发给米十表、豆小量、金一封（参见报告第六号第一款）。本处当即派员前往领取，因米存数不多，拆发中储券二十万元。请本处支配发给各服役人员，至发给自何日起，何日止之服役人员，该队长未曾言明。该现款如何支配，本处当另文呈报。

三、（略）

四、（略）

五、大西队队长宾户七郎请求征供民伕，并允每日发给工资一千五百元、米二斤一节（参见报告第六号第一项），业已饬属自五日起开始计。五、六两月共遣往服务者一百〇九人，计领到中储券九万三千五百元支配各服役人员，米尚未领到，本处以该队长发给之工资及仓米与原定不符，曾派员前往商酌。该队长面允上峰领到后再行发给。

六、服役人数（自四月四日至七日止）

四日　　四五九人

五日　　三五七人

六日　　四二一人

七日　　二五七人

上海特别市徐家汇保甲区总联保办事处

（引自上海市档案馆编：《日本帝国主义侵略上海罪行史料汇编》（上），上海人民出版社 1997 年版，第 556—557、559—560 页。）

（1）日本满洲炭矿株式会社招募华工
（1942 年 3 月 28 日—4 月 8 日）

伪上海特别市社会局呈文（1942 年 3 月 28 日）

案据日人中村晋呈称：此次受满洲炭矿株式会社之委，嘱募集人夫，检同募集要纲，呈请协助募集。等情。附募集要纲，采用要纲各一份。据此。当即派员调查，据复略称：日人中村晋所募集者系一般工人，服务期间满一年后即可任意去留，汇款由银行汇转，或于相当期间，在上海设立出张所兼司其事。等语。据

· 179 ·

此。查事关募集人夫，出国工作，本局未敢擅专，理合抄同前项要纲具文呈报，仰祈核示祗遵。谨呈

市长陈

附呈募集要纲、采用要纲各一份

社会局局长凌宪文（印）

中华民国三十一年三月二十八日（印）

附件一：

募集要纲

一、自十八岁至四十五岁中国男子，身体强健，能耐炭矿劳动。

一、欢迎有家属者。

一、募集人员约一万人。

依募集成绩继续作半恒久性的募集之。

一、募集费用

每人为日金二十元。（内一部份充募集办公费，一部份给被募集工人及家属）

家属大人十六元

小人六圆。

一、至满洲炭矿工作。

一、至上海集中时以募集费充当之，以后之旅费及其他费用由公司方面负担之。

一、募集之人员及时间有相当把握时则直接致电总公司派负责者至沪办理一切手续。

附件二：

采用要纲

一、工资　　　　最高四〇〇　最低一四〇　平均一九〇

一、发薪　　　　每月二回直接付与本人，无中间榨取者。

一、零用费　　　到达目的地后，即预支零用费二十五元以下。

一、福利设备　　宿舍（房金、电费、自来水及浴室免费）　病院（公伤　免费）（私伤　免费）（依互助会之规定）并设有：慰安所、剧场、通信部、储蓄部、汇款部、人事相谈所。

一、家属之副业

拾取熟煤炭　　　　平均每日有七八角。

制作坑内所用竹帽　平均每日亦有七八角之希望。

一、食事　　　　　为面食。

二、期间　　　　　满一年者给以休假一次，其后即任意之。

伪上海特别市政府指令（1942 年 4 月 8 日）

指令　沪市三字第 4765 号

令社会局

呈一件。为据日人中村晋请求协助募集工人赴满洲服务等情，祈鉴核示遵由。

呈件均悉。所请招工一节，可予照准，惟应先由该局加拟服务规程（如每天工作钟点及一年后自愿回国，由公司负担旅费等），并可由该局派员前往任连络保护之责等办法呈核，仰即遵照。此令。件存。

市长　陈公博（印）

中华民国三十一年四月八日（印）

（3）日本大连福昌华工株式会社征募华工
（1942 年 10 月 27 日）

伪上海特别市警察局呈文（10 月 27 日）

案准本局连络官室交下大连市福昌华工株式会社在沪招工广告四张。准此。除饬主管科电知各分局外，理合检同原广告一张，备文呈送，仰祈鉴核备查。谨呈

市长陈

附原广告一份

上海特别市警察局局长　卢英（印）

中华民国三十一年十月廿七日（印）

附件：

招募大连市福昌工人

招募者：大连市　福昌华工株式会社。

工人宿舍：大连市东山町三　碧山庄（红房子）

工作性质：轮船及货车装卸、煤业装卸。

工作时间：自四月一日至九月三十日，上午七时至下午七时。

自十月一日至三月卅一日，上午八时至下午六时。

但工作闲散之时缩短时间，繁忙之时或有必要之时加夜工。

工钱：因系包工不能固定、一天约金票一元二角至二元（新票六元六角至十一元）。此外给金票一元（新票五元五角）出勤奖励金。所以每天约有金票二元二角至三元（新票十二元一角至十六元五角）之收入。每十天发给一次，由工头

· 181 ·

经手（工头提取一成）。通货用货币为金票（与上海军票之价格相同）。

满工资格：在庄期间半年以内并做满一二六天工的人。

满工偿金：一人金票叁十元（新票一百六十五元）（工资在外）。

食物及食费：食物 馒头（洋面与苞米制）及熟菜咸菜。

食费 一天四角五分。煤业工人为四角七分。宿舍内有卖鱼菜类之店铺，可以随意购食之。

福利设施：宿舍 砖瓦楼房一百宅。

物品分配所 生活必需品照原价出售。

碧山庄医院 无论公、私疾病之治疗以及住院费一概不取。

戏园 为工人娱乐起见时有大戏及电影、亦不取费。

雇用条件：年龄 十八岁以上五十岁以下。

身体 强健能扛一百廿斤以上者。

品性 思想纯洁，品行端正者。

经历 有码头、货车、货物、汽车或煤业夫役之经验者。

招募费：路费 到大连之车船费、食费以及杂费一切由会社负担。

衣着：准借小棉袄、棉裤、铺盖（或毯子）。工作满三个月以上者准送。

招募人数：二〇〇〇名。

招募期间：自十月一日起至十一月三十日止。

应募者集合地点：上海东熙华德路惟昌里二号西华大旅社。

中华民国三十一年十月一日

　　　　　　　右大连市　福昌华工株式会社

　　　　　　责任斡旋社团法人关东州劳务协会

（4）日本关东州劳务协会征募女工
（1943 年 4 月 30 日）

伪上海沪西警察局呈文（1943 年 4 月 30 日）

案据所属第二分局呈称：案奉钧局申字第二〇〇〇号训令内开：案准上海大日本帝国大使馆来函译开：以关东州劳务协会饬派募集从事者四川正吉自三月二十五日起至七月三十一日止在上海沪西区及常州、无锡、苏州等处，每处招募华人女工五十名，共计二百名，嘱即转饬知照。等由。附募集认可证、募集主之事概要各一份。准此。除将附件抽存备查并分令外，合行令仰该分局长即便知照。并转饬所属一体知照为要。此令。等因。奉此。遵即通传所属知照。兹据该会上海办事处代表人邵文彬来局声称：该办事处定于本月二十日左右开始在和平旅社招募工人，请于备案。等语前来。除饬属随时查报外，理合报请鉴核。等情。据此。除指令该分局仍应随时派警妥慎保护外，理合具情报请鉴核备查。谨呈
市长陈

上海特别市沪西警察局局长　潘达
中华民国三十二年四月三十日（局印）

（5）日本东造船 F 株式会社征募华工并加以欺骗迫害
（1943 年 7 月 14 日—1944 年 10 月 31 日）

伪上海沪西警察局呈文（1943 年 7 月 14 日）

案准日本大使馆通知书译开：以日本造船株式会社饬派募集员田浦正成于七月一日起至九月三十日止，在上海、苏州、无锡等处募集劳务，从事者共五百名，计上海地区三百名，苏州地区一百名，无锡地区一百名，请烦查照。等由。附劳务者募集从事者证明及许可申请书各一份，又募集主事概要一份。准此。除已转饬所属一体知照，并将附件存查外，理合备文呈报，仰祈鉴核。谨呈
市长陈

上海特别市沪西警察局局长　潘达（印）
中华民国三十二年七月十四日（印）

伪上海特别市社会福利局呈文（1943 年 9 月 21 日）

案奉钧长交下外交部驻沪办事处原函密不录由一件，正遵办间，复奉钧府训令沪市三字第一〇八八八号略开：准外交部代电，以根据日方在沪招募华工，赴北海道充当矿工，希查明见复。等由。准此。合亟令仰该局，迅即查明呈报，以凭核复。等因。奉此。遵经派员并案详查去后，兹据复称：遵查日方第一次在本市招募赴日本北海道之华工二百四十三名，系友邦"东日本造船公司"所招，均系木工，并非矿工。该公司设"上海办事处"于福州路江西路口汉弥尔登大楼六百十一号，代表人为竹下文隆，事前曾申请日当局转请我国民政府行政院交社会福利部及建设部办理，并由该公司代表人面请外交部褚部长允予协助招募，并由社会福利部驻沪办事处及留日工人考选会（系闻兰亭、陈彬和等所组织）、上海日本工商会议所、上海工商联谊会等，会同协助，当时曾由该公司在《申报》刊登招工广告多天。此第一次赴日华工，于七月二十五日由本市动身，于抵达后，均有信寄家报告旅途平安。又查该公司与第一次赴日华工所订之合同，期限一年，待遇除供给膳宿及服装外，工资分三种，计练习生每月中储券自八百元起至一千二百元，木工每月中储券自一千二百元起至一千六百元，船工每月中储券自一千

六百元起至一千八百元。至该公司第二次招工，现正在续募中。理合将分别查明情形，据实呈报，仰祈钧核。等语报告前来。迭奉前因，理合将派员详查经过，备文呈复，仰祈鉴核，实为公便。谨呈
上海特别市政府

上海特别市政府社会福利局局长孙鸣岐（印）

中华民国三十二年九月二十一日（印）

（6）日军第二军需工场石油联合株式会社上海支店强募华工
（1944 年 6 月 10 日—9 月 29 日）

日第二军需工场石油联合株式会社上海支店公函
（6 月 10 日）

案奉中央部令以建设菲岛燃料基地，着即由上海派遣华籍工人约二百名前往工作。等因。奉此。本店兹拟自六月十日起至六月三十日止募集工人前往。相应函请查照备案为荷。此致
上海特别市第一区公署

上海四川路一〇九号第二军需工场
石油联合株式会社上海支店

中华民国三十三年六月十日

伪上海特别市社会福利局呈文（1944 年 9 月 29 日）

案奉钧府训令沪市组一字第八九六〇号略开：案据前第一区公署呈：为据本市四川路一〇九号第二军需工场石油联合株式会社上海支店呈：为奉中央部令着由上海派遣华籍工人约二百名前往菲岛工作，本店拟定期募集。抄附募集条件一份，请求备案等情。当经饬据本署工业调查处拟具保障应募工人权利条件六项，并暂准备案，呈请核示。等情。即经咨准外交部复以所拟条件尚属妥善，惟本部尚有六点意见，相应咨复查照办理。等由。合行抄发条件六项，外交部意见六点，令仰该局转知该株式会社上海支店遵办，并将办理情形具报。等因。并附保障应募工人条件六项及外交部意见六点下局。奉此。遵经派员办理去后，兹据复称：奉交查报奉市府训令，准外交部咨复第二军需工场石油联合株式会社上海支店招募华工一节，令仰遵照办理一案。职遵经前往调查，据该支店京田厚穗称：对于招募华工赴菲岛工作，于六月十日将具体办法函请第一区公署备案在案。在六月二十日募集工人二百六十四名，于同月二十九日由外交部护照出国，临时脱逃九名，计二百五十五名，在途中均保有意外险，一切均妥慎保护，于八月四日到达

菲岛，其中有一人因病死亡，现正筹划抚恤。而工资最低者三千余元，最高者七千余元，领薪办法，自领及家属代领各半有之，工人名册、志愿书及照片，均备存沪店云云。奉饬前因，理合将调查该华工业经赴[菲]经过，陈报钧核。等语报告前来。奉令前因，除通知该支店遵照保障应募工人条件及外交部意见办理外，理合将办理经过，备文呈复，仰祈鉴核，实为公便。谨呈
上海特别市政府

上海特别市社会福利局局长　孙鸣岐（印）

中华民国三十三年九月二十九日（印）

（7）日本日华劳务协会强募华工并加以迫害
（1944 年 7 月 31 日—12 月）

日本驻华使馆事务所长函（1944 年 7 月 31 日）

译文（所附各件原件已散佚）上海经产秘第三三〇号

迳启者：查本年二月廿八日敝国次长会议以国民动员计划内华人劳务者之移入日本内地要纲行见决定，此次对于军需物资之运搬输送事宜，急有施行措置之必要兹由大东亚省、军需省、厚生省协议结果，以大东亚省之监督下命伊藤幸太郎为代表组织"日华劳务协会"，由此机关暂募集华工千五百名移入日本内地。兹特具另附之申请书呈请前来，当经七月三十日批准，并发给另附之劳务者募集从事证，准予开始募集。为此函知，尚请予以便利为荷。此致
陈市长

大使馆事务所长佐美珍彦（印）

昭和十九年七月卅一日

日本日华劳务协会招募华工备忘录

（1944 年 12 月）*

日华劳务协会暂募华工一千五百名移入日本内地一案经过情形备忘录

三十三年七月卅一日　准日本大使馆上海事务所来函，以此案系由大东亚省、军需省、厚生省共同组织之"日华劳务协会"（该会以伊藤幸太郎为代表）办理，请予便利等由。

八月卅一日　经本府令饬社会福利局及警察局知照，并着福利局与日华劳务协会接洽并函复，一面呈行政院暨外交、社会福利两部备案。

九月七日　准社会福利部咨复，予以备案。

九月十一日　奉行政院指复，准予备案。

---

* 原件无日期、作者，现日期由编者依据全宗档案考订。作者应为伪上海特别市政府。——编者注

九月十六日　准外交部咨复，以此案应请查照该部本年八月十六日为石油联合株式会社募集华工赴菲一案，以通字第三九四号咨复本府所列各点办理：（一）工作期限，应规定二年期满，准予自由回国；（二）工作时间，每日工作八小时，加工应加工资；（三）工资币制，规定工资时，应注明币制；（四）工人福利、工人疾病治疗及死亡抚恤费用，应由当地公司支给相当数量；（五）汇款方法，工人汇款回国赡养家属，应准其不加限制，并由当地公司代为设法免费汇划；（六）旅费担负，所有出国、归国旅费由该招募人或当地公司负担，并不得在工资内扣抵。并须附载所有约定事项，招募工人应切实履行，并保证当地公司之履行，非经呈准，有关官厅不得变更。至于招募人亦应于出国前与应招募人签订合同，各执一纸。并照章华工各人分别领取出国证，招募完竣后应全部名册送交我方备查。

以上各点于签订合同前，要求明白规定，以昭慎重而资保护等由。经于九月卅日令饬社会福利局遵办具报。

十月廿一日　据社会福利局呈复，以此案遵经会晤上海事务所产业部劳务课主任经谷孝道，据称：此次招募华工共计一千七百十二名（内有二百五十一名为俘虏），业于九月三十日截止，全部运送，安抵日本。至于贵国所提出各点，本人在可能范围内全部接受，惟出国护照未及赶办，至全部名册，俟手续整理就绪后，另行抄送。并称工人饮食及医疗等一切设施，皆甚完备，工作时由华人领班指挥等语。经据以于十一月四日分咨外交、社会福利两部查照并指令，嗣于十一月十四日准社会福利部咨复，予以备查。

十月廿四日　准外交部咨以据驻长崎领事馆电称：该批赴日华工到日后，工作艰难，腹中不饱，待遇欠善，已有逃亡情事发生，为避免暴动计，请改善生活等情。请饬属设法查明核办，并将所募华工赴日本内地分配地点及人数，一并查明见复等由。

十一月四日　经本府令饬社会福利局查明具复。

十一月廿七日　据社会福利局呈复，以遵经会晤经谷孝道主任，据表示：日华劳务协会乃敌国大东亚省等联合主持之国家机关，对于招募贵国工人之待遇，给养经费，皆有妥善筹划而负责保障之，此次或因人数杂多，管理方面容或稍有疏忽亦未可知，但既有如此现象，应请贵市府公函敌上海事务所全权公使，俟调查明白后，当再以书面答复或迳复贵外交部等语。复查明赴日侨工工作地点及人数，计第一次八月廿六日，仁洋丸六百卅名，地点为室兰港东邦炭矿；第二次八月廿六日，宗像丸一百名，室兰港东邦炭矿；第三次九月七日，汐首丸二百零三名，留萌港箱田铁矿；第四次九月十五，二百零二名及特殊劳工（即俘虏）二百五十一名，地点小樽港东邦炭矿；第六次九月卅日，五春丸二百卅名，北海道炭矿。综合先后六次，共计一千七百五十二名。至工作所属公司：一、日本港运业会（为日本运输通信省之机关）；二、东邦炭矿；三、北海道炭矿汽船等情。

附注：查本案据社会福利局称：赴日华工先后六次，惟来文实列五次，其第五次，人数未据叙明，以致与总数所列一千七百五十名，相差一百三十六名。

（8）日军强征华工到南洋等地服役并加以迫害
（1946 年 2 月—9 月 6 日）

韩庆来等呈文（1946 年 2 月）

窃庆来等一百卅九人均系农民，不意在民国卅二年一月，分别为日军第四十一师团拘俘，强迫押赴南洋巴拉屋（PALAU）岛服劳役，担任饲马、搬运等粗重工作。其间三年，不仅备受日军虐害（计工作斯间为日军残害者，共二十五名之多），且应得工资分文未给。胜利后，庆来等由美军运送返回，并由前"上海地区日本徒手官兵善后连络部"出具"确认书"（壹百拾四张），"认定书"（二十五张），承认积欠工资确为事实。庆来等除据此分呈中国驻日代表团及外交部向日方交涉偿还是项工资外，并要求严惩有关战犯，及赔偿三年来因被俘所蒙受之损失（田园荒芜财产散失等），生者每人美金壹千元，共拾壹万四千元，死者每人美金贰千元，共五万元，合计美金拾陆万四千元整。嗣奉外交部东 36 字第二三五七九号批示开：呈件均悉，请求引渡战犯部分已电国防部核办，赔偿部分应由居留地政府办理。等因。奉此。理合造册具文，呈请钧长俯念庆来等被俘三年，受尽苦难，且返国后无家可归，流落沪市，生活困苦，准予向日方要求赔偿上述损失，计美金拾陆万肆千元正，则不仅庆来等得有以为生，永铭大德，即死者亦感激于九泉之下也。谨呈
市长吴

俘工代表　韩庆来、韩登训同呈
（住宁国路 40 号归国劳工组）

（以上引自上海市档案馆编：《日本帝国主义侵略上海罪行史料汇编》（上），上海人民出版社 1997 年版，第 560—580 页。）

金华县志编纂委员会关于 1942 年—1944 年日军在浙江省抢修金华机场、掠夺萤石矿征用残害劳工罪行（节录）

（1992 年）

1932 年 2 月 17 日，汉奸汪精卫伙同侵华日军松井石根大将飞抵金华"视察"，当日返南京。

春，日军"华中铁道公司"为掠夺萤石资源，建成年产 15 万吨萤石基地，并兴建金华至武义石龙岗矿区轻便铁道，次年 5 月建成通车。

5 月，日本侵略军在金华修筑飞机场，累计劳役民伕 36 万余工，先后被杀害 5000 多人。

民国 31 年，日本侵略军加紧掠夺萤石资源。是年 5 月 16 日，日军东路七十师团侵占武义、义乌等 7 个县的萤石产地。11 月，汪伪成立华中矿业公司武义砩石采矿所，共有工程师、技工、职员、雇员 400 余名，从山东、苏北、安徽、南京及附近的东阳、永康、缙云等地掳来 2000 多名劳工，在杨家、塘里等矿区大量盗采。自民国 32 年春开始，日军为加紧掠夺萤石，毁田拆屋，建造从金华经杨家至塘里矿山铁路，民国 33 年 5 月 8 日通车。至民国 34 年，3 年时间里，日军在武义盗采萤石约 30 万吨。在此期间，义乌也有 35 处被强行开矿，每天挖萤石 130 吨。

（引自金华市地方志编纂委员会编：《金华市志》，浙江人民出版社 1992 年版，第 13、483 页。）

1944 年

2 月 12 日　本日及 4 月 16 日，日军窜扰兰州及西坑镜岭、黄婆滩等村，共杀害无辜百姓 16 人，枪伤 13 人。

（浙江新昌县志编纂委员会编：《新昌县志》，上海书店出版社 1994 年版，第 457 页。）

是年春　日军从上海浦东、苏北等地抓捕 2100 余名劳工到嵊泗县五龙、田岙等地修筑军事工程，其中有 100 余人被折磨致死。

（浙江嵊泗县志编纂委员会编：《嵊泗县志》，浙江人民出版社 1989 年版，第 454 页。）

▲　日军开始在金华建筑飞机场，至 1945 年建成，平均每天派民工 1000 人，累计达 36 万工，内 5000 余人先后死于机场。日军为抢掠萤石建筑金武铁路，强派民夫每日 1000 工，累计 9 万工；运工、掘工、矿路工皆强派民夫，每日 400 余工，计 12 万工。县民一年里需半年为侵略军服劳役。

（浙江金华市地方志编纂委员会编：《金华市志》，浙江人民出版社 1992 年版，第 531 页。）

90.日本政府战时曾拟将淮南煤矿的煤炭产量扩大一倍以上达200万吨（节录）（注⑨）

（1945 年 10 月）

日寇为了推行"以战养战"的反动政策，在侵占淮南以后，就立即抓淮南的煤炭。一九三八年六月二十九日，由"满铁调查队别所调查员"组成的日军特务部淮南炭田调查队来淮南煤矿进行第一次调查。八月二十五日，"日本铁道省调查团"、"三井及三菱调查班"等等，以一个月的时间，对淮南煤矿又作了详细的调查。九月二十一日，大通矿交给了日本垄断集团"三菱饭冢炭矿"经营，矿务局（九龙岗）交给了三井矿业公司经营。是年十一月二十七日，日寇在大通矿和九龙岗矿开始掠夺开采。一九三九年四月二十一日，日本兴亚院在华联络部，将两矿合并改为"日华合办淮南煤炭股份有限公司"，该公司直接在日本侵华军军部控制之下，据日本《淮南炭矿》一书"公司之使命"一节中记载："华中经济建设，蒙皇军圣战之余绩，已迈出雄健步伐，我社在皇军的庇护下，一面警备，一面采煤，同时准备应付国际局势的突变，尽一切努力完成年产二百万吨煤炭的五年计划，为东亚新秩序的建立作贡献。"由此不难看出公司是帝国主义侵略的工具。

（引自安徽省档案馆、蚌埠市档案馆编：《日本侵华在安徽的罪行》，1995 年印行，第 153—154 页。）

91.淮南煤矿工人揭露日人残害淮南矿劳工的罪行证词（节录）（注⑭）

（1960 年）

日寇把中国人当奴隶来驱使，所给的报酬低得可怜。据史料记载，当时工人平均一天挖出的煤按市价可卖四十五元，而工人平均工资一天只给五角钱，仅占他所创造的价值的 1.6%，其余 98.4%，都进入了鬼子的血口和把头的腰包。工人干一个班只发二斤半霉烂的豆饼和麸面。

工人们吃的是野菜和霉麸面做成的粑粑。吃了这种食物以后，嘴里发苦，肚中发烧，头脑发胀。下井后又没有水，只好喝井下的污水，时间一久，就拉肚子。

加上各种传染病的流行，大批工人死亡。老工人袁孝云回忆说："我亲眼看到从河南来的十一个工人，住在阴暗狭小的工棚里，由于吃了麸子面馒头，肚子膨胀，加上疾病，第二天全部死去了"。老工人胡继云回忆说："四二年严寒的冬天，我亲眼看到一间房子里睡着七个工人，只盖两床破被，第二天全死了。"四二年工人死得太多了，鬼子怕影响工人下井，就把患病的工人集中到一起搞了个"大病房"。"大病房"说是治病的，实际上是催命的，得病的工人进了"大病房"就等于踏进了坟墓的大门。大通矿东门外的"大病房"是用芦席、竹笆盖的，四间房里塞了七、八十人，病人躺在炕上连身都不能翻，伙食跟喂狗的差不多。老工人回忆说：这个病房天天死人，一天要死七、八个，最多一天死了二十一个。工程师苗文举说，在大通大病房区，有一天我数着从东门就抬出去 73 个死人。更为残忍的是，有的病重的矿工在还没有死时就被抬出去埋掉了。

　　日寇只顾要煤不顾工人的死活，井下安全设备极差，工人的生命毫无保障。当时工人们说："下井七分灾，不知上来上不来。"许多矿工葬身于井下。仅一九四一年一年中淮南煤矿井下被闷死的被鬼子、把头打死的就有 109 人。旧历六月初三大通矿发生透水事故，朱广汉等 9 位工人当时被淹死。一九四三年春天，大通矿井下西四石门，发生瓦斯爆炸事故，日寇、把头，根本不予抢救，以致伤亡一百多名矿工。同年，西六石门发生瓦斯爆炸事故，日寇明知里面还有许多工人，不仅不予抢救，而且在石门口打了一道火墙，四十多名矿工全部被堵在里面，活活的闷死了。解放后，工人们在开采这里的煤炭时，发现许多矿工的尸骨。一九四三年，鬼子逼着矿工在大通矿西六石门北四槽被堵死的瓦斯区挖炭。该死的两个鬼子监工又在里面吸烟，引起瓦斯爆炸，当场炸死 40 多名矿工。日本监工滕永德太郎也被炸死在里面。另一个鬼子监工却又逼着矿工进瓦斯区背这个鬼子的尸体。结果进去一个熏倒一个，又连续倒了三十多名矿工。当时还有些炸伤未死的矿工也被日寇埋掉了。

　　日本法西斯疯狂推行"以人换煤"，数以万计的劳动人民遭到惨死。据老工人们回忆，四二年秋淮南煤矿因各种原因死亡的中国人每天至少有 50 人，多时达 200 余人。把头李小楼有一次从河南招骗来的二百二十人，两三年内，饿死的、累死的、病死的、被打死的，就有二百一十九人。后来大通煤矿工人给活着的这个工人起个绰号叫"二百二"。流传甚广的"二百二"的故事，指的就是这件事。据日伪统计的资料仅一九四三年的半年多的时间内死亡矿工就达一万三千人之多。"万人坑"中的累累白骨就是日本强盗在淮南矿区犯下的滔天罪行的铁证。

　　（载安徽省档案馆、蚌埠市档案馆编：《日本侵华在安徽的罪行》，1995 年印行，第 163—164 页。）

92. 淮南煤矿老工人关于大通矿"万人坑"的形成及埋葬死亡劳工人数的证词（节录）（注⑨5）

（2006年7月26日）

　　日本强盗勾结[汪伪汉奸]和封建把头，在政治上对矿工实行血腥统治和残酷屠杀，在经济上对矿工进行敲骨吸髓的剥削，逼得工人吃霉面、喝污水，饥寒交迫，食物中毒；在生产上采取"以人换煤"的残酷手段，井下环境十分恶劣，无数矿工死于事故。在上述种种原因下，1942年11月12月间，是工人死亡最多的月份。据老人回忆，从工房抬往矿南荒地的尸体，一天到晚延续不断。老工人车美荣同志亲眼看到从矿东门一天抬出99个尸体。退休工人马文先就亲眼看到从倪圩子一天抬出121个尸体，退休老工人刘志元就亲眼看到一个上午，矿南抬出尸体130多个。这些矿工尸体，开始还有没有边的芦苇包捆，后来就赤身露体丢在野地里，到了1942年底，西起包头山、东到故庄，南起南山下、北到尚义村旁，这片约五平方华里的荒地里，漫山遍野，横七竖八布满了矿工尸体，尤其是"万人坑"东北拐一带，人摞人，尸体成堆，野狗争吃人肉，阴森可怕，整个矿山变成了一座活地狱。1942年底一连下了几场大雪，冰雪暂时覆盖了遍地的尸体，到了1943年2月，冰雪逐渐融化，尸体开始腐烂，臭气难闻，就在这种情况下，日本强盗企图掩盖罪恶，便强迫工人在南山脚下挖了三条大坑，把漫山遍野的尸骨扔进这三条大坑内，形成了"万人坑"。

　　据忆苦思甜小组老工人回忆：1943年3月份，日本鬼子强迫工人去挖坑，当时去挖坑的工人有一百多人，日本鬼子预先放好线，要工人挖20公尺长、五公尺深、五公尺宽的大坑三条，共挖了一个星期。实际挖成后的三条坑，每条约长20公尺，约3—4公尺深，坑口宽四公尺左右，坑底宽度2—3公尺。坑挖好后，日本鬼子又强迫工人去拉尸体，共有一百多工人组成"抓钩队"，编成十来个班，把丢弃在荒地里的矿工兄弟尸体，拉到挖好的土坑里去。这个100多人的"抓钩队"连续干了20多天。铲子铲、绳子拉、大筐抬，大约有一万三千多具尸体推进坑内。一层尸体，一层石灰，用石灰把尸骨化掉，一万几千具尸体就这样扔进了大坑。

　　（引自淮南大通"万人坑"教育馆：《日伪时期大通煤矿人口伤亡和财产损失情况》，2006年7月26日，证明材料3，第2—3页。原件存于安徽省淮南市大通"万人坑"教育馆。）

93. 淮南大通煤矿"万人坑"教育馆关于日伪时期大通煤矿劳工死亡与伤残人数的统计证明（注⑯）

（2006 年 7 月 26 日）

日伪时期大通煤矿人口伤亡和财产损失情况

市党史研究室：

根据淮史字（2006）6 号文件精神，我们大通"万人坑"教育馆根据现有资料，统计了在日伪时期大通煤矿人口伤亡和财产损失情况，现呈报如下：

一、人员伤亡，按日伪时期档案统计，日伪时期死亡矿工一万七千多人，工伤受刑伤残七千五百多人。

二、日寇掠夺煤炭 4262182 吨，毁损煤炭资源约五百万吨，造成机械设备财产损失二千万元（当时货币）。

附有关材料十四张

淮南大通"万人坑"教育馆（印）

二〇〇六年七月二十六日

（引自淮南大通"万人坑"教育馆：《日伪时期大通煤矿人口伤亡和财产损失情况》，2006 年 7 月 26 日，第 1 页。原件存于安徽省淮南市大通"万人坑"教育馆。）

94. 《马钢史志》关于 1942—1943 年马鞍山铁矿各矿山劳工死亡状况的调查报告（节录）（注⑰）

（2005 年 7 月）

由于日本帝国主义推行"以人换矿"的法西斯统治，矿工的死亡率很高，重大人身事故不断发生。1942 年春夏之交，凹山崖头塌方，一下子砸死 12 名工人，矿工们扒了一个星期，方把一具具不完整的尸体扒了出来。凹山另一次塌方埋死 4 人，其中一人被挤在石缝中，日军怕影响出矿，不准工人去抢救，结果这个工人惨叫了半宿后死亡。南山两次隆口倒塌，一次砸死 6 人，一次埋死 4 人。矿工死亡后日军既不付抚恤金，也不予安葬费，只发了几张芦席由工友们抬到山下掩埋。有的来矿家属，失去了生活的依靠，只好改嫁或带领子女讨饭回故乡老家，也有的见生活无路而自尽。

1943 年夏天，矿山上流行起霍乱、疟疾、痢疾等疾病，加之矿工劳累、饥饿、居住潮湿，很多矿工生起病来。日军在向山有一个医疗所，也有专门医生，然而只给日军及伪职人员看病，一般不给矿工看病。疾病得不到良好地医治，很快蔓延，矿工相继死亡。日军为了将生病矿工隔离。在南山和凹山分别盖几个大芦席棚子，称之为"大病房"，将生病矿工抬进去，一般无病矿工不得进入。"大病房"跟普通矿工住房一样，在里边同样得不到治疗。据日军的不完全统计，这一年南山地区死亡的矿工有三百余人。南山地区死亡矿工当时都埋在两处，一处是向山南坡的臊孤墩，一处是凹山西南的一个小山丘。因为埋葬的大都是山东、淮北矿工，所以称之为"侉子坟"。

（中略）

日军进一步采取"以人换矿"、"以人换铁"的血腥政策，仅 1 年中向山硫铁矿的 500 多名包身工被日军折磨致死 200 多人。大薛村农民苏来子被日军绑在树上，用火烧棍打致死亡。汤家庄农民谢必云遭日军挖去心肝，鲜血涂地，惨不忍睹。凹山北坡一矿口倒塌，6 名矿工全被埋住，其中一名压在大缝里呼唤救命，日军用武力镇压矿工，不许前去营救。

日军从淮北灾区招募大量廉价劳力为其采矿，矿工生活没有保障，生病不包就医。这年夏天瘟疫流行，马鞍山地区霍乱、疟疾、痢疾并发，南山矿 300 多名童工死去大半，整个南山地区死去 500 余人。

（引自马钢史志办公室编：《马钢史志》，2005 年印行，第 2 期，第 15—16、47 页。）

95.《马钢史志》关于抗战期间繁昌桃冲矿业所和金家庄江岸码头劳工死亡状况调查报告（节录）（注⑱）

（2005 年 7 月）

开采矿山主要是长龙山露天矿，所采矿石用自转卷机运至山下，转运至江边贮矿场（总容积 4 万立方米），再用人力担运装船，每人每天约装载 4 吨。由于日本侵略者大肆进行掠夺开采，露天矿体形成危崖陡壁，坑内布置混乱，作业条件险恶，因事故死亡工人累计万余。1940—1945 年，日本侵略者从桃冲攫夺铁矿共约 35 万吨，其中因海运中断，运输受阻未及运走的铁矿尚有 5 万吨。

（中略）

码头工人的悲惨生活

港口沦陷时期，码头工人遭到日本侵略者和封建把头的双重剥削和压迫，处在水深火热之中，干着牛马活，过着非人的悲惨生活，在死亡线上挣扎。

马鞍山矿业所成立后，在金家庄江边设置大柜、班主任，有监工 20 余人，当时港口有码头工人数百人，大多是被逼骗而来的江苏、安徽等地区的农民。日军把他们编在"青组班"、"红组班"、"白组班"内。这些班统称为"箩班"（因当时装卸工人用箩筐背矿装船而得名）。班里配备了记筹员、会计等。日军首先从组织机构上加强对码头工人的控制。码头工人装船干活都受到日军的严密看押，日军为了加紧掠夺铁矿，常常强迫工人每天干 10 多个小时的活，从事超常的繁重的体力劳动。工人装矿上船，走的是用木头钉成的狭窄跳板，上下极不安全，稍有不慎就会掉入江中。当时在工人中流传着："过山跳，要命桥，稍不小心把命抛。"码头工人就是在这种生命毫无保障的情况下装运矿石，日军和汉奸又制订"十二打"，"出了事故打；装船不满中途吃饭打；船装不满下工打；筐子挑不满打；装病不上工打；靠近铁丝网想逃跑打；逃跑抓回来打；见了日本人不行礼打"等等，就是早上上工起慢了也挨打。这些严厉的体罚，使工人的身心遭到严重摧残。码头工人为了避遭日军毒打，常常忍饥挨饿，有的被迫带病上工，由于饥饿、疾病和过度劳累，时常发生工人掉入江中和坠落船舱的事故，催工头和押阵兵还不准救人，强迫其他工人继续干活，不准停工，8 年间，坠入江中淹死的或掉到船舱摔死的工人不计其数。

工人的工资是以挑矿的次数计算的，挑一担矿石上船，下船时在工头那里领取一个小筹子，23 个小筹子才算一个大筹子。工头按筹计资，然后再层层盘剥，以工人每挑一吨矿石上船的工资为例，其分配如下：封建大把头占 50%，日军占 20%，二把头占 15%，催工头占 10%，经过这样层层盘剥，每吨矿石的装卸工资到工人手里仅有 5%。封建把头为了进一步剥削工人，所发的工资是他们自己印的票子，并规定这些票子只能在他们开的小店里购买物品。这样，工人又遭到加一成的剥削。工人住的是两檐拖地的既矮又窄、既湿又霉的烂草搭起的大工棚，冬不御寒，夏不遮暑。一个工棚里住着几十个工人，在工棚的外面都用铁丝网围住，日军在铁丝网附近设岗哨，防止工人逃跑。工人每天吃的是草糊参"石面"（面粉里掺杂着石粉），穿的是破衣麻袋片，工人生病无钱医治，眼睁睁看着病情恶化却无可奈何。而日军和封建把头不但不给治疗，反而说工人是"装病"，威逼上工装船。1940 年春，生病的工人越来越多，日军设立"大病房"在今 3 号码头，把有病的工人全部送进去隔离，不准出来。"大病房"里既没有医生，也没有护理人员，连药也不给病人吃，病人进了"大病房"实际是等死，因为没有医疗救治条件，得不到护理和照顾，再加上各种疾病相互传染，小病成了大病，常常是进了去，出不来，最终病死在里面。工人病死的越来越多，日军就在老鹰窝下（今马鞍山市钢球厂处）挖了一个 20 米长，5 米宽，一米多深的土坑，派20 个工人专门负责，把"大病房"死的病人抬到这里，抛进土坑。老鹰便成群集队以尸为食，人称这里为"万人坑"。有一位工人出天花，人还没死，日军就在他身上浇上汽油，活活把他烧死。另一位工人则被日军用绳子吊在大东门（今沿江新村）的一根电线杆上，再放狼狗撕咬，将其活活咬死。在日军占领期间，广大码头工人惨遭日军蹂躏，身受百般的折磨，被冻死、饿死、淹死、打死、病死的工人无以计数。

（引自马钢史志办公室编：《马钢史志》，2005 年印行，第 23、33—34 页。）

96. 日本海军在海南岛的军政统治机构的设立（注⑨⑨）

（1939 年 2 月—1941 年 4 月）

也就是说，海军情报部的设置，是日本海军出于在海南岛实施军事、政治统治目的而设置的统治机关。这一"第五舰队情报部"，于 1939 年 11 月 15 日改称为"海南岛海军特务部"，规模有所扩大，隶属于新设立的"海南岛根据地部"。"海南岛根据地部"设于海南岛南部的三亚。

就任这个"海南岛根据地部"司令官的，正是前文提到过的台北海军武官府的武官长福田良三海军少将。福田良三担任台北海军武官府武官长以来，成为推进提出关于海南岛及其他南方海外殖民地统治方案的中心人物，那时，他实际上又成为对海南岛实行占领统治的直接执行者。

1941 年 4 月，"海南岛根据地部"升格为"海南海军警备府"。警备府首任长官由谷本马太郎海军中将担任，参谋长则由宇垣缠少将（宇垣一成陆军大将的外甥）担任。

根据 1942 年 5 月 25 日的《海南海军特务部令》，海南海军特务部设于海南岛北端的海口市，长官为总监。首任总监为池田清，其人为相当于中将的司政官，历任大阪府知事、警视厅总监等重要职务，是日本处理内务方面的重要官员。总监之下，设有官房、政务局、经济局、卫生局等 14 个部门，各局设会计，"海南海军特务部"扩大成为一个门类齐全的军政统治组织。

据首任海南海军特务部政务局局长藤原喜代间记述："海南海军特务部以总监为长官，实际上是可与台湾总督府相匹敌的军政机关。"

这样一来，海南岛的治安和警备事务，由海南海军警备府担当；军政、民政和经济事务，由海南海军特务部担当。以日本海军为主体，构成了海南岛的统治机构，形成了军政、民政两个方面的统治组织。可以说，海南岛已成为日本海军统治下的岛屿。

（[日]海军大臣官房编纂：十版，内令提要追录，第十二号，昭和十七年二月三十一日，防卫厅图书馆藏，引自[日]水野明著、王翔译，中共海南省委党史研究室编：《日本军队对海南岛的侵占与暴政（1939—1945）》，南海出版公司 2005 年版，第 54—55 页。）

97. 日本大藏省档案记载 1940—1944 年海南田独铁矿（注⑩⑩）实际产量与输日量统计

（1945 年）

表 8　田独铁矿生产实绩表（1940—1944 年）

年度	生产数量（吨）	对日输送数量（吨）	备考
1940 年度	169599	167991	1940 年 6 月开始采掘
1941 年度	355921	306634	
1942 年度	893824	805098	
1943 年度	918511	832214	1945 年 1 月采掘中止
1944 年度	353436	304120	河口储矿 120407 吨
计	2691291	2416057	港口储矿 152969 吨

（大藏省管理局编：《关于日本人海外活动的历史调查》第十九卷，海南岛篇，ゆまみ书房，2000 年 8 月，载[日]水野明著、王翔译，中共海南省委党史研究室编：《日本军队对海南岛的侵占与暴政（1939—1945）》，南海出版公司 2005 年版，第 161 页。）

98.《民国时期广东社会经济史》关于日军占领时期在崖县田独铁矿奴役和残害劳工的调查论述（节录）（注⑩①）

（2005 年 7 月）

6. 日本为了掠夺广东矿产资源，以支持其长期战争，从各地抓了 3 万多名民工到海南崖县田独开采铁矿。劳工在这里受到了非人的折磨，被敌人打死、活埋和病饿死者达 1 万多人。

（张晓辉：《民国时期广东社会经济史》，广东人民出版社 2005 年版，第 438 页。）

99.三亚市政协关于抗战期间日军在田独铁矿强掳奴役和残害劳工状况调查表（注⑩）

（1995年7月）

日本侵略者摧残崖县的基本情况调查表（三）

地区 村名	拆迁村	拆烧屋	建公路铁路机场碉堡挖矿									强奸妇女				妓院	
			抓派工			死亡			挖矿工			青少年	中年	老年	合计		间	妓女
			男	女	合计	男	女	合计	男	女	死男							
崖城			2370	1370	3740	1610	290	1900	3100		2100	314	420	6	740		2	60
水南												1	1		2			
马站	2	180																
官塘	1	98																
西关	1	79															1	20
保平													1		1			
港门																		
临高																		
梅山																		
黄流			2350	1350	3700	1610	230	1840	3050		2050	2	15	2	19		1	30
务道																		
新村																		
铺村	12	1250															1	20
九所			2320	1250	3570	1500	240	1740	3000		1950							
乐罗																		
抱旺																		
龙浩																		

日本侵略者摧残崖县的基本情况调查表（四）

地区 村名	拆迁村	拆烧屋	建公路铁路机场碉堡挖矿									强奸妇女				妓院	
			抓派工			死亡			挖矿工			青少年	中年	老年	合计		间	妓女
			男	女	合计	男	女	合计	男	女	死男							
羊栏			2240	1200	3440	1470	180	1650	2950		1900							
桶井																		

地区 村名	拆迁村	拆烧屋	建公路铁路机场碉堡挖矿									强奸妇女				妓院	
			抓派工			死亡			挖矿工			青少年	中年	老年	合计	间	妓女
			男	女	合计	男	女	合计	男	女	死男						
马岭																	
大洲																	
三亚街	1	88															
回辉	1	109															
妙林																	
三亚港			500	40	540	150	10	160	400		100	2	2	1	5	2	50
鹿回头																	
榕根																	
榆林			800	70	870	300	20	320	700		200					1	30
红沙												3	10	4	17	1	20
田独									1200								
南丁									1300								
藤桥			2210	1200	3410	1340	180	1520	2800		1820					1	20
红袍																	
林旺																	
合计	18	1804	12790	6480	19270	7980	1150	9130	18500		10120	322	449	13	774	18	270

日本侵略者摧残崖县的基本情况调查表（备注）

注：①田独铁矿死亡埋进"万人坑"的12000余人，其中崖县死者埋进的10000人，其余2千余人是外县外省人。

②南丁"千人坑"死者埋进1300人纯属朝鲜劳工。

③表里的数字是不完全统计的，还有许多村尚未查到。从香港、澳门、广州、汕头抓来死在三亚桥下的几十人不计算在内。

（载海南省政协文史资料委员会编：《海南文史资料》，1995年印行，第十一辑，第416—418页。）

100.《海南岛石碌铁山开发志》记述 1942—1943 年日本从香港、广东强掳 20000 余名劳工来石碌矿服苦役（注⑩）

（1974 年）

表 15　从香港、广东募集输送劳工来海南实绩表

	输送人员	输送船只	输送地点
第一期（昭和十七年[1942 年]2 月—5 月）	5981 名（日窒会社 4747 名；石原会社等 1234 名），其中有特殊员工 711 名（内含护士 8 名）	12 只	八所港　　　　6 只，八所及榆林港 4 只，榆林港　　　　2 只
第二期（昭和十七年[1942 年]6 月—9 月）	5874 名（日窒会社 4427 名；石原会社等 1447 名）其中有特殊员工 2096 名（内含护士 22 名）	14 只	八所港　　　　8 只，八所及榆林港 2 只，榆林港　　　　4 只
第三期（昭和十七年[1942 年]10 月—昭和十八年[1943 年]7 月）	8710 名（日窒会社 6726 名；石原会社等 1984 名），其中有特殊员工 195 名（内含护士 10 名）	18 只	八所港　　　　9 只，八所及榆林港 3 只，榆林港　　　　6 只
总计	20565 名，其中有特殊员工 3002 名（内含护士 40 名）	44 只	

（[日]河野司编：《海南岛石碌铁山开发志》，开发志刊行社，1974 年，第 226—230 页，载[日]水野明著、王翔译，中共海南省委党史研究室编：《日本军队对海南岛的侵占与暴政（1939—1945）》，南海出版公司 2005 年版，第 196—197 页。）

日本《海南岛石碌铁山开发志》记载 1941 年日人从香港、上海强掳、骗募 4000 名劳工到石碌矿服苦役（节录）

（1974 年）

与此同时，为将石碌将要产出的铁矿石尽快地运出，1940 年秋日本人也开始策划建设从石碌到八所的铁路。根据日本海军的要求，铁路的完成要求在 1942 年 3 月。铁路线路的测量工作从 1941 年 1 月初开始，1941 年 4 月末完成全程 53 公里的勘测任务。在正式开工之前，日本人已开始不断地调入人员，铁路工程由西松组承担；线路的铺设及以后的列车的运营、调配则由日窒在朝鲜北部的三家

下属铁路企业中的朝鲜籍员工来担任。1941年3月，日本人在香港招募了约1000名劳工，在4月到达八所，投入了石碌山脚的铁路工程。6月，设计完成。实际的开工是在9月之后，此时来自日本本土、台湾的工程所需物资不断运入，9月来自上海的3000名劳工也被分配到整个建设工地上。在数千人的复杂工程中，却缺乏必需的生活条件，艰苦的劳动，恶劣的生存环境，使这3000名劳工有半数在半年内死亡，不少人逃走。

（引自[日]河野司编：《海南岛石碌铁山开发志》，开发志刊行社，1974年，第225页。）

101.海南岛应急劳务对策纲要（注⑩⑩）
（1941年12月29日）

第一，方针

鉴于石碌矿山开发所需之劳力激增，对于本岛东北部人口最多之一市四县，实施作为应急对策之下列要领，以补充劳动力之不足。

第二，要领

一、劳务对策实施之范围

基于本纲要之应急劳务对策，实施之范围目前暂定于本岛东北部之下列地域：海口市、琼山县、文昌县、定安县、澄迈县。

二、劳务对策实施之机关

（一）基于本纲要之应急劳务对策，在海南海军特务部总监指导下，由县市政府及其治安维持会实行之。

（二）海军特务部分驻各地之派遣人员，得在当地警备部队之协助下，指导本纲要之实施。

三、对策

（一）一般对策

1.为使石碌矿山所需劳力长期且不断保持充足供应，原则上对一般岛民实行义务劳动制度。

2.一般岛民中义务劳动者之比例，大致依照下列数据为标准，视各地情况而适当增减之：

海口市　　　500人

琼山县　　　1000人

文昌县　　　500人

定安县　　400 人

澄迈县　　600 人

总计　　　3000 人

3．义务劳动者，由县市政府、治安维持会之负此责任者，依照比例在辖区内以乡镇、保甲为单位按比例动员之。

4．义务劳动者由年龄在 18 岁以上至 45 岁以下、能做体力劳动之男子组成，但琼崖临时政府、县市政府、治安维持会等政府各机关之公务员除外。

5．义务劳动时间，目前实行六个月轮换制度，逐渐加以强化。

6．本岛岛民中被指定为义务劳动者之符合条件者，若违反所担负之服劳役义务，得适用于保甲连坐罚则进行处罚。

7．为求本方策之顺利实施，需特别留意下列数点：

（1）努力留意服劳役者之处境和待遇，充分考虑其宿舍、输送、卫生、待遇等方面之问题，营造岛民争先参加义务劳动之氛围。

（2）动员义务劳动时，支那方面之机关所负责任者，应采取万全之措施，使服劳役者对我方之畏惧感一扫而空。

（二）特殊对策

1．关于游民及流浪者

由民众自卫军、治安部特警队、县市政府及治安维持会、警察局等支那方面之警察机关，实施对北部一市四县境内之游民及流浪者之收容，强制其服劳役。

2．关于归顺士兵

归顺士兵中之文盲但具有劳动能力者，使之作为苦力服义务劳动，但是考虑到可能会因此影响将来之招降工作，故在时间及方法上须慎重考虑。

3．关于村落迁移

自澄迈县花场港起至琼山县东营港止之海岸线约十公里以内之村落，向来被认为是秘密走私地带，对之应采取以下方法，实行全村强制迁移。其他地区目前暂不作此考虑。

（1）首先将具有劳动能力之壮丁编成义务劳动组织迁至服役地点，待到移居地区设施完成之后，再实行家族移居。

（2）村落迁移之实施，先以琼山县东营港起至拔南村止之范围内为第一期预定迁移村落，再以琼山县拔南村起至澄迈县花场港止之范围内为第二期预定迁移村落。

四、服劳役者之待遇

（一）工资

1．依照本纲要支付劳动者之工资，每日为 70 钱（游民及流浪者为 60 钱）。

2．服劳役者之宿舍、口粮等，全部由公司企业方面负担。

3．工资当中，40 乃至 50 钱，由公司企业经县市政府及治安维持会，支付给服劳役者本人或其家属。

（二）工作服

服劳役者之工作服，由公司企业方面廉价提供。

（三）通信

服劳役者给家中写信，由海军特务部之派出所所长实行检查，公司企业方面尽可能提供便宜之服务。

（四）经费

实施本纲要之一切必要经费及其诸般设施，全部由公司企业方面承担。

第三，措施

一、为使本纲要顺利实施，我方对琼崖临时政府及其系统下之支那方面各机关应给予信任，并提供全面协助。

二、根据以往之经验，公司企业方面应尽快在当地建成服劳役者之宿舍、卫生设施等，充分留意服劳役者所需之口粮，并对服劳役者实行严格之监督。

（见海南现地三省联席会议决议，第 296 号，昭和十六年十二月二十九日，载[日]水野明著、王翔译，中共海南省委党史研究室编：《日本军队对海南岛的侵占与暴政（1939—1945）》，南海出版公司 2005 年版，第 272—275 页。）

102．驻海南岛日军特务部北黎支部劳务系主任冈崎四郎手记记载 1942 年末石碌矿劳工总数及分布状况（注⑩⑤）

（1974 年）

表 12 海南岛建设工程劳务人员表（1942 年）

区别			内 含				
			台湾人	本岛人	黎人	支那本土人	朝鲜人
	采矿	1894	3	20	626	1245	
	铁道	525	8	23		494	
	搬动	624		67		557	
建设工事	铁道	3586	245	1519	685	1137	
	港湾	3924	274	1503	越南人 190	1921	36
	发电	1817	298		101	1408	10
	建筑	2133	329	1673		102	29
	电器工作	464	11	196		219	38
	农林、砖瓦	1225	54	1080	40	51	

区别	内 含				
		台湾人	本岛人	黎人	支那本土人	朝鲜人
其他	396		135	261		
合计	16588	1222	6216	1642	7395	113

（[日]河野司编：《海南岛石碌铁山开发志》，开发志刊行社，1974年，第238页，载[日]水野明著、王翔译，中共海南省委党史研究室编：《日本军队对海南岛的侵占与暴政（1939—1945）》，南海出版公司2005年版，第193页。）

103.冈崎四郎手记记录1943年10月石碌矿使用劳工来源及分布情况（注⑩）

（1974年）

在征用劳工最多的1943年下半年，开发石碌矿山及修筑石碌铁道的劳务人员，据北黎特务部劳务主任冈崎四郎的记录，其来源及人数如表13所示：

表13 石碌铁山劳务人员来源表

石碌铁山从业人员（昭和十八年十月状况）	
日本人日本窒素株式会社社员及西松组从业人员	3000名
台湾人事务员及劳务者	600名
广东、香港劳务者	20000名
现地征用的海南岛人劳动者	22000名
计	45600名

（[日]河野司编：《海南岛石碌铁矿开发志》，开发志刊行社，1974年，第239页。）

其中，除了日本人和台湾人之外，其余的42000名劳工主要集中在以下几个地区，见表14：

表14 劳工集中地区表

石碌矿山地区	18000名
铁道沿线地区	3000名
东方发电所工程	2000名
八所港湾工程及储矿场地工程	17000名
农林业及其他相关事业	1500名
计	41500名

（[日]河野司编：《海南岛石碌铁矿开发志》，开发志刊行社，1974年，第239

页，载[日]水野明著、王翔译，中共海南省委党史研究室编：《日本军队对海南岛的侵占与暴政（1939—1945年）》，南海出版公司2005年版，第193—194页。）

104.海南昌江县政协关于日人在石碌铁矿奴役、残害劳工调查（节录）（注⑩⑦）

（1995年7月）

三、修筑铁路劳工两件惨案

开凿215山洞修筑石碌矿山入口处隧道，是石碌八所铁路的一大工程。山洞全长600米宽6米高12米。为开凿山洞和修筑铁路，日军集中了2000多劳工驻扎在水尾工区。山洞是从南北两端进行凿挖，用人工拿锤打钻机、打眼点炮，然后将炸出的土石，用滚扬机拉石运土，不分日夜地进行挖洞。当时开凿山洞的主要是上海和海南岛的劳工。1942年6月的一天上午8时左右，替下夜班的劳工正在洞里紧张的作业，有的钻洞、有的推土、有的装炮、有的挖土，有的推车运土。工人正在繁忙地干活着，不料突然土崩石倒封住洞口，230多名劳工被封压窒息在洞内。日军得到消息后却不闻不问，不想办法去抢救劳工的生命，让劳工活活地压死了。事故发生3天后，日军才赶着另外的劳工继续挖洞，把死难者尸体连土挖出来，一车一车运出倒入山沟里。活着的劳工眼看了个个伤心落泪，痛哭不已。

1942年8月中旬，几天连续不断的倾盆大雨，使昌化江的水位高涨。一天早上6点钟左右，天还继续下着大雨刮着大风，修建叉河大桥的日军只抓建桥进度，不管劳工的死活，驱赶劳工冒着大风大雨去上工。劳工从昌化江的北岸往南岸去修建桥头，每天都要经木船过渡，那天第一船乘坐着海南岛崖县一带劳工40多人，船开到昌化江中心道，由于水位高涨流急水猛把船冲翻了，劳工全部溺水。日军眼看此情此景，不采取任何抢救措施，任由溺水的劳工漂流入大海，无一生还。

四、病魔对劳工摧残

劳工不仅遭受日军的虐待残害，还遭受着当时流行蔓延的霍乱、疟疾、痢疾、疥疮、烂疮、水肿等各种疾病的折磨摧残。石碌矿山是高疟区，劳工来到石碌山，几乎个个都患过疟疾病，患者发冷发烧，全身无力，瘦得象干柴一样。特别是1942年夏，石碌至八所铁路沿线霍乱病流行，劳工有病无人过问无医无药，成批成批地死去，甚至一栋宿舍几百人全部死光。在石碌山洞附近的水尾工区住有2000多劳工，其中河南开封的劳工400多名，住在一棵芒果大树底下的一栋茅草房里，因霍乱传染全部死光，茅房里仅留下破烂衣服和生活用具。先死的尸体开始有人拉去埋葬，后来死的人多了，尸体乱丢乱放，给野兽狗群乱拖乱嚼，工场遍地都是人的骨骸。那时，人们不敢吃狗肉，因狗吃人肉太多了。在叉河工区居住劳工3000多人，因霍乱病蔓延，成批成批地死去，霍乱后仅剩下1000多人。

（引自李玉亲、赵志贤整理：《石碌铁矿劳工悲惨遭遇实录》，载海南省政协文史资料委员会编：《海南文史资料》，1995年印行，第十一辑（续），第414—415页。）

105. 水野明关于1941—1943年石碌铁矿劳工死亡状况的调查统计（节录）（注⑩）

（2005年7月）

在开发石碌矿山的服劳役者当中，来自海南本岛的"义务劳动者"实行三个月轮换一次的制度，得病者即被遣返回乡，但是仍有相当多的人不堪繁重的体力劳动和非人的生活待遇，在服苦役期间死去。不仅如此，问题还在于，还有许多从香港、广东和中国内地其他地区强行征集来的劳工。据不完全统计，在石碌铁矿开发过程中，来自上海地区的劳工有3000多人，其中有将近一半人死于工程事故和疟疾等疾病。由于日军在香港强制疏散当地民众，从1942年到1943年7月，约有20565名香港劳工被运往海南岛从事苦役劳动，在极其恶劣的劳动条件下，死亡者超过10000余人，死亡率高达50%以上。这是不可抹杀的历史。

（引自[日]水野明著、王翔译，中共海南省委党史研究室编：《日本军队对海南岛的侵占与暴政（1939—1945）》，南海出版公司2005年版，第275页。）

106. 《海南铁矿志》关于石碌铁矿抗战期间劳工总数及战后幸存者的调查统计（节录）（注⑩）

（1984年10月）

日本侵略者为了掠夺海南矿产资源，先后从上海、广州、香港、澳门、汕头、厦门等沦陷城市欺骗和强抓来学生、失业工人共68批、25000余人，加上海南各地劳工共达4万余人，分别在矿山、电站（厂）、码头、铁路等处做苦工，一天要干9小时以上的重活，稍休息一会就要遭工头皮鞭毒打。每人每天只发4两饭球，住的是茅草房，穿的是麻包袋，病了看作是偷懒，不给饭吃，还遭毒打，染上传染病便活活烧死，逃跑抓回来有的立即枪毙，有的捆绑毒打，施加电刑、灌水等。这样，在日本侵占的 6 年中，病死、饿死、打死、烧死、活埋、逃跑的工人不计其数，到日本投降时，仅幸存 5803 人。

（引自海南铁矿志编纂委员会编：《海南铁矿志》，1984 年印行，第 4—5 页。）

107. 海南昌江县《八所海港史》关于日本在修石碌铁矿八所港时奴役劳工总数及幸存劳工的调查（节录）（注⑩）

（1963 年）

在建八所港时共投入 2 万多人，工程完工只剩下 2 千人左右。

（八所港务局《港史》编写组编：《八所海港史》，海南人民出版社 1963 年版，第 24 页。）

108. 中共广东省委党史研究室关于阳江县南鹏岛钨矿劳工被日本三菱公司奴役、摧残状况调查（节录）（注⑪）

（2001 年 7 月）

在阳江县东平附近的南鹏岛上，原有居民 200 人左右，被称为"口民"，俱是生活困苦的。远在抗日战争前，岛上居民就以采钨为生。日军侵占后，仍准许他们操旧业，但所采的矿砂不准外卖，只能由日本三菱公司以很低的价格收购。日本侵略军掠夺南鹏岛钨矿，由三菱公司负其全责，岛上居民实际上也是替三菱公司当矿工了。

南鹏岛上的华人矿工 1200 多人，其中有从广州、海南岛和其它沦陷区抓去的劳工。在南鹏岛钨矿区，所有技术人员都是日本人，仓库管理人也是日本人。但其他的如由矿洞里扒泥、挖石、推泥车、由垅口推车运载钨矿往洗矿厂、在岸边起落货等由华人矿工做。矿工的劳动在监工的严密监视下是极其苛刻沉重的。每天的劳动时间规定为 9 个小时，实际上每天都工作到 11 个小时以上。矿工的劳动几乎没有什么安全设备，生命安全根本没有任何保障。矿工稍有不慎，日军便要"严加惩办"，把这人拉到南山的一个临海的悬崖上，并集合全体工人来观看；日军在数说了一番"罪状"之后，随即一手按下这人的头，另一手挥刀一劈，人头便滚下来，再抬脚一踢，尸首即由悬崖滚入海里，日军杀人如同杀牲畜一样。

抗战期间，日军在广州市区的惠福路、永汉南一带抓走 500 余人，经过转运，将他们送到南鹏岛上做苦工，强迫他们开采岛上的钨矿。至 1945 年日军投降时，能生还的仅有 36 人。

（引自官丽珍：《对和平与人道的肆虐——1937 年至 1945 年日军侵粤述略》，中共党史出版社 2001 年版，第 192—193 页。）

109. 日本大藏省档案记录 1942—1945 年海南羊角岭水晶矿产量与输日量统计（注⑫）

（2000 年 8 月）

表9　羊角岭水晶矿生产实绩表（1942—1945 年）

年度	生产数量（吨）	对日输送数量（吨）	备注
1942 年度	4520	4520	未输出的储存矿石，由中国政府接收
1943 年度	23536	23536	
1944 年度	90480	65210	
1945 年度	19815	—	
计	138351	93266	

（日本大藏省管理局编：《关于日本人海外活动的历史调查》第十九卷，海南岛篇，ゆまみ书房，2000 年 8 月，载[日]水野明著、王翔译，中共海南省委党史研究室编：《日本军队对海南岛的侵占与暴政（1939—1945）》，南海出版公司 2005 年版，第 162 页。）

110. 幸存者符名风揭示日军在海南羊角岭水晶矿奴役、残害劳工证词（节录）（注⑬）

（1995 年 7 月）

日本帝国主义采挖的羊角岭水晶矿场是屯昌地区广大人民群众的一座人间地狱。在采挖矿石工地上受苦役的 2000 民工都是从屯昌地区各村庄强征来的，首批到矿区地的 1000 民工，在毫无开矿设备的情况下，风餐露宿，日间被强迫上山伐木割茅草，盖起 3 幢没有墙壁的茅草房。日军在茅草房四周围着密密麻麻的铁丝刺网，以防民工私逃。茅草房里没有床铺设备，1000多人挤睡在湿地上。后来人数增加到2000人左右，同样挤在这3幢茅草房里，每人不足一平方米。草房只能遮日不能蔽雨，大雨来时满地泥水，劳役的民工无法睡觉，所以患病的人很多。民工患病不仅不给治疗，还受棒打脚踢强迫上工地做工。有的民工病死在草房里，日军还认为是故意怠工反抗，便用大棒重打，连打带踢，发现是死了才罢手离去。每天劳役的时间很长，强度很大，早晨4点多钟起床，5点半钟到工地做工，12点收工，下午1点半钟做工，7点半钟收工，每天劳役12个多钟头。挖土运土都是人工操作，民工运土时，仅靠双手捧着一大粪箕沉重的土石跑着步子往返，日军还嫌民工跑得不快，大打出手。……3年时间日本侵略者共掠夺水晶矿石148.40吨。在采矿期间我屯昌地区采矿民工1600多人遭到日军的杀害或者不堪苦役至死。

（引自符名风：《日军掠夺羊角岭水晶矿奴役、杀戮民工惨况亲历记》，载海南省政协文史资料委员会编：《海南文史资料》，1995年印行，第十一辑，第320—321页。）

111.幸存者胡京鹏揭示日军修海南陵水县大坡机场时对劳工的奴役、残害证词（节录）（注⑭）

（1995年7月）

两年后，日本人又用汽车把我们全部拉到陵水英州大坡机场工地来。这里早已有几千劳工，现在又加上我们千多汕头人，约有4千余人。这里的劳工有讲客家话、白话，还有潮汕和福建话的。劳工全都住在机场附近的大坡村。（大坡村的村民全被赶出家园。）

日军对劳工全不当人看待。他们让劳工割茅草，砍竹子搭茅寮为住舍，一间茅寮睡40至50人，床全是砍村中的椰子树，锯成薄板打成通铺，没有草席，更无蚊帐了。夜里最难熬，蚊虫成群围着人身乱咬乱叫，叫人难以入眠，雨天倍加厉害。陵水地区是历史上有名的高疟区，蚊虫叮咬，往往会使人患上疟疾，北方人称打摆子。患上此病一阵发冷一阵发热，如不及时治疗，几天后健壮的人也会变成一把骨头。我们每餐吃两个小饭团，根本没有菜。我们修机场干的都是苦工，每天被迫干10多小时，还常常遭日本监工毒打。……我们就因为长期过度劳累，加上经常挨打、挨饿、居住条件恶劣，被折磨得个个皮包骨头，不象人样，常常有人病倒。日军一发现有人病倒不上工，不问三七二十一先乱打一顿，打死的或被打重伤未死的，看着是起不来了，就叫人抬到远离宿舍区的龙岭坡。这里有一间茅屋，病倒的劳工被抬来放在里面，集中够几十人，日军就逼着劳工在山坡下挖一大浅坑，架好木柴、浇上汽油，把茅屋里的劳工不问死活，全堆上去放火焚烧。那里不时传出没断气的劳工被烧时的惨叫声，凄厉恐怖。据我知道，这里总共烧了三千多人。剩下的近千劳工，在日军快投降时，机场遭盟军轰炸，被炸死不少。约有 40 余人幸存下来，看到日本侵略军投降。

（引自胡京鹏口述：《我险些葬身千人坑》，载海南省政协文史资料委员会编：《海南文史资料》，1995 年印行，第十一辑，第 520—521 页。）

112. 东亚盐业株式会社档案揭示 1942—1945 年日本抢修海南崖县莺歌盐场强征奴役劳工 12 万人（节录）（注⑪⑤）
（1945 年 10 月）

日本本国产盐仅可供食用，工业用盐十分缺乏，日军占领海南后，即攫夺了广东产盐最丰之三亚盐场。据两广区琼崖盐场公署估计，战前，三亚一带年产盐量达 100 多万担。日军控制了三亚盐场后，由三井物产株式会社统制盐田产销，将盐运回日本。此外，海南海军特务部经调查，发现崖县莺歌海适宜建筑大盐场，于是指定由三井洋行主持成立东亚盐业株式会社开筑崖县莺歌海盐场，并利用该地产盐和东方电厂制造溴素暨其他化学原料。计划每年产盐 50 万吨，10 万吨在中国销售，40 万吨运回日本作为工业用盐。莺歌海盐场工程从 1942 年动工，至 1945 年 3 月停工，仅完成了全部工程的 20%，虽未有盐出产，但征用劳工已达 12 万。

（引自黄菊艳：《抗战时期广东经济损失研究》，广东人民出版社 2005 年版，第 179 页。）

113. 日本"中国人殉难者名簿共同作成委员会"关于掳日华工契约数与实际到日华工数的调查统计（节录）（注⑪⑥）
（1961 年 4 月）

3. 中国人殉难者名簿共同作成实行委员会 1961 年 4 月发行的《关于强掳中国人事件报告书》第三篇记为：强掳乘船之前，在当地收容所向各企业点分摊人员至少是 41762 人，其中由于有 2823 人死亡或逃走而减员，"移入"的人员是 38939 人。

（引自陈景彦：《二战期间在日中国劳工问题研究》，吉林人民出版社 1999 年版，第 101 页。）

114. 劳工幸存者佟久等关于 1944—1945 年日本强掳华工输往库页岛日本工厂服役的证词（节录）（注⑰）
（1995 年 7 月）

11 月 9 日（1944 年——编者注），把我们 6000 人装进一艘大货轮，从塘沽起航了；船驶出渤海转入黄海；绕过朝鲜海峡进入日本海，人们在塘沽席棚里已经折磨得半死，又不习惯海上颠簸，头晕目眩天旋水转，想吐又无饭可吐，真想把肠子吐出来，大约在海上颠簸了五天，船过奥尻岛才望见陆地了，到达了北海道在寿都港拢岸，然后马不停蹄地用闷罐把我们运往札幌、拦见泽，到夕张市附近的油八厘煤矿。他们把劳工分发各地，有远去库页岛的，我们村的佟振东和我一天抓来，就始终没见到他。还有从朝鲜抓来的劳工，比中国人还多。

（中略）

1945 年 11 月的一天，通知我们准备回国，我们按捺不住心头的喜悦，个个欢呼雀跃，激动得热泪盈眶。码头上停泊着一艘美国巨轮，船舷上写着"札幌—天津"，我明白了：在中国的日军集中天津，在日本的中国劳工集中札幌。来回运送，我们村的佟振东也从库页岛赶来了，真是他乡遇故知，万分激动。

（佟久口述：《悲惨的劳工生活》，载何天义主编：《日军枪刺下的中国劳工》（之四），新华出版社 1995 年版，第 87—88、91 页。）

劳工幸存者魏书方关于 1944—1945 年日本强掳华工赴库页岛日本三星煤矿服苦役的证词（节录）
（1995 年 7 月）

我们在天津塘沽港上船后，经七天七夜的航行，到了日本下关码头，稍停就又上船了，往哪里走当时不知道。在海上又行了七天七夜，到了一个寒冷的地方，才听说叫库页岛。而后又到一个名叫三星煤矿的矿上，当了挖煤的矿工。

库页岛的冬天是极为寒冷的，且冬季特别长。这里，每年冬天下的积雪有一人多高，而我们穿的却都是从国内带去的单衣服。可是当时我们下煤窑挖煤并不感到寒冷，因为我们住的是窑洞，里面又烧了几堆炭火，所以，外面虽是冰天雪地，窑洞里却是温暖的。然而最使人感到难受的，则是在下窑前、上窑后和等着领取、交换下窑时所戴的照明灯，这时分外寒冷，因为是在地面上。

煤窑、领灯处、住宿处三处相距几百米，为了来往行人方便，在一人多高的积雪里，挖了一条一米多宽的通道，供下窑前领灯、上窑后交灯、回宿舍时通行。我们穿着单衣，最怕走这段路。

我们这些劳工生活极其艰苦，不仅缺衣，连肚子也吃不饱，每人每餐只发两个又粗又硬的杂面窝窝头，又没有蔬菜（有时发点咸菜），年轻体壮的根本不够吃。年纪大一点，身体弱一点的，根本咽不下去。由于居住条件差，营养不良，加上常年挨冻受饿，且干重体力劳动，所以在短短的两年内，我们在三星煤矿的200多个劳工，就有70多人被折磨死了。在那里，消息特别闭塞。抗战胜利了我们根本不知道，仍然下窑挖煤。美军在日本登陆后，派出了在美国军队服务的华人，带着十几个华工，到库页岛给我们传达了日本无条件投降的消息。

（引自魏书方：《在库页岛当劳工的回忆》，载何天义主编：《日军枪刺下的中国劳工》（之四），新华出版社1995年版，第114—115页。）

115.幸存劳工刘洪武关于日军强掳华工输往琉球岛"东亚寮"服苦役的证词（节录）（注⑱）

（1995年7月）

船快到日本时，突然"轰"的一声闷响，船上的人都慌乱起来，我爬出船舱，看到海水浑黄，水面上漂浮着些东西，都说是一只船中了水雷。押送我们的日本人都抢着戴救生圈，慌慌张张十分狼狈。我想：甭想逃跑，到时候一块拼了，不用想活命！可是一会儿就静下来，船照常行驶。大约有20多天，船靠码头，说是到了日本。劳工们都被赶着下船，可是一路上被折磨得面黄肌瘦，四肢无力，走都走不动了。有的是被抬下来，有的被拖下来，接着赶上火车，运往南方。在车上还算按时开饭，每顿每人一小碗面条，虽吃不饱但还有水喝。经三天三夜车停下来说是到了。都说这里是琉球岛，我没学过地理，也不知什么是琉球岛。下车后把运来的劳工一块押到一个叫"东亚寮"的地方。

这里是个农村，靠近一座大山，遍地是水田，已有好多劳工在这里干活，有华人、高丽人还有美国人。据说有的人已在这干了四、五年了。……

干活是很劳累的，我们是天天到七、八里路远的田野里掘沟挖河。天不亮就起床吃饭，接着吹集合号到操场点名上工，接着关上屋门上铺睡觉，不许有半点自由活动。

……

长期的饥饿，繁重的劳动，肮脏的住处，无情的抽打，使一个个劳工象病鬼一样。披散着乱发，黄瘦的面孔，颧骨高耸，眼窝深陷，胡须蓬乱。赤光的上身瘦骨嶙峋，破烂的下衣，泥水淋漓，根本不象人的样子。

一天，来了一个日本军官对我们讲话，他会讲中国话，说在中国住了20多年，他说："不打仗了，和约了，你们统统的回国！"我们听了，开始不相信，后来才明白过来，鬼子是失败了。劳工们沸腾了，高兴得欢跳起来。不几天美国的飞机也在这里着陆了，有些美国人到劳工中来探望，他们对我们讲，日本无条件投降了。他们都要回国与家人团聚。我们大大的胜利了。劳工们的心都要喜炸了，活也不干了，活动也自由。

这时在东亚寮住的五、六百劳工，仅剩二百人了。我们象熬过严冬的小草又复苏了。

（刘洪武：《九死一生的回忆》，载何天义主编：《日军枪刺下的中国劳工》（之四），新华出版社1995年版，第452—458页。）

116．"中国人殉难者名簿共同作成实行委员会"及日本《外务省报告书》关于掳日华工死亡数的调查报告（节录）（注⑲）

（1946年6月、1961年4月）

《外务省报告书》"要旨"篇中对中国劳工的死亡情况作了这样的概述："华人劳务者从移入时由当地诸港乘船以来，经在各事业场就劳至送还时，由本邦诸港乘船之间，出现之死亡者总数为6830名，对移入总数38935名，出现了17.5%之高死亡率。从死亡场所观之，移入途中死亡812名，在事业场内死亡5999名，集体送离后死亡19名。从事业场别观之，总死亡率超过30%者有14个事业场，最高者为 52%；再从移入批次观之，死亡超过 30%者为 18 批，其中最高者达 65%"。途中死亡的 812 人，又分为船中死亡 564 人和日本登陆后至企业点之间死亡 248 人。这是 1946 年，日本官方关于中国劳工死亡状况的统计数字。1961 年 4 月，中国人殉难者名簿共同作成实行委员会出版发行的《关于强掳中国人事件报告书》第三篇《强掳及殉难状况》，对《外务省报告书》中的数字进行了订正。首先是从中国的强掳人数，根据该委员会等民间组织的调查，认为从收容所出发至少是 41762 人，到中国各港乘船之前减员 2823 人，减员中的 2823 人有 24 人死亡，108 人逃走，126 人不能乘船，情况不明者 2565 人，所以，由中国各港乘船人数是 38939 人。（中略）根据以上的订正，《关于强掳中国人事件报告书》有关中国劳工的死亡人员统计如下：从中国当地收容所至乘船之间死亡 24 人，船中死亡 584 人，从日本登陆后至企业点之间死亡 230 人，到达企业之后即在企业劳动期间死亡 6010 人，送还时从日本企业出发至乘船前死亡 10 人，送还船中死亡 6 人，残留中死亡 9 人，合计总死亡数为 6873 人。这是已知的、确切的死亡人数。在《关于强掳中国人事件报告书》第一篇《中国人殉难者名簿》中，有 6732 名死亡者的姓名、年龄、出身地、死亡日期、死亡原因（包括"不详"的记载）。除这些而外，该报告书还认为，从收容所出发到乘船前减员的 2832 人之中，"推定约有半数人员在短时间内死亡"。

（引自田中宏等编：《强掳中国人资料——〈外务省报告书〉全五分册及其它》，现代书馆 1995 年版，第 120、121、668—669 页。）

117. 幸存劳工徐月明关于 1945 年 10 月 11 日遣返华工的日轮"老松号"在门司港触水雷炸沉 200 余名华工遇难的证词（节录）（注⑫）

（1995 年 7 月）

在日本的中国劳工分几批回国。第一批有在日本三菱公司，上岫、下岫铁矿和大之浦煤矿的劳工，第二批是新旧范豚铁矿、大石煤矿和八幡市采伐林木的劳工。

10 月 11 日第一批回国的劳工，乘"老松号"大船启航，还没驶出门司湾港口，碰响了水雷，大船被炸沉，200 多个中国劳工全部遇难。其中我们峄县北常的老乡褚××、阎××等 11 人，也遇难死亡，我们十分难过和怨恨。

我们第二批劳工向日方提出抗议，责成他们查出这次事件的原因和责任，并限期拆除水雷。这样又等了半年，我们幸存下来的劳工于 1946 年 2 月，乘船离开了日本回到了祖国。

（徐月明：《我被抓到日本当劳工》，载何天义主编：《日军枪刺下的中国劳工》（之四），新华出版社 1995 年版，第 174 页。）

118. "中国人殉难者名簿共同作成实行委员会"
关于掳日华工在登船赴日前在运输、收容期间减员
状况调查（节录）（注㉑）
（1961 年 4 月）

（与《证据史料剪辑》注⑲同）

119. 日伪档案，调查报告与当事人证词揭示掳日华工在
登船赴日前在塘沽劳工收容所、青岛劳工"训练所"
逃亡、死亡状况（注㉒、㉓）
（1945 年 1 月—5 月，1958—1991 年）

新港"劳工营"，位于新港卡子门以东，北临铁轨线，南靠海河边。院子长 300 多米，宽 200 多米。院内有 6 排木板房，每排长约 30 米，作为羁押劳工的牢房。"劳工营"外围架有层叠四周的电网。电网内侧有一道 2 米深、4 米宽的壕沟。"劳工营"里设有 4 道卡子，每道卡子都有荷枪实弹的日本兵、警察和警备把守、巡逻，凶恶的狼狗来回奔跑，阴森恐怖，人们说这里是"十殿阎罗"。

被抓骗来的人从进入"劳工营"起，统被强行换上囚衣般的华工服，再把头发剃掉，只在脑后留下一撮毛，作为劳工的标记。劳工营中规定：不许谈论国事，不许交头接耳，不许东张西望，不许说话和走动。白天要规规矩矩地坐在自己睡觉的地方，夜里睡觉要交衣服。上厕所时要报告。劳工触犯这些规定时，轻者遭毒打，重者丧命。

"劳工营"的伙食，一天仅给两顿发霉的杂合面窝头和发臭的咸菜，且不管饱。由于卫生条件恶劣，劳工大都拉肚子生病，有些人被认定得了"霍乱"病而被活埋。更恶毒的是不给水喝，在酷暑炎夏难熬之时，有的人渴极了喝尿，也有

的人被活活渴死。

"劳工营"的刑罚、饥饿、干渴加之"霍乱"等疾病蔓延，时刻威胁着劳工的生命。起初，一天之中死几个人，用人抬出去；以后死的人太多抬不过来，就用驴车拉。有的劳工没进"劳工营"之前，在途中就闷死在闷罐车里。在离"劳工营"不远的地方挖了几个大坑，专门掩埋劳工的尸体，被埋的死人越来越多，人们称它"万人坑"。

"劳工营"是劳工的地狱。被抓进的劳苦群众不甘心任人宰割，坐以待毙，为了求得生存，他们屡次勇敢地与敌人展开斗争。有的逃出了地狱，有的惨死在敌人的屠刀之下。尽管敌人壁垒森严，劳工逃跑、暴动之举始终不断。

1944 年，通县农民尹兰亭、尹凤才兄弟俩被抓入"劳工营"，他们不甘心等死，秘密组织逃跑，被汉奸陈清波告了密，尹凤才被活活打死，愤怒的劳工在尹兰亭带领下齐心行动，有一部分人冲出了牢笼，但也有很大的牺牲。

同一年，一天清晨，两个伪警押着两个劳工到河边挑水，一个劳工趁敌人不备，跳到河里想逃离，被日本人抓住活活打死。

在一个寒冷的冬天，一批劳工被押解上船，准备运往日本。码头、船上以及海河边布满了武装的日本兵、特务和警察。劳工们深知已被送上绝路都急红了眼，突然，劳工中有人一声呼喊："快跑啊！"随着喊声不少人猛地跳入海河。这时，敌人刀枪齐施，向着手无寸铁的劳工猛刺，雨点般的子弹对着河里射击。霎时，海河岸、船板和水里被鲜血染红，劳工死伤惨重，目不忍睹。

经过多次血的教训，劳工们逐渐认识到，无组织的盲目行动是很难取得胜利的。1944 年 6 月，"劳工营"再一次举行大规模暴动，取得了胜利。这次暴动是在我党地下人员领导下，有组织计划进行的。

（中略）

夜深了，劳工们都"睡"在床上，屋里屋外很静。刘建民和范自强这时强烈的意识到：上百人的生命都寄希望于这次行动上，成功了大部分人将逃出地狱，稍有疏忽，则将损失惨重。12 点过一点，敌人的长枪队上岗换哨，刘、范二人交接了一下意见，决定立即组织行动。范自强当即发出 3 声咳嗽声。听到口令，一位天津的难友立刻把灯打灭。劳工们一声怒吼，分头从门窗冲了出去。负责收拾岗哨的人行动敏捷，岗哨被这突如其来的暴动吓懵，退缩到很远的地方躲藏起来。其他的敌人不知发生什么情况，一时摸不着头脑。这时，劳工们像松开缰绳的烈马不顾一切地呼叫着往外冲。在混乱中，其他屋的一部分难友听到喊声也跟着往外冲，黑压压的人群勇猛地向着西面的电网冲去，电网北侧新港卡子门碉堡上的敌人也被这突如其来的暴动惊呆，没有开枪。当人群冲到木板房和电网的半路上，敌人忽然开了枪，雨点似的子弹朝人群打来，冲到半路上的人受到阻击又往回跑。这时范自强和小王正架着刘建民从后面赶上来，刘建民一见返回来的人群急红了眼，他对范自强说："不要管我，你们一定要带领大家冲出去，只能进不能退，稍一迟疑就一个也出不去了！快！快出去！"范自强眼含热泪一声呼喊："大家不要怕！跟我们冲出去！"听到喊声往回跑的人群顿时又冲了上去，大伙顶着敌人的子弹一口气冲到电网前，用木板将电网打开一个大豁口，又把木板铺在电网上，一个个难友滚过壕沟冲出了电网，向西、北两个方向分散跑开，在逃跑中有些难友倒下了，但大多数难友终于冲出了这座人间地狱。

事后，据当时在"劳工营"做木工活的杨宝文介绍，这次暴动共逃出 114人，被敌人机枪打死 7 人。

（李英麟整理）

（中共天津市塘沽区党史资料征集委员会编：

《天津党史资料丛书·大沽口怒涛》，1991 年印行，第 98—104 页。）

杨宝文*忆新港"劳工营"的斗争
（1958 年 6 月 24 日）

1944 年，日寇投降的前一年，在中国人民抗日力量的打击下，日寇野心不死，疯狂地掠夺中国壮工，在新港建立了规模较大的"劳工营"。我当时在这里做木工活，亲眼看到一些惨绝人寰的事儿，直到现在回想起来，心情还久久不能平静。

"劳工营"是一排五幢木板房，宽一丈三左右，长十一丈多。房里对面搭着通长的铺，每一幢板房里起码住一千人（据港务局调查报告及相关人士回忆，劳工营每幢木板房应容劳工百余人，五排木板房共容劳工 500—600 人，此处有误。——编者注），夜晚"劳工"们只能蜷曲地卧着。壮士被抓进来，一进门浑身上下剥光，然后给一条黑马裤、一件白汗衫、一条毯子、一双胶皮鞋，另外还发给一个小碗。在"劳工营"里的"劳工"们，过的是非人的生活。炎热的夏天最难熬。夏天的太阳烤得房子里闷热像蒸笼，流尽汗水的人们，在这里多么需要水啊！可是那些没有人性的日寇、汉奸却一点不让喝。每天，一千多人只给一小煤油桶水，每人还分不上一碗！因此，在"劳工营"里，水就成了最宝贵的东西，每到送水的时

---

* 杨宝文原系"收容所"木工，解放后为新港船厂工人。

刻，这些劳工们老早地就端着小碗排好队，倍加小心地舀水；有人稍不小心洒了一点，马上就有人趴在地上把水舔干。

一个炎热的下午，我正在修理厨房的门，就见从"劳工营"里奔出一位年约五十的老人。他双手捧着小碗。离厨房还有几丈远就倒在地下，一边爬一边哀告着："可怜可怜给点水喝吧……"狗腿子不但不给老人喝，还拳打脚踢，最后夺过老人的碗来，摔得粉碎……

就这样，这些"劳工"们因干渴和饥饿而死的越来越多，起初是每天抬出几个，后来就要用马车一车一车地向外拉。埋死尸的地方，后来被人称作"万人坑"。

更加悲惨的事接连地发生。有一天清晨，两个"劳工"猛地扎在水里，拼命地往对岸凫。岸上的两个特务吓坏了，扯着嗓子喊："跑人啦！"这一喊把鬼子喊来，鬼子就一个劲地往水里打枪。那个"劳工"不能往前凫了。岸上的鬼子看见这样，就叫特务喊那"劳工"上来。这个"劳工"看跑不掉了，只好回来啦。等他一上岸，鬼子上去就是一枪托子，接着连踢带打，打得鼻、口流血，终于把那个"劳工"活活打死。鬼子见"劳工"死了，说声："大河的给！"就把那个小伙子的尸体扔到河里去了。

尽管鬼子百般镇压，中国劳动人民是永不屈服的！一天夜里九点钟刚过，"劳工营"的门窗已经堵好，周围也布好了岗哨，和往常一样，鬼子站外岗，"自卫队"（从劳工中挑出来的）守在"劳工营"门口。我们几个木工也睡在离"劳工营"没几步的一个小木房里。这时虽然才九点多钟，可是周围象死一样寂静，到处一片漆黑。忽然，我们听到一个"劳工"房内一片喧哗，紧接着"拍拍"几声，门窗倒了，"哄"的一声，里面的"劳工"们拼命地向外狂奔。大家冲开了栅栏，一直顺着开滦煤场、盐滩……四散奔跑。起初，守门的"自卫队"听到动静，一动也没动，直到人都跑出去了，他们才一边喊一边追。鬼子来了，开枪打了一阵，但因发觉太迟，却一个人也没追着。这次"劳工"共跑出114人，被鬼子机枪打死了7个。

又过了三天，同样的事情又发生了。这次暴动共逃出了36个人，连那些"自卫队"也跟着跑了。

赵文轩忆塘沽劳工集中营与"万人坑"[*]
（1986 年 7 月 17 日）

在日本时期，新港有个冷冻公司，日本人在这里边设立个"劳工营"（即现在一处管钳队的所在地）。日本把抓来的中国人用火车运到这里，都关到"劳工营"里。敌人把 6 月份抓来的人有时在闷罐车里一闷就是一两天，也不给吃饱，有病也不给治，当下火车时，还有日本人、特务等人押着。有的被抓的人病了不能走路，敌人就连拉带拖的送到"劳工营"里。"劳工营"的屋子都是木板钉的，一进门是个通廊，两边又是小屋，夏天又闷又热，也不给吃饱，而且吃的都是些麸子面、豆饼面，将高粱豆子弄成粥，吃饭时连个碗都没有，五六个人一小盆，你喝一口，我喝一口，就这样吃饭。人病了也不给治，那时每天都要死去十个八个的。人死了，就放到"劳工营"的拢当里，一边放不下，就放两边，两三个人一摞。到了下午就让赶小驴车的刘涛把死尸拉出去（刘涛也去世了）。小驴车一出卡子门过四号码头到太古码头对过（过铁路），就是当时埋死尸的地方，后来人们把这里叫"万人坑"。到"万人坑"跟前，一掀小车车把手，死尸溜到坑里，溜不下来的尸体，就用三齿往下拉。扔到"万人坑"的死难者的尸体，东倒西歪，埋都埋不过来，刘涛尽量用铁锹多盖上点土，但他一个人用尽力气也盖不过来，因而有的尸体还裸露着。像这样，刘涛每天都拉十个八个的。一进了冬天，因为都是天热抓来的人，身穿单衣，肚内又没食，冻饿而死的人就更多了，有时十个、二十个，最多时达三十多个。尤其到快过年时，我听说里边有暴动的，被打死的人。我是看见过劳工们暴动往外跑，一般说暴动跑出十个，不准能活一两个。"劳工营"木板房有十来栋，木板房四周敌人把守很严密。"劳工营"最外边是又宽又深的防护沟，沟里边是电网。每个木板房门口和木板房之间还有日本人、翻译特务持枪弄棍的看守着。为什么我知道这些呢？因为我当时全家就住在距此不远的中心库那边，每天早上都看见敌人押着十个二十个劳工，由五六个劳工用草绳拴着死者的手、脚或脑袋向"劳工营"外边拉。"劳工营"里的劳工暴动不只一次，可能有过好几次，每次暴动都死不少人。据说有次暴动走了一些人，这些人过了南大滩、小北海逃跑的，听说以后也没有抓回来。

（载居之芬、庄建平主编：《日本掠夺华北强制劳工档案史料集》，社会科学文献出版社 2003 年版，第 860—867、874—875 页。）

---

[*] 作者系港务局退休工人，此回忆录系未刊稿。——编者注

青岛特别市警察局关于华北劳工协会青岛办事处第二劳工训练所
劳工暴动情况报告
（1945 年 1 月 25 日）

呈为呈报事。窃据市南分局呈称：汇泉体育场内居住之劳工协会工人二百八十余名，忽于本月十六日午后八时五十分暴动。当经该分局长率同官警及警防团员前往镇压，并饬分局及各分驻所官警全员出动搜索截缉，彼时体育场附近有盟邦桐部队出动布岗。当经调查，该工人等原住市北分局铁山路，于本月十三日移住体育场，由劳工协会日人三名、中国青年队员十二名在场看护管理，并由该分局派遣徒手警士七名分班协助。于暴动时各工人多以石块向青年队员打击，经制止及鸣枪镇压，均属无效。因工人人多势众，即将体育场之南铁门破坏逃跑，同时亦有越墙逃跑者。结果该分局查获十四名，桐部队查获六名，共计二十名，内有受伤者五名，均经盟邦宪兵队会同劳工协会领回处理。现体育场内尚有未逃者十四名，死者四名，伤者三名等情。据此。理合将该劳工暴动经过情形报请鉴核。
谨呈
市长姚

青岛特别市警察局局长钱宗超

（青岛市档案馆馆藏档案，档案号：B23—1—1312，第 75 页。）

青岛特别市警察局关于华北劳工协会青岛办事处第一劳工训练所
劳工暴动情况报告
（1945 年 2 月 27 日）

为呈报事。据市北分局长徐树莲报称：据职分局夜间警备巡官崔振声报称，于二月十七日后夜二时余，转据派在华北劳工协会青岛第一训练所加班警戒之一等警士张玉崑到局报告，该劳工训练所最近收容有他县俘虏、伪保安队暨盟邦宪兵队炮艇队遣送盗匪共计一千五百余名，均在该所劳工宿舍收容。于昨日经该劳工训练所按名换发劳工服装，遂将彼等旧有衣服以及被褥堆积院成行。惟于是晚，该所日籍职员尚未配给劳工棉被，即令劳工等穿着现发服装夜间分队按名安静睡眠，并因无水关系未予该劳工等晚饭。遂于是晚二时十分经该所门卫警戒一等警士张玉崑、二等警士李廷岗发觉，闻得劳工宿舍有劳工喊呼逃走之声，并见有劳工少年队一名赤身跑出，遂经加班警戒之。三等警长白德顺、一等警士李克武、二等警士何作东、三等警士马贵生等分别持枪实弹防御。立见劳工宿舍窜出劳工约计一百余名，各持窗上铁棍或是砖石暴动，蜂拥挺身直向该所门口，先用砖石或持铁棍击打警戒长警，斯时经加班长警白德顺等六名见势不佳，遂开枪射击，尽力弹压，无奈该暴徒等不惧枪弹威挟，竟敢挺身直向警戒长警夺取枪弹，意欲夺门图逃。至该所驻守日籍职员虽亦鸣枪制止，但因劳工不怕抵御之威，讵料终由暴徒砸开所门分别逃出，计有百余名。并有警戒警士何作东、马贵生等因与劳工抢夺步枪，曾被劳工用铁棍砖石击伤手部，幸未被其夺走；警士张玉崑于开枪射击时，曾被劳工用砖石击伤脚部，但于弹压劳工暴动时曾见击毙劳工一名，击伤数名，现场秩序紊乱，请求派警援助等语。据此。当即分别电报应援外，立派警备巡官叶续华复带武装长警八名迳往该处，鸣枪弹压，并沿途截获劳工三名送至该所时，其他劳工见应援人多难再图逃，皆回宿舍恢复秩序。后有盟邦宪兵队以及警防科警备股董股长带同武装警察一小队赶到，并有职分局派有专员丰田虎雄率领分局员王义昌及直辖分驻所巡官司炳铎带同长警四名，莅场查视。结果查得此次暴动共计逃走劳工一百一十四名，当场击毙一名，击伤一名。后电请各处协缉，计由本分局青海路派出所查获受伤劳工一名；本分局奉天路、登州路各分所查获图逃劳工两名；又由台东分局管界各警戒线内分别缉获五名，并闻市南分局缉获一名，大港码头驻守友军共计活抓劳工八名，内有被枪击伤一名。此外，当场击毙两名。至于各处缉获劳工业经分别迳送劳工训练所收容。查职分局派在该所加班警戒长警于劳工暴动时鸣枪弹压，共计消耗自来得手枪子弹三十二粒，所有子弹空壳因于黑暗之间秩序混乱并无定处，射击亦无法查寻。至受伤警士张玉崑、何作东、马贵生三名送往附近医院分别治疗。除严饬所属上紧查缉脱逃各劳工归所收容所，理合将华北劳工协会青岛第一训练所收容劳工第三次暴动经警鸣枪弹压制止不住以致逃脱劳工经过情形，备文报请鉴核等情前来。理合据情呈报鉴核。谨呈

市长姚

警察局长　徐养之

中华民国三十四年二月二十七日

（青岛市档案馆馆藏档案，档案号：B23—1—1312，第67—69页。）

青岛特别市警察局关于华北劳工协会青岛办事处第一劳工训练所 劳工第四次图谋暴动情况报告

（1945 年 3 月 14 日）

为呈报事。据市北分局长徐树莲报称：窃据职分局警备巡官叶续华报称，于

三月五日后夜三时四十五分,接得华北劳工协会青岛第一训练所加班警戒二等警长王立本报告,本晚三时四十分伊与一等警士张纪斌、二等警士李廷岗、任贯军等四名正在该所内实施警戒之际,忽闻有该所内所派青少年队在劳工宿舍内因被由济南送来劳工九百余名内之劳工十余名将其脖颈卡住急呼救助声音,恐有暴动情事,当由该长警等实弹防卫。旋见劳工宿舍内窜出劳工十余名,意图暴动脱逃,当经加班警戒长警分别鸣枪弹压,该暴徒胆小怕死者急回宿舍,亦有跑往其他劳工宿舍畏避枪弹;惟有暴徒一名不惧枪弹射击,竟敢爬上屋顶,越墙跳出,意图脱逃。当时即由警戒之二等警士任贯军、李廷岗随尾追捕,带交该所。斯时又有由济南护送劳工来青之盟邦陆军士兵六名闻知此事,分别持枪协同警察猛力射击,所有暴徒皆各害怕返回劳工宿舍,恢复秩序等语。据此。当由职分局值日分局员邹齐思带同警备巡官叶续华以及警备长警六名前往该所视察此次劳工暴动经过情形。结果查得该所此次收容之劳工共计九百余名,系由济南方面俘虏游匪以及伪保安队,此外尚有青岛宪兵分队所送盗匪,个人性质良莠不齐,为此内中不良份子企图暴动。事经警戒长警知觉,当即奋勇鸣枪弹压,幸未酿成重大事件,始告平息。查二等警长王立本于劳工暴动时用自来得手枪打有五响,一等警士张纪斌用自来得手枪打有四响,二等警士李廷岗用自来得手枪打有四响,二等警士任贯军用自来得手枪打有两响。共计消耗自来得手枪子弹十五粒。所有子弹空壳因天黑暗并无定处实弹射击,无从查找。除将此次劳工暴动经过情形以及加班警戒长警鸣枪弹压消耗子弹数目先行电报外,理合备文报请鉴核等情前来。理合据情呈报,伏乞钧鉴。谨呈
市长姚

青岛特别市警察局长　徐养之

（青岛市档案馆馆藏档案,档案号:B23—1—1312,第77—78页。）

青岛特别市社会局劳工科关于劳工训练所之患病劳工
处理经过情形报告与附件

（1945年5月10日）

签呈遵奉钧谕办理本市劳工协会收容劳工之一部罹灾疾病者,职谨将处理经过详细情形签请鉴核由。

谨签呈者。窃职奉钧谕派办理本市劳工协会收容各省县供出过青劳工之一部罹灾者而认为传染病,携同中医研究委员会前往救济治疗等情。遵于三月十八日下午二时与丁科长联络偕同中医刘学三、成学民、辛恕堂、梁玉栋、丁冀英等五

名驰赴铁山路及（汇泉）体育场，切实视察。在该协会除数日间已病死三百余名外，计现场收容人数八百六十名。罹灾者尚有三百三十七名，除病重者二百名已送传染病院，轻病者百三十七名当即督率各医分别诊察，并由本局附设之中医诊疗所所带之救急药品施以临时救治，复由各医指以当地所产芦根煮水，令全体服饮以便解救。并查出五十名较重，饬令送院。经研究，病源多系因缺乏饭食所致，随处以方笺，由中药公会捐药，职科派员监视服用，颇有成效。据此。连日经赴传染病院视查，该院情况仅以监视与大部工人隔离性质之收容并无任何救济设备。又值本市水荒及缺乏西药，故饮食医疗，该协会与医院难施行，致逾数百罹灾者焦头烂额，奄奄待毙之苦况，怨气冲天，令人目不忍睹，实堪痛心。

职以钧座素怀主持人道救人济苦之慈心，不顾一切，经向该协会浅川主任力于交涉，令饬充分供给营养食料及另派妥员管理，并与该院谷岛防疫处长接洽，允以中医入院施诊；复饬劳工事务所张主任督率该所职员，由汇泉运水接济；一面函请水道当局按时送水，并向红卍字（红卍字会，系二战期间，日伪方面的救济机关，下同。——编者注）会接洽前往施粥，一面派本科职员成身寿、崔子龙、张毓华、栾嗣修等前往周密照料，历经数日后结果大有转机。查一般罹灾者精神均已恢复，死亡率亦日渐减少。至严禁拉运死者，免以尸体露骨，俾瞑目地下，生者得以活命，而全体病工对本府表示再生之德，并对本局职员有所凭依，视为父兄。本局此举关于事务方面，虽少有磨擦，幸经王福利股长及王监护系长随时前往解除。至医疗一项，当因中医研究会所派之医士素有营业似难持久，仅去二次，并感于日需车资所费不赀，已用一千余元之巨，支销困难，未便续邀，继饬贫民诊疗所台西分所医士王植玉、单有余、蒋云泰三人按时前往诊疗，并施以药剂，并经红卍字会刘凤山医士自动前往施诊，经过情形尚称良好。四月十一日，邀同领事馆大槻嘱托本局龙井铺佐官前往视查，对该处设施不周甚为不满，但对职科一切措施极表赞许，并加指示所派之职员成身寿、栾嗣修二人因调回办理其他工作留张毓华长川驻守，以不眠不休之真精神力行监视工作，成绩益属良好。谨造具由三月二十二日至本月二十五日止，累计收容病工三百五十七名，经救治而出院者一百八十六名，死亡者五十七名，潜逃者六名，现下住院者一百〇八名，并附呈日报表一份，收容人数统计表一份，理合将职奉派处理经过情形详细缕陈，签请辅佐官核转局长鉴核。

附日报一份，收容人数表一份

职李明德谨签

——本月（指三月——编者）二十二日，带中医四名前赴传染病院施诊者计姜冠臣等六十名，次日由胶东药房取药服用。

——关于饮食方面：据驻在该院之劳工协会华系职员贾君称，以前因食粮不足每日只二餐，早晨每人小米粥二碗，午饭及晚饭四人分棒面窝头一个，每人每餐约摊四两（指十六两一斤的小两——编者），且无饮料，致彼等因饥渴成疾者实较近日为多。

（载居之芬等主编：《日本掠夺华北强制劳工档案史料集》，社会科学文献出版社 2003 年版，第 924—939 页。）

120.日本《外务省报告书》关于掳日华工死亡与伤残状况的调查统计（注⑫）

（1946 年 6 月）

一、死亡状况

中国劳工除了前述的疾病、伤残而外，还出现了大量的死亡现象。《外务省报告书》"要旨"篇中对中国劳工的死亡情况作了这样的概述："华人劳务者从移入时由当地诸港乘船以来，经在各事业场就劳至送还时，由本邦诸港乘船之间，出现之死亡者总数为 6830 名，对移入总数 38935 名，出现了 17.5% 之高死亡率。从死亡场所观之，移入途中死亡 812 名，在事业场内死亡 5999 名，集体送离后死亡 19 名。从事业场别观之，总死亡率超过 30% 者有 14 个事业场，最高者为 52%；再从移入批次观之，死亡超过 30% 者为 18 批，其中最高者达 65%。"途中死亡的 812 人，又分为船中死亡 564 人和日本登陆后至企业点之间死亡 248 人。这是 1946 年，日本官方关于中国劳工死亡状况的统计数字。

二、伤残

中国劳工在日本就劳过程中，除疾病的折磨外，还有许多人受伤和致残。按照《外务省报告书》的统计：受伤人员总计 6778 人，其中轻伤 5330 人，重伤 1448 人；又按"公伤"和"私伤"分别为 4257 人和 2521 人，残疾者为 467 人。

（载陈景彦著：《二战期间在日中国劳工问题研究》，吉林人民出版社 1999 年版，第 239、259 页。）

121.满铁抚顺煤矿年报记录 1941 年该矿劳工伤病率达 80% 以上（注⑫）

（1942 年 12 月）

（见《证据史料剪辑》注③，《抚顺煤矿统计年报》，1941 年度上卷，吉林省社科院满铁资料馆馆藏档案，档案号：04742。）

122.满洲炭矿株式会社劳务课关于 F 煤矿 1940 年度劳工伤病率调查报告（节录）（注⑫）

（1942 年 9 月）

（见《证据史料剪辑》注⑤，满洲炭矿会社劳务课：《炭矿劳动者的疾病调查报告》，1942 年 9 月，吉林省社科院满铁资料馆馆藏档案，档案号：03317，第 2、17 页。）

123.满铁华北经济调查所关于 1941 年度大同煤矿劳工伤残率的调查统计（节录）（注⑫）

（1941 年 9 月）

（见《证据史料剪辑》注㉟㊱，[日]满铁华北经济调查所：《大同煤矿劳动概要调查报告》，1941 年 9 月 15 日，载大同矿务局矿史党史征编办公室编：《大同煤矿史》，人民出版社 1989 年版，第 81—82 页。）

124.日本《外务省调查报告书》关于掳日华工伤残人数与伤残率的调查统计（节录）（注⑫）

（1946 年 6 月）

（见《证据史料剪辑》注⑫，陈景彦著：《二战时期在日中国劳工问题研究》，吉林人民出版社 1999 年版，第 259 页。）

总 后 记

历时多年的《抗日战争时期中国人口伤亡和财产损失调研丛书》终于问世了。参加这套丛书编纂工作的，主要是承担《抗日战争时期中国人口伤亡和财产损失》课题调研任务的各省、自治区、直辖市及其下属市、县的领导同志和课题组成员，以及部分著名专家。他们以高度的责任心和使命感，竭尽全力，攻坚克难，终于完成了各自承担的任务，并按统一要求，形成了调研成果的 A 系列书稿。同时，有关省、自治区、直辖市还从实际情况出发，编纂了主要反映市、县调研成果的 B 系列书稿。由于各地情况不尽相同及其他原因，呈现在读者面前的丛书，将分批陆续完成和出版。

为了保证质量，我们对本丛书中由各省、自治区、直辖市完成的 A 系列书稿（即省级调研成果）实行了四级验收制，即：所有的省级调研成果，先由有关省（自治区、直辖市）课题领导小组及其聘请的省级专家验收组分别审读通过、写出书面意见；然后提交到中共中央党史研究室课题组。中共中央党史研究室课题组审读后，再聘请国内知名专家审读书稿，提出书面意见。对每次审读提出的意见，各省、自治区、直辖市课题组都认真研究落实，对书稿进行反复修改，或是说明相关情况，直到符合要求。由一批专家完成的 A 系列书稿（即带全局性的专门课题调研成果），也通过类似的办法验收。主要反映市、县调研成果的 B 系列书稿，则由有关省、自治区、直辖市党史研究室组织验收。各种调研成果验收修改的过程，同时也是调研的深化过程、提高过程。经过反复修改补充的成果，在质量上都有明显提高。

中共中央党史研究室课题组在中共中央党史研究室室委会和分管室副主任的具体领导下开展工作。中共中央党史研究室几任主要领导同志即曲青山和孙英、李景田、欧阳淞主任，非常关心和重视本课题调研工作的开展。分管这项工作的室副主任李忠杰同志始终严格把握政治方向，精心部署和安排，明确提出创建"精品工程、基础工程、警世工程、传世工程"的要求，给工作指明方向，还及时领导解决调研过程中遇到的种种困难和问题。各地同志和有关专家同中共中央党史研究室课题组保持密切联系，对中共中央党史研究室课题组的工作给予了积极配合和支持。

中共中央党史研究室课题组由李忠杰、霍海丹、李蓉、姚金果、李颖、王志刚、王树林、杨凯等同志组成。先后担任中共中央党史研究室第一研究部领导职务的黄修荣、刘益涛、蒋建农同志参与了课题调研和审改的部分工作。中共中央党史研究室科研管理部、办公厅的部分同志也参与了有关工作。特别是在北京市和山东省召开的两次全国性会议，中共中央党史研究室科研管理部、办公厅的有关同志自始至终参与了繁忙的会务工作，付出了大量心血和辛勤劳动。

在李忠杰同志直接领导下，中共中央党史研究室课题组承担了组织指导与协调推进各地课题调研和联系有关专家完成全局性专题调研的繁重任务。在人手十分有限的条件下，课题组同志们近10年如一日，以对民族负责、对历史负责的自觉精神，克服困难，埋头苦干，为圆满完成任务做了大量工作。计先后编发213期达60多万字的《工作简报》，同各省、自治区、直辖市的同志和有关专家进行了数以千次、万次的电话联系及当面沟通，先后到10多个省、自治区、直辖市实地调查、参加会议，了解情况，当面指导，协助各地完成调研工作，或邀请有关地方的同志到北京进行座谈；还组织22个省、自治区、直辖市课题组编纂《抗日战争时期全国重大惨案》，同中央档案馆联合编辑《抗日战争时期解放区人口伤亡和财产损失档案选编》，同中国第二历史档案馆、中国人民解放军档案馆联合编辑其馆藏的相关档案资料，撰写有关专题报告，等等。将近10年来，课题组成员虽有变动，但工作始终如一，没有延误和懈怠。

需要说明的是，《抗日战争时期中国人口伤亡和财产损失》课题，有时也简称为抗战损失课题或抗损课题。虽然有学者认为"抗战损失"或"抗损"通常只能反映抗日战争中财产方面的损失，人口伤亡不能称作损失，但考虑到当年国民政府习惯采用"抗战损失汇报"或"抗战中人口与财产所受损失统计"等表述，所以本课题参照前例，以"抗战损失"或"抗损"作为课题简称。

2014年初，根据中央领导同志的指示精神和中共中央党史研究室室委会关于做好出版和对外宣传全国抗战损失课题调研成果准备工作的要求，我们组织部分省、自治区、直辖市的分管领导和课题组成员对已经印出样本的A系列书稿再次进行复审和互审，并邀请部分承担了抗战损失专题调研任务的专家参加审稿工作。这次集中复审和互审的主要任务是：审核已经印出样本的A系列书稿，对相关数据、史实严格把关，保证课题调研结论的真实性，保证书稿没有重大差错。中共中央党史研究室主要领导同志和分管领导同志也提出要求：把工作做得再深入、再扎实一些，统一规范，责任到人，把问题消灭在书稿正式出版之前。

在复审和互审过程中，地方同志和邀请的专家以多种形式及时沟通，围绕审稿发现的问题研究讨论，和中共中央党史研究室分管领导进行交流，对一些重要的共性问题达成一致。经过复审和互审，对有关的A系列书稿做出进一步修改。在此基础上，中共中央党史研究室课题组同志又对拟第一批出版的每一部A系列书稿进行多环节的审读、检查、修改、校对，严格审核把关，尽可能如实、客观地反映调研情况和成果。

中共中央党史研究室的其他同志及一些外聘同志、从地方党史部门借调的同志，如徐玉凤、谢忠厚、杨延力、郭明泉、戴思厚、王俊云、梁亿新、宋河星、毛立红、王莹莹、茅永怀、庾新顺、李蕙芬同志等，满腔热情地参加了本课题调研的部分工作。不论是调研选题的讨论、同有关各方的联络，还是资料的整理、归类、建档等，他们都付出了辛勤的劳动。

这里，还要特别感谢国家社会科学基金规划办公室、国家新闻出版广电总局有关领导和同志对本课题调研工作的支持和帮助，感谢有关部门对丛书出版经费的支持和保证。中共党史出版社的领导汪晓军以及陈海平、姚建萍等同志，也为这套丛书的出版花费了很多心血。

我们相信，本丛书 A 系列和 B 系列各卷的陆续公开出版，必将大大有助于抗战损失课题调研成果的推广利用，有利于固化历史，更好地发挥以史为鉴、资政育人的作用。但是，我们也深知，本课题调研迄今所取得的成果，还只是阶段性的、部分的、不完全的成果。在已经取得的来之不易的成果的基础上，今后，这一课题的调研工作还要深入不懈地继续进行下去。

中共中央党史研究室课题组

2014 年 4 月 30 日